新时代教育高质量发展书系
XIN SHIDAI JIAOYU GAO ZHILIANG FAZHAN SHUXI

U0729448

李建华◎著

一位校长的60秒

时间颗粒度

12

09

06

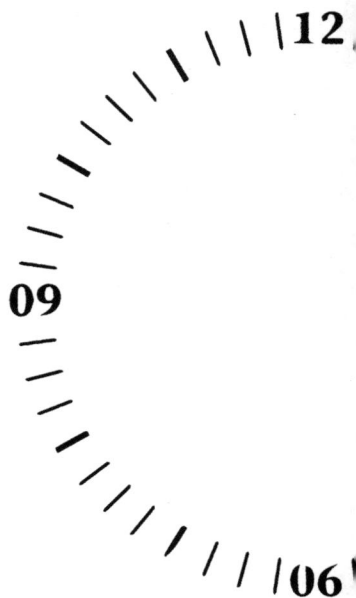

中国大百科全书出版社　知博出版社

图书在版编目（CIP）数据

时间颗粒度：一位校长的 60 秒 / 李建华著 . -- 北
京：知识出版社，2021.9
（新时代教育高质量发展书系）
ISBN 978-7-5215-0416-3

Ⅰ.①时… Ⅱ.①李… Ⅲ.①教育工作 Ⅳ.① G4

中国版本图书馆 CIP 数据核字（2021）第 170739 号

时间颗粒度：一位校长的 60 秒

李建华　著

出 版 人	姜钦云	
图书统筹	王云霞	
责任编辑	王云霞	
责任印制	吴永星	
版式设计	博越创想	
出版发行	知识出版社	
地　　址	北京市西城区阜成门北大街 17 号	
邮　　编	100037	
网　　址	http://www.ecph.com.cn	
电　　话	010-88390659	
印　　刷	北京一鑫印务有限责任公司	
开　　本	710mm×1000mm　1/16	
印　　张	24.5	
字　　数	293 千字	
版　　次	2021 年 9 月第 1 版	
印　　次	2023 年 3 月第 2 次印刷	
书　　号	ISBN 978-7-5215-0416-3	
定　　价	60.00 元	

让教育沐浴人性的光辉

教育是关乎千家万户的事业，任何一个社会，都需要教育思想的引领。时代在变，教育也在变。然而，变中也有"不变"，所以，我们要对教育进行哲学的思考，只有搞清楚了哪些需要变，哪些不能变，才能真正做好教育。而教育的本质是什么，什么是好的教育，理想的教育是什么样的，这些最基本的教育问题应是教育哲学思考的源头。只有弄清楚这些最基本的问题，我们才能找到正确的方向，办出有质量的教育。

教育是培养人的事业，是一个通过培养人让人类不断走向崇高、生活更加美好的事业。因此，教育最重要的任务是塑造美好的人性，培养美好的人格，使学生拥有美好的人生。如何达成这样的目标？那就需要一批有理想、有情怀、有追求、有实干精神的校长和教师，用自己的青春和智慧去践行。而在现实中，也确实有这样一群人，他们热爱教育事业，关爱每一个学生，一步一个脚印，用脚去丈量教育，用心去感受教育，用智慧去点亮教育。

如何将这样一群人聚在一起，用他们的智慧去影响更多的教师？

中国大百科全书出版社、知识出版社策划出版了"新时代教育高质量发展书系"，进行了可贵的探索。他们在全国范围内会聚了 60 名优秀的教育工作者，这些教育工作者大多是扎根教育一线的优秀校长和教师。书中的经验、实践、体会和思想，既有教学的艺术，也有管理的智慧；既有育人的技巧，也有师德的弘扬；既有教师的发展思考，也有校长的成长感悟；既有师生关系的融通之术，也有家校关系的弥合之道。60 本书，60 个点，每一个点都是一门学问，一门艺术。

我今年给"新教育"的同人写过一封新年信，题目是"让教育沐浴人性的光辉"，从三个方面对教师的工作提出了建议。我也把这三条建议送给这套丛书的作者和读者朋友。

一是要善待我们自己。要珍惜时间，张弛有度，让人生丰盈；发现教师职业魅力，做一个善于享受教育生活的人；培养健康的爱好，做一个有生活情趣的人；与学生一起成长，做一个在教育过程中不断进取的人；不断挑战自我的最高峰，做一个创造自己生命传奇的人。

二是要善待学生。要把学生作为一个真正的人看待，让学生能够张扬自己的个性，发挥自己的潜能，成为更好的自己。在我们教室里的学生，首先是活生生的生命。我们应该从生命的角度考虑，首先是如何帮助他成为一个人，一个有理想、有激情、有智慧的人，一个能够适应社会并且受人欢迎的人，一个挖掘自身潜能、张扬不同个性的人。

三是要把教育的温暖传递给社会。许多问题，归根结底是教育的问题。尽管我们任何一个人，作为个体的力量都是有限的，但是，再渺小的个体，也能够温暖身边的人。所以，我们要让所有和我们相遇的人，都能够感受到我们的美好和温暖，这也是让人与人之间，让全社会变得更美好、更温暖的有效方式。

有人性的人是明亮的，有人性的教育是光明的。让教育沐浴人性的光辉，我们的今天将会更加幸福，我们的明天将会更加美好，我们的世界将会因此璀璨。

是以为序。

朱永新

2020 年 5 月 1 日

（朱永新，全国政协常委、副秘书长，民进中央副主席，中国教育和社会发展研究院副院长，苏州大学教授、博士生导师，新教育实验发起人）

善者因之：艾瑞德的教育哲学

郑州高新区艾瑞德国际学校，注定是个故事。她是春天的故事，带着温度，沐浴在春天灿烂的阳光里。

她诞生在 2011 年的春天里。那年，中原大地春意盎然，洋溢着无限的希望。

十年了，一个又一个好故事发生在校园，满满的，校园里已装不下了。这本书将带着这些故事，再次在校园里传播，然后飞向中原大地，飞在祖国的四面八方。

故事意味着时间。时间具有一种伟力，去伪存真、抑恶扬善，在时间的怀抱里，新生幼态潜力无限，逐渐成长壮大。如今，艾瑞德长大了，健壮了，潜力更加无限。

故事意味着回忆。在一次闲聊中，海明威的妻子对海明威说："回忆也是一种饥饿。"是的，十年的淘洗，那些故事开始澄明、沉淀。每当回忆涌起，过往的一切都让我们急切地想去拥抱和分享，这是情感饥饿似的需求。这样的回忆形成可贵的集体性记忆，这是文化的记忆。

故事意味着想象。想象是创造的先导，只有想象尚未抵达的地方，没有想象不可抵达的地方。十年的办学，十年的创造，十年的想象……正是在想象中，艾瑞德更加宏大、辽阔，也正是在创造中，艾瑞德更加明亮、美好。

我去过艾瑞德好多次，有参观，有研讨，有学期结束会、新年会……

总觉得艾瑞德是个大家庭，是个处处有故事的地方。学校提出的教育理念——"走自然生长教育之路，办有温度有故事学校"，已成为生动的事实。但是，我又总是觉得，对艾瑞德的认识只到此为止又是很不够的。温度来自哪里？故事为何诞生？大家庭究竟怎么形成？这些问号深处藏着什么样的答案？我总在思索和寻找着。

其实，答案早就摆在那里："太史公曰：故善者因之，其次利道之，其次教诲之，其次整齐之，最下者与之争。"这是中国哲学的一种表达，表达的是价值链条上的排序，排在最前列、最重要的是"善者因之"。学校创始人孙银峰先生，校长李建华先生对此都有准确的解读："每一个人成为善者、向好之人，以达无须提醒的自觉、不言而喻的遵守。""善者，是温度的凝聚，是故事的升华"，"向善、求善、为善，是我们共同的教育愿景，引领着艾瑞德的每一位老师。"这就是艾瑞德的教育哲学。"善者因之"这一哲理深植于中华优秀文化土壤中，映射出中华文化的本色与亮色：追求伦理道德，塑造中华民族之德和以仁爱为核心的文化心理结构。作为一所国际学校，能立足中原大地，能扎根中国文化，体现了他们的文化自信与文化自觉。正是这样的教育哲学，铸造了艾瑞德的中国根、民族魂和文化脊梁。他们从文化的视角诠释了何为"国际学校"以及办好"国际学校"的真正密码是什么。

从"善者因之"出发，不难理解，艾瑞德学校正在探索落实"立德树人"这一根本任务的途径和方式。在艾瑞德，"立德树人"有个重要的文化出发点，它也是校本化的哲学基础，即善者因之。在艾瑞德，"立德树人"有自己的切入口和突破口，而这切入口、突破口正是文化的生长点、教师教育哲学的关怀点与提升点，是艾瑞德十年办学经验的凝练，也是艾瑞德的文化制高点。艾瑞德的故事总名称就是"善者因之"。

"善者因之"，对校长而言，意味着什么？抑或说对校长有什么要求？可以从"善者因之"开拓出去，用歌德的话来阐释："给我狭窄的心，一个大的宇宙。"心是狭小的、狭窄的，但心胸是广大的、宏大的，好似"一个大的宇宙"。李建华校长正朝着这一方向不断努力。他将艾瑞德装在心里，将每一位教师、每一个孩子都装在心里，把全身心都献给了艾瑞德。那"校长 60 秒"的每一秒，那家校合作的"相约 8：30"中校长表扬电话的每一分，都是一次善的唤醒与激发。校长是有温度故事的设计者、组织者和创造者。

"善者因之"，对教师而言，意味着什么？抑或说对教师有什么要求？同样，可以从"善者因之"开拓出去，用雪莱的话来阐释："道德的最大秘密就是爱。"《哈利·波特》的作者 J. K. 罗琳说："爱是一种最古老的魔法。"确实，中华文化中的伦理道德是以仁爱为核心的。艾瑞德的几乎每一位教师都是爱的守护神，不，他们就是爱的天使，把真诚、无私的爱洒向每一个孩子，无论是幼儿园的，还是小学部的；无论是学习成绩好的，还是学习暂时有困难的；无论是家庭背景好的，还是家庭背景特殊的……爱是平等的、公平的、不求回报的。爱又的确像魔法，使孩子变得文明起来、聪明起来、勤劳起来、善良起来、健康起来。艾瑞德的故事的确是爱的故事，而爱的温度可以传递，让整个艾瑞德都变得温暖、光明、美丽。总有一天，艾瑞德的孩童将带着"爱的魔法"走向人生，走向社会，走向世界，为人类做出爱的奉献。

"善者因之"，对学生而言，意味着什么？抑或说对学生有什么要求？同样，可以用马克思的话来阐释："只有在共同体中才可能有个人自由。"艾瑞德是个共同体，是冬天的火炉，是幸福的港湾，是精神的家园。共同体有共同的理想，艾瑞德孩子们的共同理想就是爱国、强国、报国，为成为可以担当民族复兴大任的时代新人打好基础。共同体有共同的规则，大家都遵守规则，大家也就都自由了。自由是创造的保姆，艾瑞德成了儿童创造的王国，创新精神、实践能力在校园里已长成了小树，将会长成一大片森林。

当然，还可以追问家长："善者因之"对你们而言究竟意味着什么？对新时代的家长提出了什么新的要求？艾瑞德的家长已交出了精彩的答卷，他们会讲出有温度的"春天的故事"。

为郑州艾瑞德国际学校建校十周年，我写了以上的话。不是谦虚，这篇文章没有书中的文章写得好，但我坚信"善者因之"。我也会变得更好。

谢谢艾瑞德创办人孙银峰先生，谢谢李建华校长，谢谢所有的教师和孩子。祝福你们，祝福艾瑞德的下一个十年！

成尚荣

2021 年 2 月 28 日

（成尚荣，国家督学，教育部基础教育课程改革专家委员会专家，中小学教材审查专家，中国教育学会学术委员会顾问）

平凡而伟大的"校长60秒"

——为李建华的智慧管理而作

我与"校长60秒"有着特殊的因缘,对此有独特的情感体验。从她诞生第一天起,我就和她在一起。"校长60秒"伴随了我整整365天。每天,或是她轻轻地叫醒了我,抑或是我醒了,静静地等着她对我的呼唤,于是,美丽的清晨从"校长60秒"开启。我会从中品味与体悟,也会从中发现与提醒。于是,我成了"校长60秒"的一部分,"校长60秒"也成了我生活的必修内容,编织了我生活的某一段落。

开创"校长60秒"的校长,是李建华。如今,"校长60秒"替代了李建华,但那"60秒"的背后仍然是那个李建华。没有李建华便没有"校长60秒",因为这是他的创造;"校长60秒"不能代替李建华,因为李建华还有无数个"60秒",李建华比"60秒"的李建华更丰厚、更立体。但恰恰是这个"60秒"折射了李建华的情怀、人格、智慧和心灵,也许,李建华的无数个"60秒"都是从每天清晨的"60秒"开始的。于是,"校长60秒"成了李建华的代名词,成了李建华的替身,成了李建华的文化符号。由此看来,李建华创造了"校长60秒","校长60秒"也成就、发展了李建华。总之,李建华有创新精神,他工作充满创意,思想充满创意。李建华是个创造之能人!

"60秒"是个时间数字。法国哲学家贝尔纳黛特·盖里泰-埃斯说:"对孩子来说,自他存在开始,便在时间里登记注册了。"而时间对于父母则是"引导孩子进入存在",而"存在之流动"带来意义,时间孕育了意义,"存在"让你创造意义。我相信，当听到嘀嘀声响起的时候，艾瑞德的每个孩子便知道自己开始了有意义的生活，再次在生命中"注册"、创造新生活了。"校长60秒"让孩子们建构了"存在""经历""流动""创造"的概念。

"60秒"有"无限"的意蕴。"60秒"是有限的，但它在时间的长河里可以连接天、地、人，可以思接千载，视通万里，可以发生一切，可以发现一切、创造一切。正是从"校长60秒"里，我们体验到"无限"远在天边，近在眼前，远在古远，又远在未来。"60秒"把过去与现在、与未来连接起来，把自己与他人、社会、国家、世界连接起来。志向，从"60秒"开始；事业，从"60秒"开始；走向世界，走向未来，从"60秒"开始。

"60秒"是个充溢道德关怀的温暖词语。李建华把每个孩子的生日记在心里，把部门的每次工作记在心里，把师生间的一切都记在心里。他关注每一个，关心每一个，鼓励每一个，祝福每一个。当你把365天的"校长60秒"翻阅一遍，去数数里面有多少人被关心，有多少事被点赞，有多少品质被颂扬，便能体悟她的温暖。道德关怀的阳光，通过"60秒"去播洒；鼓舞赞扬的能量，通过"60秒"去传递，去开发。李建华说，他站在儿童立场上，也站在国家立场上，总之，他站在中华文化所倡导的道德立场上，让人们带着力量，去攀登教育、发展的高山，永驻山巅之上，一览众山小。"校长60秒"演绎了艾瑞德有温度、有故事的理念。

"60秒"于李建华而言，也代表着他管理的理念与智慧。学校管理每天从清晨的"校长60秒"开始，然后联系着一个又一个的"60秒"，每一个"60秒"都承接着前一个"60秒"的温度与理念，串联成管理的"60秒链条"。我们不妨称之为"60秒管理"。记得哲学家尼采有过"四分之三"的管理哲学。不管是"四分之三"，还是"60秒"，总是与时间有关。"60秒管理"旨在用最短、最佳的时间，优化管理，由小及大，由浅入深，以"60秒"牵动整个管理，其核心是调动所有人的全部积极性，抓住每一个关键时刻，让"60秒"成为调动自主性、积极性、创造性的时间杠杆，让每一个人站在创造的制高点上。

"校长 60 秒"发生在郑州高新区艾瑞德国际学校，李建华离不开艾瑞德。艾瑞德是一所民办学校，但艾瑞德扎根在中原大地，在中国优秀传统文化中办学校，不仅有中国根、民族魂，还有世界胸怀。艾瑞德学校的老师有胸怀、有爱心、有专业、有见解，可亲、可爱、可敬。在艾瑞德，你可以发现每一个人的可爱，发现每一个人的优秀与杰出。艾瑞德为"校长 60 秒"营造了肥沃土壤，为李建华搭建了发展的高平台。"60 秒"是个窗口，让艾瑞德在阳光下露出了整个笑脸；"60 秒"是个切片，让艾瑞德健康、快乐的全貌展现在每个人面前。"校长 60 秒"与艾瑞德的积极互动，为我们呈现了学校发展的典范。

真是平凡而伟大的"校长 60 秒"！

成尚荣

2021 年 1 月 13 日

目录

019 _ 学具

020 _ 鞠躬礼

021 _ 0

022 _ 学习

023 _ 挑战

024 _ 想念

025 _ 小诗

026 _ 郭宸蕴

027 _ 雷锋

028 _ 三八节

029 _ 新书

030 _ 满月

031 _ 日记

032 _ 植树

033 _ 新同学

034 _ 低头

035 _ 诚实

036 _ 惊喜

037 _ 感谢

038 _ 科学

039 _ 升旗

040 _ 再见

041 _ 回家

042 _ 句号

043 _ 遵守

044 _ 援助

045 _ 碰肘

046 _ 拜轩辕

047 _ 嘀嗒

048 _ 加油

049 _ 奥运会

050 _ 100

051 _ 姚尚泽

052 _ 扎根

053 _ 劳动

054 _ 额外

055 _ 清明节

056 _ 下半旗

057 _ 气节

058 _ 三分钟

059 _ 解封

060 _ 值得

061 _ 奖章

062 _ 无名

063 _ 鲸落

064 _ 方舱医院

065 _ 缺席

066 _ 三星伴月

067 _ 优秀

068 _ 健康包

069 _ 痛心

070 _ 最可爱的人

071 _ 订正

072 _ 样子

同学们，开学啦

1 亲爱的同学们、老师们，今天开学了。

2 开学，就是开始上学，开始学习。今年开学，我们只能在线上进行。为此，我每天的"校长 60 秒"也上线啦，让同学们感觉校长就在你们身边。

3 这次开学，同学们在家中，老师们在"云中"，地点变了，学习的方式也变了，但我希望同学们好好学习的心不要变。我们是艾瑞德学子，我们要把我们"干净、有序、读书"的校风带到学风中，带到家风中。

4 现在全国人民都团结一心抗击新型冠状病毒肺炎疫情，我希望同学们要学会保护自己，多在家，勤洗手，外出一定戴口罩哟。

5 今天是六（3）班荆思雅、四（6）班张益铭同学的生日，祝你们生日快乐！

给自己定个闹钟

1 同学们，从昨天开始，我们就进入了上学模式。书房、卧室可能就是我们的"教室"，客厅可能就是我们的"运动场"，挺新奇的吧？

2 我也和你们一样，恢复上班模式了，还给自己定了一个闹钟，6 点半起床，8 点半进入书房，开始读书、写作、处理工作，中午午休，下午在跑步机上跑步半小时。午饭、晚餐，都是自己动手做。一天下来，我觉得比在学校还要忙。

3 同学们，你们怎么样呢？你们每天几点起床？如果起不来，给自己定个闹钟吧。如果你能做到每天都按时起床，说不定下一个"瑞德少年"就是你。

4 武汉在加油，中国在加油，我们也要加油，让闹钟成为我们的好伙伴吧。

5 今天是小（1）班陈浩霖、大大（3）班康宸赫、一（7）班李瑞祺、二（1）班王铭暄、二（5）班宋前一、三（1）班潘然林、三（3）班李雯涵、三（5）班岳宸畅、五（1）班孟钰涵、五（3）班张庭恺、六（1）班宋庚垚、六（4）班牛宇轩 12 位同学的生日，祝你们生日快乐！

请记下你的体重

1 同学们好！今天我称了一下自己的体重，并记了下来。等到能开学那一天再称一下，看看数据是否有变化。

2 现在长期居家，我们的运动量都受到了限制。以前我在艾瑞德校园每天基本走一万步左右，体重也相对保持在一个常量上。

3 现在，我每天只能在跑步机上跑步，我给它起了一个很好听的名字："向艾瑞德跑去。"我家距离艾瑞德学校 691 公里，我每天大概跑 3 公里，同学们帮我算算，需要跑多少天才能从家跑到学校？不管何时开学，我都会完成这个任务的，这是件很有意义的事。

4 同学们，你们在家是如何保证运动量的呢？在这里，我告诉大家一个测量标准体重的公式："6—10 岁儿童标准体重 = 年龄 ×2+8（公斤）"，看看你是否符合标准。

5 你今天也可以记下你的体重！

6 今天是大大（3）班宋函峻、一（7）班李家幸、二（2）班刘一涵、三（4）班马君成、五（1）班胡依茜、五（6）班刘芷菡、六（4）班曾佳 7 位同学的生日，祝你们生日快乐！

2020 年 2 月 13 日　星期四

10.92%

1 同学们好！今天，我想给你们说个数据：10.92%。这是我们学校最新统计的近视率，也就是说，每 100 位同学中有近 11 人眼睛近视。

2 全国的数据就有点吓人了。2018 年，全国儿童、青少年总体近视率为 53.5%，其中，6 岁儿童为 14.4%，小学生为 35.9%。由此可见，我们预防近视的工作做得还是不错的，和美国中小学的数据接近，但是依然不可掉以轻心。

3 我们在看书写字时，胸口要离书桌一拳，眼睛离课本一尺（33 厘米），握笔手指离笔尖约一寸（3.33 厘米）。累了时，站起来向窗外眺望一会儿，课间的眼保健操一定要好好做。

4 我希望每位同学的眼睛都明亮又闪烁，仿佛天上星。

5 今天是中（1）班朱紫漫、大大（3）班白昊明两位小朋友的生日，祝你们生日快乐！

逆行

1 同学们好！今天来跟大家说说"逆行"。逆行，指朝着与规定方向相反的方向行进。大家可能会想到开车逆行，这是违反交通法规的，万万不可。

2 但是，这个春天里，疫情汹汹，许多白衣天使、军人、建设者、志愿者，逆行而上，抗击新型冠状病毒肺炎。他们冒着生命危险，挺身而出，这样的逆行值得我们尊敬！

3 前天我从南京返回郑州，朋友说我是"逆行北上"。抗击疫情，守护校园，与师生们靠得更近些，这是我的责任。

4 其实，每一位同学都是"逆行"者，你们需要克服困难在家学习。老师不在身边，学习方式也变了，但是你们都很努力。

5 亲爱的同学们，让我们一起做一个美丽的"逆行"者。此时好好学习，不久便会春暖花开。

6 今天是一（2）班王越、一（8）班高丞远、二（4）班龙豫熙、二（7）班何诗元、六（4）班李昀澎 5 位同学和张灵风、杨红霞两位老师的生日，祝你们生日快乐！

2020 年 2 月 15 日　星期六

隔离

1　同学们好！我于本月 12 日返回郑州，立马被通知隔离。于是，从当天晚上开始，我就足不出户，也不能见人。

2　隔离，是对人身自由的相对限制，这是疫情防控的需要，我愉快接受。我只能在房子里活动，而且要远离家人，单独隔离，每天要两次上报自己的体温和身体状况。

3　当然，隔离不是隔绝，社区和小区的工作人员都在关心着我。这 14 天里，我计划除了在网上办公外，还要读书、写作、做饭、洗衣服、打扫卫生，把时间安排得满满的，不虚度时光。

4　同学们，自由是美丽的，现在的不自由，是为了更多人的自由，是为了将来更好的自由。14 天后，愿祖国无恙，大地皆春，让我们一起相约在美丽的艾瑞德校园，一起"干净、有序、读书"。

5　今天是大（3）班马粲柔、张蕊源，五（2）班周宇航，六（6）班王研宇 4 位同学和包祥、涂新大、葛小幸 3 位老师的生日，祝你们生日快乐！

2020 年 2 月 16 日　星期天

家务

❶ 同学们好！我最近被单独隔离在郑州，做饭、洗衣都要自己动手。幸亏我从小就学会了这些本领，不然的话，首先就要受挨饿之苦。

❷ 以前，我们每周末都有家政作业，目的就是希望同学们学会做家务，一来帮助爸爸妈妈减轻负担，二来为自己长本事。多一项生活的技能，就多一样生存的本领。

❸ 这次疫情，好多饭店停业了，快递也停了，我们以前动动手指下单就来的食物，现在已经等不来了，只能自己动手。不少人看过《鲁滨孙漂流记》，如果把我们留置在一座荒岛上，我们能生存下来吗？

❹ "滴自己的汗，吃自己的饭，靠人靠天靠祖上，不算是好汉。"同学们，多做点力所能及的家务吧，等疫情过后，你们可能都是做饭的高手、拖地的高手、洗衣的高手，我十分期待那一天。

❺ 今天是大（4）班丁嘉澳、一（1）班高晨馨、一（2）班何夕、六（6）班孙一铭 4 位同学的生日，祝你们生日快乐！

2020 年 2 月 17 日　星期一

爱好

1 同学们好！最近突然觉得有个爱好真好，读读书，写写东西，让自己在独处的时候不感到孤单。爱好，就像好朋友一样，坐在你的对面，一直陪着你。

2 每一个人的爱好都是不同的，有读书、写作、下棋、运动、弹琴等，它会让我们觉得日子很有意思，尤其是现在。当然，爱好一定要有益于身心健康，要远离一些不良的爱好，例如打游戏等。

3 爱好是可以培养的。爱好一旦确定下来，就要坚持下去。我从去年 5 月坚持每天读书半小时，已经读了 18 本书；从前年 5 月坚持每天写 1000 字，已经写了 95 万字。

4 爱好，是生活的作料，它不一定是最重要的，但一定是缺少不了的。同学们，选择一个自己喜欢的爱好，坚持下去，试试看，让爱好成为你一生相伴的好朋友。

5 今天是大（3）班王一一，一（1）班唐悦涵，四（2）班张美阳，五（1）班姚宜彤、张逸尘，六（4）班张涵一6位同学的生日，祝你们生日快乐！

卧室

1 同学们好！前几天，我发现了一个有趣的现象：当每天在家不能出门时，我会不经意地向卧室走去，尽管手头还捧着一本书。然后就顺势躺下，之后就打起瞌睡了。

2 等醒来后，我发现自己一天的作息安排都被打乱了，计划也没有完成，心里后悔不已。都是卧室惹的祸，于是我就决定远离卧室。

3 当每天大部分时间在书房时，我会很快进入读书、学习、工作的状态，一天的任务也完成得非常好。

4 卧室是用来睡觉的，就好像厨房是用来做饭、书房是用来学习的一样。在什么地方做什么事，一是效率会特别高，二是有仪式感，三是与自己当时的角色匹配。

5 同学们，所谓的正确，就是在合适的时间、合适的地点做合适的事情，如果在家，就让我们少去卧室，多待在书房、厨房吧。

6 今天是一（5）班李政同、二（3）班郭宸瑜、二（4）班姚锦昕、三（3）班李焦子嘉、三（4）班张茗淏、四（2）班王家妮、六（2）班燕杨峻熙 7 位同学和赵敬敬老师的生日，祝你们生日快乐！

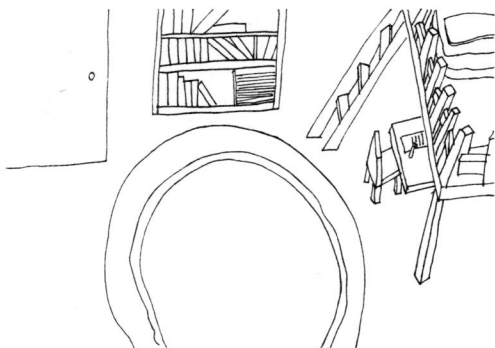

谢谢

1 同学们好！最近，我不多的话语中多了很多"谢谢"。我一人被隔离，很多生活用品都需要小区物业人员帮忙买，给他们添了很多麻烦，我要对他们说声"谢谢"。这次"停课不停学"，老师们付出了很大的努力，我要对他们说声"谢谢"。

2 同学们这次在家时间这么长，我想，爸爸妈妈肯定也为我们做了许多，我们要记得对他们说声"谢谢"。在网上学习时，"遇见"好久不见的老师，让我们对老师的辛苦说声"谢谢"。每一个帮助我们的人，都是我们要感谢的人。让"谢谢"成为我们的口头禅。

3 当然，今天，我也要对同学们和家长朋友们说声"谢谢"！这个春天太不容易了，但是我们心在一起，我们用行动，在努力把这样的意外转变成彼此记得的美好。

4 同学们，记得说"谢谢"，也尽力去做让别人"谢谢"你的事。

5 今天是四（2）班马一丞、四（4）班马桢皓、四（7）班阎炫呈、五（1）班陈紫轩 4 位同学的生日，祝你们生日快乐！

对不起

❶ 同学们好！前两天，我在家做饭，由于自己粗心，忘记关燃气了，将蒸锅烧坏了，当时的场景有点吓人。锅坏了，是我自己造成的，因为家里没有其他人，我只能对着被烧坏的蒸锅说声"对不起"，不知它听懂了没有。

❷ 我想，同学们在家一定会遇到与我类似的情况，比如洗碗时不小心打碎了碗，做饭时烧煳了菜，拖地时碰翻了水瓶，等等。如果错了，我们就要敢于认错，要说"对不起"，我也希望爸爸妈妈能接住你们的"对不起"。

❸ "对不起"，是我们做错事后的态度，一是道歉，二是认错，三是请求原谅，它会帮助我们很快脱离尴尬。

❹ 当然，我们在做事时，要尽量小心点、认真点，多为自己的精彩点赞，少为自己的失误买单。

❺ 同学们，每个人都会做错事。错了，就让我们认真地说声"对不起"。

❻ 今天是大大（2）班何晨溪、中（2）班王茉菡、六（3）班肖泓超 3 位同学和李娟老师的生日，祝你们生日快乐！

2020 年 2 月 21 日　星期五

没关系

1 同学们好！我昨天几次麻烦小区物业人员送东西过来，心里很过意不去，会对他们连声说"对不起"，他们都笑着回应我"没关系"。我觉得小区物业人员的素质真高，同时自己也感觉舒服了一些。

2 "没关系"，是回应别人的道歉。谁都不敢保证自己不犯错误。比如，现在我们在家，爸爸妈妈上班很忙，可能有时会忘记我们的事；兄弟姐妹间也会有摩擦。当他们跟我们说"对不起"时，我们都应该眼中有光、脸上有笑、心中有爱、嘴上有力地回一声"没关系"。接纳他人道歉，并能达成理解、谅解与和解，这是对他人的善意。

3 同学们，"对不起""没关系"是对双胞胎，他说"对不起"，我回"没关系"，人与人之间就多了一些暖洋洋的情谊。

4 一声"没关系"，你我有素质。

5 今天是小（2）班尚宸雨、大（1）班雒唯瑄、一（1）班黄钇宏 3 位同学和李新芳老师的生日，祝你们生日快乐！

2020 年 2 月 22 日　星期六

早上好

1 同学们，早上好！早上好！早上好！重要的事说三遍。由此可见，"早上好"是多么重要。

2 我记得，以前早晨在学校时，同学们、老师们见面时都会互问"早上好"，走在校园里，顿时会觉得很快乐。那时，"大黄蜂"校车正缓慢地开进校园，白鸽也在叽叽咕咕打着招呼。此时，我挺想艾瑞德的早晨，挺想同学们、老师们，挺想熟悉的"早上好"。

3 现在，同学们在家，依然不要忘记说"早上好"。来和爸爸妈妈、爷爷奶奶、兄弟姐妹以及我们"云中"的老师问声"早上好"吧。问好的开始，就意味着和昨天再见，与今天握手，彼此的心情会非常愉快，美好的一天就从此开始。

4 同学们，太阳每天都是新的，新的一天让我们从"早上好"开始。

5 今天是二（2）班丁梦雅同学和毋丽萍老师的生日，祝你们生日快乐！

2020 年 2 月 23 日　星期天

晚安

1 同学们好！昨天的"60 秒"说了"早上好"，大家一定会猜到今天要说"晚安"了。是的，一天结束了，应该用"晚安"来和它道别，应该用"晚安"给爸爸妈妈、兄弟姐妹送上温馨祝福。

2 十多年前，我有过这样的体验：当我忙碌一天准备睡觉时，上小学的女儿会过来对我说"爸爸，晚安"，我顿时觉得疲惫全无，幸福满满。

3 这几天，因为我被隔离，远在国外读书的女儿放心不下我，每天通过微信，转换时差，给我道声"晚安"，让我觉得心不孤单，一天都特别美好。

4 "晚安"，是一天结束时对家人的美好祝福，也是对自己过完一天的圆满道别。一声"晚安"，一天心安，那时，窗外夜色浓浓，室内暖意融融。

5 同学们，让美好的一天在"晚安"中结束，在好梦中开始。

6 今天是一（3）班刘释宇、李宗烨，一（5）班杨舒涵，一（6）班冯梓萱，二（1）班吴世禹，四（5）班夏岩，五（4）班胡家豪，五（6）班宁宸浩 8 位同学和王小丽、张文娟、付晓、张耘图 4 位老师的生日，哇，今天是个好日子，祝你们生日快乐！

2020 年 2 月 24 日　星期一

感动

1 同学们好！昨天上午，我打了三年级 6 位同学的"相约 8：30"校长表扬电话。放下电话，我内心充满感动。

2 我感动于同学们在家中的表现，你们的爸爸妈妈告诉我，你们已经适应了现在的学习，能跟着老师的节奏，听从父母的要求，在家表现真"中"！虽然我只了解了 6 位同学，但，这应该是我们整个三年级、整个艾瑞德学生的模样，我以有你们这样的学生而自豪。

3 我感动于你们爸爸妈妈的付出，他们都有自己的工作，还要陪伴你们学习，照顾你们生活，很不容易。我没有听到一句抱怨，他们都很理解现在的状况，也表达了对学校和老师的感谢。

4 同学们，国家有难，人人有责，需要我们每一个人肩膀上都要承担一点儿责任。每一个人做好自己，就是对国家的贡献，就是一个好学生，就是一个感动我的人。

5 今天是二（4）班李尚恩，四（4）班饶深为、李彦泽，四（5）班付聿墨 4 位同学的生日，祝你们生日快乐！

2020 年 2 月 25 日　星期二

别急

1 同学们好！昨天公布的疫情报告，我们河南省无新增病例，全国大部分省市也是零新增，这是让人高兴的事，这让我们看到了战胜疫情的希望。

2 但是，最近有人按捺不住了，想踏青，想扎堆，想聚餐，也不戴口罩了，媒体报道一家胡辣汤店门前排起了长长的队伍，这不免让人着急了。零新增不等于零风险，疫情还没有结束，河南省的一级响应还没有撤销，我们千万放松不得。

3 现在，家，是最安全的地方，家人，是最坚实的依靠，让我们好好待在家里，日子很长，也不在乎这几天了。将来，等到疫情结束，我和老师们带着同学们去实现我们的"六个一"，好吗？

4 亲爱的同学们，别急，别急，别急，再等等。我们依然要少出门，戴口罩，勤洗手。

5 今天是四（3）班古墨霖、四（7）班赵泉颖、五（1）班王叶莹、五（3）班燕辰浩、六（6）班马小川5 位同学和李丽老师的生日，祝你们生日快乐！

○　时间颗粒度：一位校长的60秒　●

一级响应

1 同学们好！在昨天的"60 秒"中我提到了"一级响应"。一级响应是国家在面对战争和重大灾难时启动的最高应对级别。

2 针对这次新型冠状病毒肺炎疫情，我国除台湾、香港、澳门外，其他 31 个省（自治区、直辖市）和新疆生产建设兵团都启动了重大突发公共卫生事件一级响应。这是我有生以来遇到的第一次。

3 这次事件给国家带来了巨大损失。截至昨天上午 10 点 24 分的疫情通报显示，全国现存确诊病例 47 759 例，现存疑似病例 2824 例，现存重症病例 9126 例，累计确诊病例 77 779 例，累计死亡病例 2666 例，累计治愈病例 27 354 例。

4 同学们，每个数字背后都是一个珍贵的生命，让我们在心里默默祈祷：中国快好起来吧！

5 今天是二（4）班袁哲、三（1）班贺煜斐、四（4）班董馨泽、五（7）班李晟睿 4 位同学的生日，祝你们生日快乐！

2020 年 2 月 27 日　星期四

自由

1 同学们好！告诉大家一个好消息，我在郑州已隔离 14 天，今天期满。我自由了！

2 14 天里，我严格按照社区和小区的要求，不出家门，每天上报两次身体状况，十分配合他们的工作。同时，我每天都非常有条理地安排着自己的生活。

3 当我今天走出家门，戴着口罩取快递时，阳光大把大把地照在我身上，空气新鲜而湿润，我突然觉得自由是多么珍贵。

4 这些天，我对自由有了一些自己的理解。首先，自由是对自己的约束，把自己放入规则之中，管理好自己。其次，自由是不打扰、不麻烦别人，是对他人的善意。最后，自由不是无所事事，而是有所作为，可以按照自己的兴趣做自己更喜欢、更有意义的事。

5 同学们，你们是怎么认识自由的呢？可以把感想写到日记本上，开学交流一下。

6 今天是小（3）班毕皓天、二（4）班苑亿祥、六（2）班葛钇含 3 位同学的生日，祝你们生日快乐！

学具

1 同学们好！前两天我给三（4）班陈怡月妈妈打"相约 8：30"校长表扬电话，怡月妈妈告诉我，怡月把平板电脑当作学具，而不像以前仅仅认为平板电脑是个玩具了。我听了非常高兴。

2 很多同学以前可能会认为平板电脑、电脑、手机之类都是玩具，就是用来打游戏的，而没有认识到它们对我们学习是有帮助的。这次在家学习，它们成了我们的主要学习工具。

3 其实，任何一种工具，都没有绝对的身份符号，就是看我们怎么来利用它。用在学习上就是学具，用在玩乐上就是玩具。用好了，就是我们学习的朋友；用不好，可能就是我们贪玩的帮凶。

4 同学们，我们都应该像陈怡月同学一样，把好玩的玩具当成我们有益的学具，让我们把它们用得更加得心应手，因为未来的学习离不开这些学具，你们都是走向未来的人。

5 今天是大大（2）班侯欣羽、一（1）班姚思远、一（5）班黄圣轩、一（7）班张宸瑜、二（7）班宋浩铭、三（1）班闫廷宇、五（6）班周子涵、五（7）班杨佳霓、六（8）班余梓绮 9 位同学和侯晓丽、闫娟两位老师的生日，今天又是个好日子，祝你们生日快乐！

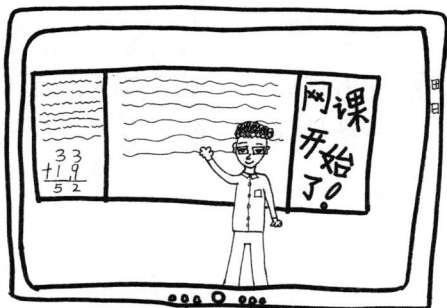

2020 年 2 月 29 日　星期六

鞠躬礼

1 同学们好！上周六，一张互行鞠躬礼的照片成了当天的新闻。浙江省绍兴市中心医院一位 3 岁的小患者治愈出院，向护士阿姨鞠躬致谢。面对小患者的致谢，护士阿姨也顺势回礼。

2 这张照片看哭了许多人，包括我在内。一个 3 岁的孩子，他用最传统也最纯真的鞠躬来表达对护士阿姨的感谢。这个春天，白衣天使是最可爱的人，也是最勇敢的人，他们与时间赛跑，与病毒共舞，逆行而上，奋斗在抗击疫情的最前线。

3 这张鞠躬礼照片，更让我想起我们师生的鞠躬礼，这是我们校园行走的风景，也是同学们文明素质的彰显。最近我到学校，头脑中跳出最多的就是师生互行鞠躬礼的情景。

4 同学们，在家勿忘鞠躬礼，时刻要做文明人。当我们要表达感谢时，请鞠躬吧。

5 今天是二（1）班王周晨熙、五（2）班林锦峰同学的生日，祝你们生日快乐！

0

1 同学们好！昨天上午 11 点的疫情报告显示，我国 27 个省、市、自治区新增病例为 0。看到这个"0"时，我心里有说不出的高兴，我们看到胜利的希望了。前些日子，看到那些非 0 的数字每天都在变化时，让人心惊肉跳，十分难过。

2 "0"，通常意味着没有，让人不太喜欢。比如考试时没有人喜欢 0 分，没有人喜欢自己身无分文，没有人喜欢自己没有朋友。可是现在，每天疫情报告上的"0"却显得那么可爱，那么珍贵，那么让人期待，它意味着健康、平安和美好。

3 当有一天，疫情报告相关栏里都变成了"0"时，那我们就战胜了疫情，我们就可以安全地相聚在美丽的艾瑞德校园了。我相信，这一天会很快到来的。

4 今天，我再细看时，"0"就像个笑脸，它笑了，我也笑了。

5 今天是二（2）班梁雨辰、二（5）班吕宸宇、四（2）班杨意然、四（4）班陈昊麟、六（3）班周芃杰、六（5）班孙若鑫 6 位同学的生日，祝你们生日快乐！

2020 年 3 月 2 日　星期一

学习

1 同学们好！昨天看到的一张学习照片深深打动了我，画面中是昏暗的灯光，破烂的桌子，寒冷的角落，两个风中瑟缩的身影。河南洛宁 14 岁女孩郭翠珠因为要上网课，家里又没网络，所以只能到村支部蹭网学习，父亲默默地蹲坐在角落陪伴她，女孩每天都会在这里学两个小时。

2 看到郭翠珠同学的学习条件和学习精神，不知同学们有何感受。我们在温暖的家里，有很好的学习条件，能否做到像郭翠珠同学那样刻苦勤奋呢？

3 日前，省教育厅决定继续推迟开学时间，这意味着要继续在家线上学习。我们要习惯这样的学习方式，要严格管理好自己。

4 同学们，如果我们选择放纵，毁掉的将是我们的现在和将来。在我们懈怠的时候，请你想一想郭翠珠同学学习的情景吧。

5 今天是二（2）班张畅畅、三（2）班殷瑜浩、三（5）班雷晟睿 3 位同学和杜红梅老师的生日，祝你们生日快乐！

○ 时间颗粒度：一位校长的60秒 ●

挑战

① 同学们好！这几天我除了忙工作外，又多了一份差事：收到一篇约稿，需要在 3 月 5 日之前提交一篇 5000 字的文章。这对我来说是个挑战。

② 每次写论文前，我都需要"吃"进大量材料，想论文框架，然后才能动笔，过程非常折磨人。最近几天，我都是早上 6 点起床、夜里 12 点睡觉，白天一坐就是几个小时不挪窝，甚至吃饭也从三顿变成了两顿。不过等看到文章发表出来，内心还是非常幸福与快乐的。

③ 有人开玩笑说我能写，殊不知，"能写"的背后是折磨与挑战，只不过，我不拒绝折磨，我愿接受挑战。

④ 同学们现在在家学习，也会遇到不少难题、难事，老师又不在身边。但如果通过自己的努力，完成了挑战，那就会和我一样获得幸福感。只有啃了硬骨头，才会长出硬功夫。

⑤ 今天是中（1）班郭于辉、四（5）班郑盛方两位同学和法迪老师的生日，祝你们生日快乐！

2020 年 3 月 4 日　星期三

想念

① 同学们好！转眼到了 3 月，还是没能开学。大家想念艾瑞德了吧？我也是。

② 昨天上午到学校，你们熟悉的保安叔叔告诉我，说他挺想你们的。围墙上的蔷薇花在攒足了劲儿等你们回来开放，钟楼的钟声依然准点响起，瑞瑞、德德在欢迎着我，校长信箱里也没有了你们的来信，芝麻街、钢琴广场没见到你们唱歌、跳舞的模样，教室里没听见书声琅琅，我的办公桌上没有看到蛋糕和留言的纸条，操场上也不见你们三五成群地跳跃，餐厅、宿舍里嘻嘻哈哈的笑声只在耳畔回响，幼儿园里走得歪歪扭扭的小朋友都去哪里了？白鸽都快成校园的主人了。学校一切完好，就是没有你们！

③ 同学们，艾瑞德很想你们，我也很想你们。

④ 今天是中（3）班贺家武、二（3）班刘芮宁、五（3）班买郑吉、五（5）班王奕凯、六（3）班袁奥 5 位同学和王雪老师的生日，祝你们生日快乐！

小诗

1 同学们好！今天来分享两首小诗。

2 第一首是二（1）班杨博程同学写的《我爱我家》："我爱妈妈，做饭、打扫都是她／家里哪里有劳动，哪里就有她的身影／我爱爸爸，工作、修理都是他／做起工作很认真，修理东西有办法／我爱哥哥，虽然有时会吵架／偶尔也会打一架／这就是我家，我爱我的家。"

3 第二首是二（4）班郭钦若同学写的《如果我有一双翅膀》："如果我有一双翅膀／我会飞去校园／看看绿绿的操场，看看蓝蓝的泳池／看看明亮的教室，看看干净的餐厅／看看整齐的宿舍，看看美丽的图书馆／我很想念我的校园／我很想念我的老师和同学们。"

4 同学们，爱家、爱校、爱祖国，我们要做有爱的小诗人。

5 今天是一（3）班郭羽桐、五（1）班李想、五（3）班李锦源 3 位同学和李丽老师的生日，祝你们生日快乐！同时感谢张文娟老师推荐的小诗。

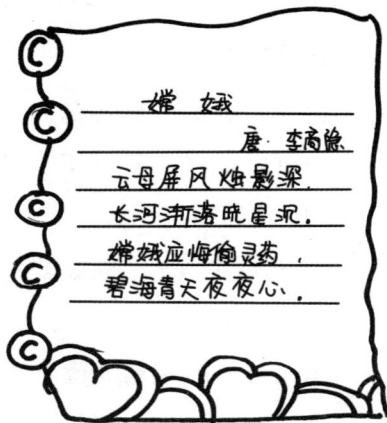

嫦　娥

唐·李商隐

云母屏风烛影深，

长河渐落晓星沉。

嫦娥应悔偷灵药，

碧海青天夜夜心。

2020 年 3 月 6 日　星期五

郭宸蕴

1 同学们好！今天我想给大家介绍一位同学，他是二（4）班的郭宸蕴。

2 自疫情暴发以来，郭宸蕴同学全家十分关注疫情的发展。当听到一个个关于白衣天使逆行而上的动人故事，看到寒冷冬夜里疫情防控卡点处辛苦工作的人，郭宸蕴同学十分感动。

3 有一天，他问爸爸妈妈："我们能为疫情做点什么事呢？""你觉得自己能干什么？"爸爸问。"我想把压岁钱捐给村里。"郭宸蕴同学想了想说。

4 于是，在爸爸妈妈的支持下，郭宸蕴同学把本来打算用于交学费的1000 元压岁钱送到了村疫情防控卡点处。村主任爷爷问他："你想好了吗，孩子？捐了，钱可就没有啦！""我知道，爷爷，我就是想为疫情做点事。"

5 这就是我们的郭宸蕴同学。心中有爱，并立刻付诸行动，他的行为值得表扬。

6 今天是三（5）班秦湛轩、六（3）班罗子倬两位同学和樊婧、崔正岩、赵宗新 3 位老师的生日，祝你们生日快乐！

雷锋

❶ 同学们好！刚刚过去的 3 月 5 日是"学雷锋纪念日"。1963 年 3 月 5 日，毛泽东主席为因公牺牲的 22 岁英雄战士雷锋题词："向雷锋同志学习。"

❷ 雷锋的一生，就是为他人做好事的一生。至今还流传着这样一句话："雷锋出差一千里，好事做了一火车。"雷锋有句名言："人的生命是有限的，可是，为人民服务是无限的，我要把有限的生命，投入到无限的为人民服务之中去。"

❸ 雷锋有很多精神值得我们学习，我认为，同学们主要应该学习他挤时间刻苦读书的钉子精神和胸怀他人、助人为乐的大爱精神。钉子精神促进自我成长，大爱精神促进社会和谐发展。

❹ 同学们，雷锋虽然离开我们多年，但他一直就在我们身边，你们每一个人都可以成为"小雷锋"。

❺ 今天是四（6）班王紫涵、国际班李若琪两位同学和刘莹老师的生日，祝你们生日快乐！

三八节

1 同学们好！今天是"三八节"，首先让我们给奶奶、姥姥、妈妈和美女老师等送上节日的祝福。

2 国际上设立"三八节"，是为了保护女性合法权益。1857 年 3 月 8 日，美国纽约女工走上街头，抗议恶劣的工作条件和低工资。接下来的数年里，几乎每年 3 月 8 日都有类似的抗议游行活动。其中，最引人注目的是在 1908 年，纽约近 15 000 名妇女走上街头，要求缩短工作时间、增加工资和享有选举权等，并喊出了象征经济保障和生活质量的"面包加玫瑰"的口号。正是这一系列发生在欧洲和美洲的女权运动，促成了"三八国际妇女节"的诞生。

3 同学们，现在讲究男女平等。男同学依然要谨记"女士优先"的礼仪，这是国际惯例，也是你小绅士风度的体现。

4 今天是五（7）班程浩洋同学的生日，祝你生日快乐！

2020 年 3 月 9 日　星期一

新书

① 同学们好！这两天，我们一部分老师在学校忙活一件事，就是把下学期的新书分发给同学们，以方便你们在家学习之用。

② 我们用了整整两个半天的时间分拣了6650册书，并给每人配好手提袋，好多老师累得直不起腰来。同时，为了方便领取，我们在全市范围内设立了6个领取点以及以快递的方式，确保第一时间把新书准确地发到每一位同学手里。

③ 上周六上午分发新书时，我在学校分发点。我看着"大黄蜂"校车载着新书和老师出了校门，驶向不同的地点时，内心感动不已。在这个春天里，"大黄蜂"第一次启动，带着同学们心爱的书，也带着我们对你们的爱，出发了！

④ 亲爱的同学们，当你们拿到新书时，它已经不仅仅是一本书了，它是爱的抵达。

⑤ 今天是二（3）班董浩、四（6）班田洋郡、六（2）班朱文慧、六（3）班张栩萌4位同学的生日，祝你们生日快乐！

2020 年 3 月 10 日　星期二

满月

1 同学们好！从 2 月 10 日到今天，你们在家学习正好满一个月，我的"校长 60 秒"也满月了。

2 这一个月注定不同寻常。我们见证了疫情的来势汹汹到现在形势的持续向好。这是全体中国人艰苦努力的结果，包括同学们，你们在家安心学习，也是对国家的贡献；这是成千上万医护人员逆行而上、顽强拼搏的结果。国难当头，我们才知谁是民族的脊梁，愿同学们将来都能成为这样的人。

3 疫情是鲜活的教材，这一个月里，你们或许理解了：在爸爸妈妈陪伴的美好时光里，学校、老师还是那么令人朝思暮想，无拘无束的自由也并非都能如常……

4 不寻常的日子需要不一般的努力，我每天用"60 秒"来陪着你们，记住个特别的春天。那么，同学们，你们呢？

5 今天是四（3）班郑笑浠同学和孙晴晴、李露露两位老师的生日，祝你们生日快乐！

2020 年 3 月 11 日　星期三

日记

1 同学们好！最近在网上看到不少小学生在疫情期间写的日记，他们用自己的笔记录了这段特殊时光的所见所闻。

2 有位学生的妈妈是医生，他在日记中写道："妈妈以前回到家都会先抱抱我，亲亲我。现在妈妈下班会说离我远一点，不要碰到我，我当时以为妈妈不爱我了，我很难过。妈妈告诉我，她怕自己身上有病毒会传染给我。"我读了，很感动。

3 写日记，也是我们学校的要求。从 2017 年的一年级这一届开始，6 年后，每一位同学都要在毕业时送给自己一个礼物——一本日记，大约10 万字。

4 我也有写日记的习惯，从 2018 年 5 月 3 日开始，到今天为止，我已经写了 98 万字。

5 同学们，写日记，一是真实记录生活，二是积累写作素材，三是培养坚持的好习惯。好好地写下去吧。

6 今天是二（5）班杨锦诺、四（6）班李浩宇两位同学的生日，祝你们生日快乐！

2020 年 3 月 12 日　星期四

植树

1. 同学们好！今天是植树节，植树节的来历与一个伟人有关。1925 年 3 月 12 日，孙中山逝世，1928 年，为纪念他逝世 3 周年，当时的国民政府把 3 月 12 日定为植树节。1979 年 2 月，我国也正式将 3 月 12 日定为植树节。

2. 本周国旗下讲的故事也是有关植树的。塞罕坝林场建设者，通过 3 代人努力，把荒山沙地变成百万亩林海，改造了自然，造福了人类。植树与环境息息相关，多种一棵树，就是为改造环境多出一份力。

3. 国际班王佳瑶老师为了准备植树节课程，费了九牛二虎之力。买树苗时，因为别人都是成车、成捆地买，而她只买一棵，老板不愿意。最后她说是给小朋友上课用的，人家才卖给她。多用心的一位老师！

4. 十年树木，百年树人。王佳瑶老师既是在树木，也是在树人。

5. 今天是一（3）班张家齐、四（2）班秦子涵、五（3）班谢石二郎、五（5）班汪羿霖、五（6）班于浩洋 5 位同学和李瑞老师的生日，祝你们生日快乐！

新同学

1 同学们好！今天，我想给大家介绍一位"新同学"，她是一（2）班张燊爻的妈妈。这是这么回事呢？

2 原来，随着云学习的继续，同学们可能会有一些倦怠，毕竟一个人在家学习这么久了。于是，张燊爻的妈妈便和女儿商量起来："妈妈想和你一起听课、写作业，然后让爸爸当老师批改，怎么样？但是，你要帮妈妈一个忙。""帮什么忙啊？"张燊爻好奇了。"你要帮妈妈找个学校、找个班级呀。""妈妈，您来我们学校吧，我们俩一个班。"张燊爻马上找出一个崭新的本子，帮妈妈在本子上写下："艾瑞德国际学校一（2）班张燊爻妈妈。"我们学校一（2）班就这样多了一位"新同学"。从那天起，她们一起听课，一起写作业，学习气氛更好了。

3 同学们，在家学习时，也让爸爸妈妈一起参与进来吧，让他们成为我们的新同学，一起好好学习，天天向上。

4 今天是大（4）班张宸睿、一（8）班严与韩、二（2）班谭钰琪、二（3）班耿浩博、四（1）班王雪懿、四（6）班周墨6位同学和柳亚青老师的生日，祝你们生日快乐！

低头

1 同学们好！昨天上午，我驱车到了田园校区。一路上花开了，草绿了，风儿也不再寒冷了，田间不少人在低头干活儿。春天就是充满忙碌和希望的季节。

2 田园校区春意盎然。在苹果园区，我看见好多果树枝条都被东西牵坠着"低下头"，心里不解。远处有两三位师傅在低头干活儿。我上前和他们打招呼，并说出了自己的好奇。杨师傅告诉我，枝条向上生长，是结不出好果子的，只有让它们"低下头"，光照充足，将来才能丰收。我恍然大悟，我想起，饱满的麦穗都是低着头的。

3 亲爱的同学们，低头是劳动的模样，低头是丰收的准备，我喜欢这样的"低头"。

4 今天是一（1）班方羽彤、二（6）班李欣芮、三（3）班宋佳璐、五（2）班刘洛铱 4 位同学的生日，祝你们生日快乐！

诚实

1 同学们好！今天是"国际消费者权益日"，这是 1983 年由国际消费者联盟组织确立的。每年的今天，我们国家都会开展消费维权或打假等活动。

2 为何会出现许多"假"呢？我认为就是因为不诚实。3 月 11 日，河南省新增 1 例境外输入确诊病例，就是因为郭某鹏从境外返回郑州后的不诚实造成的。他隐瞒境外行程，没有严格落实"隔离观察措施"，没有严格落实"如实申报"措施，对新冠肺炎疫情造成传播危险，涉嫌犯罪，已被警方立案侦查。同时，他的行为导致多人被隔离，河南省 12 天、郑州市 19 天的疫情零新增纪录被他的不诚实破坏了，一个人扰乱了一座城。

3 同学们，我们一定要诚实上报我们的状况。

4 诚实是金。不诚实，轻则害己，重则害人，甚至危害社会。我们都要做一个诚实的人。

5 今天是中（3）班郭文浩、二（4）班杨蕙伊两位同学和王雪冰老师的生日，祝你们生日快乐！

2020 年 3 月 16 日　星期一

惊喜

1 同学们好！最近，一（4）班周禄胜同学的妈妈给我讲了她的惊喜，我听了以后也很惊喜。

2 2 月初，周禄胜一家在床上玩"露营"游戏，几轮游戏过后，床上一片狼藉。妈妈叹气道："你们玩开心了，我又要忙着收拾了。"周禄胜同学一听就把妈妈往门外推："妈妈，你先出去一下。"过了一会儿，他拉着妈妈的胳膊说："给你个惊喜！"妈妈回房间一看，惊喜道："哇！简直像宾馆一样！"只见床上被子铺得展展的，床头书架上的书摆放得整整齐齐。"妈妈，你忘了我们的校风吗？第一个就是干净啊！"周禄胜一脸自豪。此后，周禄胜同学每天都会在睡前把爸爸妈妈的被子铺好，一直坚持到现在。爸爸妈妈很惊喜。

3 周禄胜同学才一年级，就把"干净、有序"的校风带到家里，让我也感到非常惊喜。

4 今天是二（6）班徐宸熙、四（3）班刘建珂、六（2）班赵亦博 3 位同学的生日，祝你们生日快乐！

时间颗粒度：一位校长的60秒

2020 年 3 月 17 日　星期二

感谢

1. 同学们好！今天，我要感谢一些同学和他们的家人。他们虽然人在家中，但是心系校园，牵挂老师，为学校捐赠抗疫物资和设备。

2. 他们是大大（1）班张铭辰，一（1）班姚思远，一（2）班李智辰，一（3）班王奕凯，一（4）班徐伊睿，一（7）班王悠然，二（1）班陈妍熙，二（3）班张澄宇，二（5）班宋前一、刘天贺，二（6）班刘骁威，三（5）班张夕颜、牛怡琳，六（1）班宋庚垚。

3. 作为捐赠第一人——二（6）班刘骁威的妈妈说："就是想为学校做一点小事，为抗击疫情尽点微薄之力。"二（5）班宋前一、六（1）班宋庚垚两位同学用自己的压岁钱购买物资。一（7）班王悠然的爸爸说："这是对孩子的一次教育，是举手之劳。"

4. 我感受到了你们的爱校之心，谢谢你们！

5. 今天是中（2）班姚舒航、大（4）班王李遥、二（2）班李尚儒、五（1）班李怡泽、六（2）班张睿敏5位同学的生日，祝你们生日快乐！

科学

1 同学们好！这段时间学校云课堂中的科学小实验很受欢迎，大家在云端和老师一起玩中学、做中学，沉浸在有趣的科学中。

2 我们为什么要学科学呢？举个简单例子，现在大家外出要戴口罩，医生要严格穿戴防护服，这是因为要切断病毒的传播途径，这就是科学。再比如，生水要烧开才能喝。

3 听到这儿，你或许觉得科学的用处就是给生活提供便利，但其实，科学更多的是让我们拥有认真做事的态度和坚持不懈的毅力，思考问题也更加有条理。爱因斯坦说："不是我聪明，只是我和问题周旋得比较久。"前几天钟南山爷爷给小朋友回信说："用知识缝制铠甲，不远的将来，各行各业都将由你们披甲上阵。"

4 同学们，让我们热爱科学，用科学知识武装自己，因为"科学"有时就意味着"生命"。

5 今天是小（2）班郭梓瑜、一（8）班丁嘉忆、二（5）班郭世铱、四（3）班李慕青、五（7）班曹颖晖、六（2）班杨程 6 位同学和秦萌萌、肖乐、刘淑香、李爱芳 4 位老师的生日，哇，今天又是个好日子，祝你们生日快乐！

2020 年 3 月 19 日　星期四

升旗

1 同学们好！本周一升旗仪式，升旗手是保安、保洁刘再安、毛广波、王明合三位师傅，他们在学校亲手升起鲜艳的五星红旗。

2 此前，三位师傅认真学习升旗仪式的流程及走位，专门用一张纸画出每一个人的站位，一遍又一遍地练习动作，确保精准到位。刘再安师傅告诉我，疫情期间能为师生升旗，很神圣，也很激动，这是他 57 年来第一次做升旗手。

3 这已经是第 6 周云中升旗了，绝大多数同学能着整齐校服与爸爸妈妈一起参加升旗，这是艾瑞德学子和家长的标准模样。四（1）班王怡涵同学说："最喜欢周一，只有看到升旗仪式才感觉真的开学了。""每一个周一的来临，就意味着我们离开学又近了一步。"

4 同学们，国旗是祖国的象征，热爱祖国是每个人的义务。升旗，升起的是我们对祖国的爱。

5 今天是小（3）班樊嘉桐、一（3）班王梓萱、二（3）班李昊泽、二（7）班刘轩丞、五（7）班张金硕 5 位同学的生日，祝你们生日快乐！

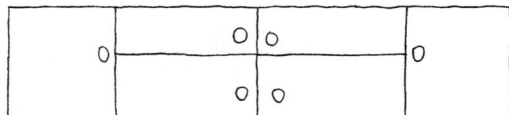

2020 年 3 月 20 日　星期五

再见

1 同学们好！最近几天，武汉疫情防控取得了阶段性重要成果，16 家方舱医院陆续休舱，许多省份的援鄂医疗队先后返程。他们激动地喊出："再见武汉！我们回家了！"

2 回家真好！这是一次沉甸甸的再见。从 1 月开始，全国 340 多支医疗队、4 万多名医务工作者逆行而上，驰援湖北。有的人在临行前把遗书都悄悄写好了，36 岁的广东医生王烁甚至把年轻而宝贵的生命献给了湖北。

3 河南省中医院张娟娟医生在武汉奋战了一个多月，这次回家，她最大的心愿就是能安全度过隔离期，快点见到她的宝贝女儿，亲一亲、抱一抱她。

4 武汉安好，才说再见！致敬白衣天使！他们为武汉拼过命，他们在湖北留下了最美的身影。这样的再见，让我们看到了胜利的希望和开学的曙光。

5 今天是中（3）班王梓伊，二（4）班樊闰泽，三（4）班楚心乐，四（2）班吴荟欣，五（5）班李盈颖、宋鑫雨，六（5）班何中岩 7 位同学和郭慧芳老师的生日，祝你们生日快乐！

2020 年 3 月 21 日　星期六

回家

1 同学们好！近日，"温情回家路"这条视频在网上广为流传，视频记录了我国包机飞往伊朗，接回同胞的全过程。

2 视频记录者刘威龙在春节前去伊朗旅行，因为疫情暴发，需提前回国，并预订了绕经第三国回国的机票，但临行前被告知航班已取消。正当他一筹莫展时，中国驻伊朗大使馆传出消息，将包机专门接同胞回国。自 3 月 4 日起，民航局已安排了 7 架航班陆续接回同胞 1101 人。

3 危难时刻的迅速出击，绝非偶然。2006 年，所罗门骚乱，我国派专机接回 310 名侨胞。2015 年尼泊尔地震，中国是第一个包机接同胞的国家。2017 年加勒比海域飓风，我国两架飞机飞越 19 国接回 400 多名同胞。

4 "不管身在何处，祖国都能够把我们带回家。"这就是我们伟大的祖国。

5 今天是一（6）班魏士翔、二（6）班郭晋廷、三（3）班梁倬玮、四（1）班王怡涵、五（4）班高锦悦 5 位同学的生日，祝你们生日快乐！

句号

1 同学们好！一（5）班杨舒涵的家长给我分享了一个烙饼的故事。她的女儿从学校家政课程中学会了做饭，尤其喜欢烙饼。

2 第一次烙饼时，除了教孩子揉面、醒面、加料、擀面，更关注的是"烙饼"这件事的句号应该画在哪里。看着无序的桌子和凌乱的厨房，这位家长决定把"用过就像没用过一样"作为这件事的句号。

3 烙饼很成功，金黄酥脆，孩子高兴得拍手跳跃。最后，家长和孩子开始郑重其事地为这件事画句号：收拾面粉，清洗工具，擦干桌面……

4 杨舒涵小朋友学会了做美食，还学会了为一件事画句号。从那以后，她不仅能独立完成烙饼，而且能确保厨房干净、有序，就像没用过一样。

5 同学们，"用过就像没用过一样"，我们在给父母帮忙时，也一定要注意画个"干净、有序"的句号，这也是我们校风的体现。

6 今天是大（2）班金珈伊，大（3）班张译心，二（5）班徐境择，三（1）班周义烜，三（3）班陈明宇、陈明轩，四（5）班刘思昂，五（2）班关心8位同学和孟晓老师的生日，祝你们生日快乐！

遵守

1. 同学们，网课依然在进行着。二（7）班杨梓轩同学每天都能按时上课、下课，同时，也能严格遵守自己制定的作息时间，安排好自己的预习、画画、读书等。升旗仪式时他认真的模样，也被刊登在市、区的"官微"上，这是我们艾瑞德学子的骄傲。

2. 其实，刚开始时，杨梓轩同学也抱怨过，觉得这样不自由。经过 6 周的线上课程，现在他改变了想法。他严格遵守老师的要求，觉得学到了很多知识，有了时间观念，并养成了良好的习惯，做事情也不像之前那样拖拉了。

3. 遵守，在生活中无处不在。比如，疫情期间的少外出、戴口罩、勤洗手等，就是对规则的一种遵守，我们要努力做到，并做好。

4. 我曾听过这样一句话：很多时候，不是优秀才自律，而是自律了你才会变得优秀。自律，就是对规则的一种遵守。

5. 今天是小（3）班史承润、中（3）班白峰桐、六（2）班刘桓麟、国际班张煜煊 4 位同学和于希梅老师的生日，祝你们生日快乐！

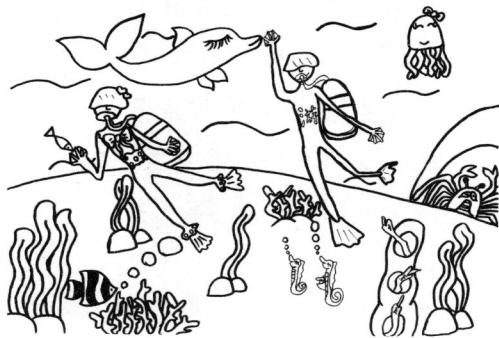

2020 年 3 月 24 日　星期二

援助

1. 同学们好！3 月 21 日晚，中国援助塞尔维亚抗疫医疗专家组一行 6 人抵达塞首都贝尔格莱德，由中国政府捐赠的一批医疗物资也同机抵达。塞尔维亚总统亲自到机场迎接。

2. 自 2 月底起，中国医疗队就频频飞出国门，奔赴国外抗击疫情最前线，画出了一道道"逆行之弧"。伊朗、伊拉克、意大利等国，均得到了中国医疗队的援助。

3. 在中国疫情严重时，世界上 79 个国家和 10 个国际组织为中国人民提供帮助；现在，当其他国家需要帮助时，中国也在尽己所能给予援助。

4. 派出援助医疗队，向多国援助物资，并与欧亚地区、南亚地区、10 多个欧洲国家的政府官员和公共卫生专家、24 个非洲国家和非洲疾控中心就新冠肺炎疫情问题举行视频会议，分享抗疫的"中国经验"。

5. 病毒无国界，大爱满人间，人类是命运共同体。

6. 今天是小（3）班陈张榕熙、二（2）班周奕辰、三（3）班王琦源、三（4）班巴泽雨、六（1）班郑艺轩 5 位同学和翁文千老师的生日，祝你们生日快乐！

○　时间颗粒度：一位校长的60秒　●

2020 年 3 月 25 日　星期三

碰肘

1 同学们好！昨天说到塞尔维亚总统亲自到机场迎接我国前去援助的抗疫医疗专家团队，他用了一种很特别的礼仪方式：碰肘，以表达塞中两国是"铁杆朋友，风雨同行"。

2 碰肘这种问候方式，最早发生在 2014 年利比里亚埃博拉疫情期间。当时，中国援利医疗队为了避免握手、贴面、碰鼻等方式的问好可能导致的交叉感染，就采取互碰胳膊肘来表示友好和慰问。

3 今年 1 月 30 日，我国空军军医大学唐都医院的医护人员率先用"碰肘"这种特殊的方式，来表达问候和加油，后来在其他医院也流传开来。

4 除了碰肘，今年 2 月，河南周口扶沟县一名 9 岁女孩，和在医院里做护士妈妈的"隔空抱抱"，曾感动哭了无数人。

5 礼仪表达尊重，传递温暖，生发力量，哪怕是在最艰难的时候，我们依然需要。

6 今天是大（1）班冯馨玉，大（3）班张嘉琪、宁婉心，二（1）班闫芝慧，四（1）班戚展赫 5 位同学和贾丽君老师的生日，祝你们生日快乐！

2020 年 3 月 26 日　星期四

拜轩辕

1 同学们好！今天是农历三月初三。"三月三，拜轩辕"，是中华民族的文化传统，古来有之，绵延至今。

2 祭拜仪式起于春秋，唐代时被定为官方祭典，2006 年，"拜轩辕"升格为"黄帝故里拜祖大典"，2008 年被确定为第一批国家级非物质文化遗产扩展项目。

3 今天上午，郑州市新郑黄帝故里以"现场无嘉宾、无观众、无演员表演""大典规格不降，影响力不降"的基本原则，举办拜祖大典。所有人都可以通过网络互动方式参与，共祈世界安康、华夏安澜！

4 "天地玄黄，东方曙光。文明始祖，中华炎黄……"艾瑞德学子曾连续 4 年登上拜祖大典舞台高唱主题曲《黄帝颂》，气质非凡，引人注目。

5 "长江黄河共战'疫'，轩辕黄帝佑中华。"我们是炎黄子孙、华夏儿女。

6 今天是小 (1) 班周知萌、一 (2) 班毕盛、二 (5) 班庞翼添、五 (4) 班吕悠岚 4 位同学和任全喜老师的生日，祝你们生日快乐！

嘀嗒

① 同学们好！本周升旗仪式上我讲的故事叫《每秒摆一下》。故事里的小钟用每秒"嘀嗒"一下的坚持，完成了一年 3200 万次的"梦想成真"！

② 国际班中阶的邓大为同学说："听完李校长的故事，我觉得人生不应只确立大目标，这样我们会觉得很难，而应把大目标划分成许多小目标并坚持完成，这样，在不知不觉中，就已经在悄悄完成那个大目标了。"

③ 如果留心观察，就会发现，同学们每天都在完成如"嘀嗒"一般的"小目标"，如早睡早起、按时参与线上课堂、体育锻炼、做家务、写日记……

④ 与同学们一样，我也有自己的"嘀嗒"："校长 60 秒""8：30 电话"，国旗下讲故事，每天读书、写字、写作打卡……

⑤ 同学们，秒针摆一下很简单，难就难在坚持一年甚至更久。让我们一起，用轻轻的"嘀嗒"，表达对时间与生命的尊重与感谢吧！

⑥ 今天是六（1）班彭金语、六（3）班徐嘉彤两位同学的生日，祝你们生日快乐！

2020 年 3 月 28 日　星期六

加油

① 同学们好！最近每晚 7 点，武汉长江二桥上都会准时亮起"武汉加油！""中国加油！"字样的灯光，这已是 27 岁的温瑞第 63 天的日夜守护了。温瑞是中铁十五局电气化公司武汉分公司的员工。他说，他守护的不仅是灯光，更是一种希望，传递着武汉人的信心和坚强。

② 自疫情暴发以来，我们也一直在为武汉加油，传递着爱的力量。

③ 2008 年，在北京奥运会上，中国人整齐喊出的"加油"，成为赛场上的主旋律，成为外国人眼中最牛的"中国元素"。

④ "加油"一词起源于清道光年间，当时，"武汉城市之父"张之洞的父亲张锳，在深夜专门差人为挑灯夜读的读书人添一勺灯油，并送上鼓励，这就是"加油"的来历。

⑤ 同学们，加油，是祝福，是鼓劲。让我们一起为中国加油！为武汉加油！为自己加油！

⑥ 今天是大 (4) 班尚至一、尚至格，三 (2) 班司亦凡，三 (5) 班周子尧，四 (6) 班孔博岩，六 (5) 班黄宇晨 6 位同学和魏静老师的生日，祝你们生日快乐！

○　时间颗粒度：一位校长的 60 秒　●

奥运会

1 同学们好！3 月 24 日，日本宣布东京夏季奥林匹克运动会（简称奥运会）将推迟至 2021 年举办，最晚不迟于 2021 年夏天。

2 奥运会历史上，有三届奥运会因为战争被取消 —— 1916 年柏林奥运会、1940 年东京奥运会和 1944 年伦敦奥运会。此后近 80 年，奥运会都没有中途取消过。

3 这次推迟，是受全球疫情影响。此前，加拿大、澳大利亚、英国、美国、挪威、斯洛文尼亚、巴西等国宣布将不参加今年奥运会，并呼吁将奥运会推迟一年。

4 奥运会，每四年一届，主办奥运会是一个国家综合国力的体现。2008 年 8 月 8 日至 24 日，第 29 届夏季奥运会在北京举行，这是中国首次举办。中国共获得 51 枚金牌，居金牌榜首位，是奥运历史上首个登上金牌榜首的亚洲国家。

5 今天是大大 (3) 班史若瑜、三（1）班陈坦轩、三（2）班陈澜兮、六（1）班刘从赫、六（6）班李晓宝 5 位同学和孔萌萌、程芳两位老师的生日，祝你们生日快乐！

2020 年 3 月 30 日　星期一

100

① 同学们好！今天我在云端给同学们讲国旗下故事，意义非凡。这是我们今年云端开学以来第 8 次升旗，也是我给同学们讲的第 100 个国旗下的故事。

② 2017 年 9 月 4 日，周一，国旗下，我给同学们带来的第一个故事是《假如真的希望飞翔》，讲的是美国著名的莱特兄弟从小梦想飞翔、长大发明飞机的故事。此后，在两年零六个月的日子里，除了出国、出差影响 5 次外，其余时间我都雷打不动地坚持着，至今已整整 100 周了。

③ 当我决定这样做的时候，我需要克服许多困难和挑战。我家在南京，每次都要确保在周日下午返回，我害怕第二天同学们在国旗下看不到我而失望。现在，国旗下讲故事已经成了同学们的念想。

④ 同学们，当我们决定做一件事的时候，就要坚持下去，贵在坚持，坚持很"贵"。

⑤ 今天是大（3）班徐一茗、一（4）班张熠辰、四（2）班魏子骞、四（3）班张诗琪、五（4）班胜嘉欣 5 位同学的生日，祝你们生日快乐！

○ 时间颗粒度：一位校长的60秒 ●

姚尚泽

1　同学们好！姚尚泽是我校五（4）班同学，他寒假主动报名参加樊婧老师组织的写作训练营。28 天，一天不落，写了 28 篇日记，计 8500 字，直到今天，他仍然在继续着。

2　姚尚泽同学告诉我，因为读书和写作是他喜欢的事，当时毫不犹豫报名参加，并没有觉得这是什么难事。但是，没过多久，就觉得坚持不下去了，特别是过年的时候，每天都玩到很晚，真想一头倒在床上呼呼大睡。

3　"不管怎么样，你都不能放弃啊！如果遇到困难，就一定要努力去寻找解决的办法。"这是姚尚泽妈妈对他的鼓励。

4　妈妈的鼓励、营中小伙伴的坚持，还有老师的督促，使姚尚泽同学战胜了懒惰，将写日记一直坚持到现在。

5　同学们，做一件事，除了热情、喜欢外，更重要的是坚持。

6　今天是大 (4) 班王子越、大大 (3) 班栗一晨、一 (2) 班孙语晨、国际班任佳仪 4 位同学和王彦月老师的生日，祝你们生日快乐！

2020 年 4 月 1 日　星期三

扎根

1 同学们好！今天我给大家分享两个有关扎根的小故事。

2 毛竹是一种高大的植物，可是，新生毛竹在前几年里只长几厘米。在 5 年之后，它就像被施了魔法一样，会在半年时间里蹿到 30 多米。原来，栽种后的 5 年中，毛竹把力量都用在地下扎根了。

3 非洲草原有一种尖毛草，是那里长得最高的茅草，可它的生长过程极为特别。在最初半年中，它几乎是草原上最矮的草，只有一寸高，但半年后，一旦雨水到来，它就会突然在三五天后蹿到一米六至两米的高度。原来，在前 6 个月里，尖毛草不是不长，而是一直在长根部，雨季前，它虽然露头一寸，根却扎到地下 28 多米处。

4 同学们，根深才能叶茂。从小扎根，长大成人。"干净、有序、读书"的校风就是帮助我们扎根的。

5 今天是大（2）班朱梓畅、五（2）班陈镜羽、六（4）班胡悦琦、六（5）班潘怡璇 4 位同学和焦跃老师的生日，祝你们生日快乐！

2020 年 4 月 2 日　星期四

劳动

1. 同学们好！日前，我收到二（5）班刘天贺妈妈的信息："非常感谢学校在这特殊时期开设的丰富多彩的课程，尤其是家政课程，真的是在培养孩子从小热爱劳动的好习惯。"

2. 在一年半的家政课程中，天贺同学不仅学会了独自烹饪简单的菜肴，还在家长特别忙碌的时候为他们做美味的食物。当妈妈第一次吃到天贺同学下的饺子时，幸福得流泪了。

3. 由此可见，家务劳动的意义已不单单是我们学会了什么样的生活技能，还在于我们可以用自己的劳动来成长，来创造，来付出，来表达对家人的爱。艾瑞德有很多同学都像刘天贺同学一样，爱上了家务劳动。

4. 同学们，劳动最光荣，劳动最崇高，劳动最伟大，劳动最美丽。劳动教育已经成为学校教育的重要内容了，让我们一起做一个德智体美劳全面发展的好孩子。

5. 今天是中（3）班王艺博、三（5）班秦子墨、四（5）班马天一 3 位同学和帖凯老师的生日，祝你们生日快乐！

2020 年 4 月 3 日　星期五

额外

1. 同学们好！六年级部主任杜静老师告诉我，这 50 多天里，六年级不少同学除了认真完成每天的学习任务，还能够额外做一件有意义的事情。

2. 比如：彭金语每天"额外"背古诗，王曼颖每天"额外"进行英语配音练习，谢佳慧、张轩语、马腾每天"额外"写日记，李昀澎每天"额外"写一首小诗，潘怡璇每天"额外"进行芭蕾舞训练，孟想每天"额外"听、读英语，李翔宇每天"额外"整理床铺……

3. 如果说，每天的学习任务是我们作为学生的本分，那么，"额外"就是分外的吗？其实不是，这些"额外"正是这些同学努力向上、积极进取的体现。正是因为这些"额外"，才把这些同学和其他同学区别开来。

4. "种瓜得瓜，种豆得豆"，每天多做一项"额外"工作，就是多一个成长的机会。同学们，要想成为"珍贵的存在""美丽的不同"，就多在"额外"上下功夫吧。

5. 今天是四（3）班王纪泽、五（5）班李苏洋两位同学的生日，祝你们生日快乐！

清明节

1. 同学们好！"清明时节雨纷纷，路上行人欲断魂"，这是描写清明最具代表性的诗句。今天是清明节，让我们一起缅怀先人，追思敬远。

2. 清明节，是唯一一个既是节气，又是节日的重要日子，它与春节、端午节、中秋节，并称为中国四大传统节日，也是法定节日。它凝聚着中华民族精神，传承着中华文明的祭祀文化，抒发人们尊敬祖先、继承遗志的道德情怀，2006 年被列入第一批国家级非物质文化遗产名录。

3. 扫墓祭祖与踏青郊游是清明节的两大主题。往年，我们会举行扫墓、风筝节、帐篷节等主题文化活动。今年，因为疫情，我们只能在心中、在云上默默表达了。

4. 清明节，是中国文化的特有符号，是我们中国人的特别记忆。我们是中国人，就一定要过好中国节。

5. 今天是大大（1）班张铭宸、中（3）班陈沐瑶、三（2）班夏天乐 3 位同学和韩春玲老师的生日，祝你们生日快乐！

2020 年 4 月 5 日　星期天

下半旗

1 同学们好！昨天，国家举行全国性哀悼活动，深切哀悼在抗击新冠肺炎疫情斗争中牺牲的烈士和逝世同胞。全国和驻外使领馆下半旗志哀，全国停止公共娱乐活动。昨天上午 10 时起，全国人民默哀 3 分钟，汽车、火车、舰船鸣笛，防空警报鸣响。

2 《中华人民共和国国旗法》规定："发生特别重大伤亡的不幸事件或者严重自然灾害造成重大伤亡时，可以下半旗志哀。"

3 下半旗为当今世界上通行的一种志哀方式。截至目前，天安门广场的国旗下半旗 50 次以上，除昨天外，其中有 1 次为南联盟使馆被炸事件遇难记者，3 次为汶川地震、玉树地震和舟曲泥石流的全国哀悼日。其余，皆为国内外杰出人物的逝世。

4 "白衣执甲死，慷慨赴国难。"英雄们、同胞们，你们永远活在我们心中！

气节

1 同学们好！清明时节，想到一个人：介子推。

2 春秋时代，晋国公子重耳逃亡在外。生活困顿时，介子推不惜从自己腿上割下一块肉让他充饥。后来，重耳做了国君，就是历史上的晋文公，他大肆封赏，唯独介子推拒绝封赏隐居山中。晋文公无计可施，想放火烧山把他逼出来。介子推和他母亲被烧死，留下诗句："割肉奉君尽丹心，但愿主公常清明。"介子推是一个有气节的人。

3 在新冠肺炎这场全民战"疫"中，也涌现出一大批有气节的人。日前，湖北省人民政府评定王兵、冯效林、江学庆、李文亮等 14 名牺牲人员为首批烈士。

4 "烈士"是党和国家授予为国家、社会和人民英勇献身的公民的最高荣誉性称号。

5 任何时候，我们都要做一个有气节的中国人。

6 昨天是二（4）班刘鸿煊、三（2）班李梓旭两位同学的生日（昨天的内容不适合祝福生日），今天是小（1）班李佳、二（6）班潘东旭、五（3）班孙蕴、五（6）班李明厚、六（6）班覃梓航 5 位同学的生日，祝你们生日快乐！

2020 年 4 月 7 日　星期二

三分钟

1. 同学们好！我们一定记得，4 月 4 日上午 10 点至 10 点零 3 分，"国旗半垂，警报鸣响，山河呜咽，举国同悲。共和国以最隆重的哀仪，表达对抗'疫'牺牲烈士和逝世同胞的深切哀悼"。

2. "三分钟，泪千行。"崇敬与哀悼之情，"化成泪，凝作露，汇涓滴而为江海，入血脉而化精神，荡气回肠"。

3. "三分钟，情千纵！""长城内外、大江南北，从天安门到黄鹤楼，伴着警报声、汽笛声飞纵千山，跨越江河的，是中华民族历经风雨不屈不挠的铿锵之声。"

4. "风雨过后，只有奋斗能幻化彩虹；冬去春来，只有耕耘才不负韶光。"

5. "三分钟，180 秒，这是对逝去生命的永恒铭记，是对漫漫征程的永远进发！"

6. 今天是小（2）班梁伊诺、二（3）班李念昶两位同学和程有才老师的生日，祝你们生日快乐！

（本篇文字摘编自新华社北京 4 月 4 日电）

○ 时间颗粒度：一位校长的 60 秒 ●

解封

① 同学们好！今天零点起，武汉全面解封。

② 从 1 月 23 日算起，武汉封城已 77 天。

③ 这期间，原本车水马龙的街道变得空无一人，白衣战士与死神争分夺秒，我国 31 个省（自治区、直辖市）和新疆生产建设兵团启动重大突发公共卫生事件一级响应，340 多支医疗队、4 万多名医务工作者进军湖北。武汉城内，火神山、雷神山医院 10 天内拔地而起。除夕夜，数支医疗队逆行而上，他们舍小家为大家，严防死守。

④ 因为同根，云南的香蕉、沈阳的白菜、内蒙古的羊肉、甘肃的苹果、四川的瓜果蔬菜、河南的大葱、海南的水果等，纷纷运往武汉。

⑤ 今日解封，武汉迎来了重启。而这段封城经历，必将成为汉鄂大地永恒的记忆，也将意味着美好的日子从此开始。

⑥ 今天是三（4）班耿艺轩、三（5）班闫江堃、四（2）班牛子微、四（4）班沈鑫蕊 4 位同学的生日，祝你们生日快乐！

2020 年 4 月 9 日　星期四

值得

1. 同学们好！还记得 3 月初，一张武汉医生陪患者看日落的照片走红网络吗？而近日，这位显著好转的 87 岁老人王欣拉起小提琴为上海医务人员送别。大家说这是"人间值得"。

2. 还有，武汉版的"大白、哆啦 A 梦、海绵宝宝"也曾出现在欢送湖南医疗队伍中。一位在酒店工作的阿姨泪流满面地重复："谢谢你们救了武汉的命！"沿途的武汉市民更是打开窗户，奋力挥手，用追星的姿态来送别。

3. 各地都拿出了最高礼遇：彩虹水门、交警护航、全程鸣笛……在大连接机现场，一位 17 岁男孩一连 15 声呼唤"妈"的情景，戳人泪点。50 多天的分离，让回归有了穿越时空的深刻。值得！

4. 在这场战"疫"中，我们用生命打赢。中国从不缺温情，每一份守望、相助都值得用温情来表达。

5. 今天是一（7）班郭泽淇、二（5）班周愉博、二（6）班朱怡霏、三（4）班李姿璇、五（6）班龚嘉悦、六（3）班邱秉钧 6 位同学的生日，祝你们生日快乐！

○ 时间颗粒度：一位校长的60秒 ●

奖章

1. 同学们好！一（5）班陈奕郡同学和六（3）班马腾同学先后获得"瑞德少年"奖章，他们十分激动，因为曾以为自己很难得到这枚奖章。陈奕郡同学不用爸爸妈妈提醒，每天主动阅读，按时上网课从不迟到；马腾同学每天坚持高质量完成作业、写日记和运动。

2. 此前，陈奕郡同学每次都在盼着升旗仪式时颁发"瑞德少年"奖章这个环节，在心里默念着自己的名字。马腾同学悄悄地在日记里分析自己获得"瑞德少年"奖章的可能性。一枚小小的奖章，成了许多同学心中的梦想。

3. 自 2017 年以来，我们一共颁发了 667 枚"瑞德少年"奖章。梦想获得奖章的同学都会自发地对自己高标准、严要求。

4. "瑞德少年"奖章的背后是梦想，是努力，是进取，是榜样。如果你持之以恒地坚持做一件事，奖章就会在不远的前方等你！

5. 今天是一（4）班王惜瞳、二（1）班李昊明、二（3）班刘骏卿、四（1）班王君博、四（2）班张榜、四（4）班田雨旸、五（7）班王孙胡杨 7 位同学和闫素娟老师的生日，祝你们生日快乐！

2020 年 4 月 11 日　星期六

无名

① 同学们好！4 月 4 日下午，两名家长开车到学校门口，给学校捐了两大箱口罩。当保安刘再安师傅请他们留下姓名时，这两名家长却表示这是他们应该做的，不值一提，而后便驱车离开了。

② 当天，刘再安师傅写了一篇文章《我不知道你是谁，却知道你为了谁》，以表达对他们的谢意。

③ 防疫期间，这样"无名"的人很多。比如在派出所门口放下 200 个口罩就走的小伙子，塞给民警 3000 元钱说是捐款然后就离开的大妈。当然，还有太多我们不知姓名的医护人员。

④ 别人不留姓名，不代表我们就要忘记他们，比"姓名"更重要的，是他们行为背后的善良，而继续传递这种善良，本身就是对他们的铭记！

⑤ 同学们，如果我们做了一些好事，做了即可，别人知否并不重要。有时"无名"会让我们更轻松、更快乐。

⑥ 今天是小（1）班田珞依、一（8）班李依可、二（1）班娄微笑、四（1）班张溥航、四（6）班吴语嫣 5 位同学的生日，祝你们生日快乐！

鲸落

1 同学们好！近日，我国南海首次发现鲸落，这对我们认识海洋生态系统意义重大。

2 鲸鱼预感到自己生命即将结束时，会寻一片孤独的海域，待气息消绝后，其庞大的身躯会缓慢沉入海底。在长达上百年的分解中，创造出一个完整的生态系统，维持上万个生命生存几十年甚至几百年。生物学家赋予这个漫长而又凄凉的过程一个诗意的名字——鲸落。

3 鲸鱼生命的结束，也是其他生命的开始，它化身为孤独海洋里最温暖的绿洲，给贫瘠的深海带来养分。

4 疫情下的春日，世界好像陷入一片灰暗，我们似乎更理解鲸落的意义了。白衣战士以逆行者的身份隐藏了天使面孔，用生命来打这场硬仗，用自己的"鲸落"在伤口上生出花朵，为生命延续创造可能。

5 同学们，人间最美，不过鲸落。

6 今天是小（3）班杨玉祥同学的生日，祝你生日快乐！

2020 年 4 月 13 日　星期一

方舱医院

1 同学们好！由于境外疫情输入风险骤增，黑龙江省绥芬河市近日备受关注，其境外输入的新冠肺炎确诊病例已累计达 123 例。为此，绥芬河市启用了方舱医院。

2 方舱医院，是可移动医疗空间的一种，类似野战机动医院，被称为医院中的"变形金刚"。它由活动的"房子"建成，在野战条件下以医疗方舱、技术保障方舱、病房单元、生活保障单元及运力等为主要组成，依托成套的装备保障完成伤员救治等任务。

3 在紧急时刻，方舱医院在我国抗震救灾等公共卫生应急保障中发挥了巨大作用。武汉疫情期间推出的方舱医院，是固定地点的、通过大型场馆改建的，其移动性主要体现在病床和可运输的医疗设施上，是临时医院的场馆改装版。

4 方舱医院能更好地防止病毒的扩散，也可以大大加快医护人员的工作效率，节约医疗资源。

5 今天是中（1）班李芸熙、六（1）班白如冰、六（7）班邵钰杰 3 位同学的生日，祝你们生日快乐！

缺席

1 同学们好！张星辰是辽宁沈阳一所医院的护士，疫情期间，他是辽宁第 11 批支援湖北医疗队队员。3 月 25 日，当他儿子出生时，他不在妻子身边，只能通过视频，在 1800 公里之外的湖北倾听儿子的第一声啼哭。

2 作为爸爸，张星辰给儿子起了"好贺"的小名，寓意"好运来到，庆贺抗疫胜利"。

3 他给儿子写了一封信："今天是你出生的第 7 天，是爸爸在武汉抗疫的第 41 天。听妈妈说，沈阳的桃花要开了，真的很开心。对你呢，爸爸非常愧疚，因为爸爸来武汉抗击新冠病毒，没能守在你和妈妈身边见证你的到来。暂时的缺席是因为爸爸要保护更多的人，这是爸爸作为一位医务工作者必须要做的事。"

4 同学们，每一个人都有自己要做的事，这是生而为人的使命。有时候，缺席，是因为更多的人需要我们。

5 今天是一（1）班崔东耀，二（1）班吴硕、陶叙文，五（4）班李恒扬，六（1）班詹天晴 5 位同学和陈亚婷、葛娟两位老师的生日，祝你们生日快乐！

三星伴月

1 同学们好！今天至明天黎明时分，天空将上演"三星伴月"的奇观：下弦月先后与木星、土星、火星"约会"。如果天气晴好，早起的你有望在东南方低空看到它们"相依相伴"。

2 据天文专家介绍，从年初，红色的火星、银色的木星、黄色的土星就逐渐"连线"凑到一起了，仿佛遗落在天宇的 3 块宝石。进入 4 月，三星的位置从上到下依次是木星、土星、火星。其中，木星最亮，土星次之，火星再次之。

3 今天清晨，美丽的"月姑娘"率先亲近太阳系中"大个子"木星，随后向土星缓慢靠近。明日清晨，"月姑娘"将移步至土星和火星之间，时而与土星"窃窃私语"，时而与火星"喃喃低语"。

4 4 个明亮的天体在狭小的空间聚在一起，成为天空一道独特的美景，很值得早起观测。同学们，早起的人有奇观看。

5 今天是中（1）班王籽元、大（4）班李沐宸、一（3）班徐靖祺、一（5）班杨芊茉 4 位同学和高盼、裴秋芬两位老师的生日，祝你们生日快乐！

优秀

1. 同学们好！近日，安徽宿州高三体育生刘传贺同学在家锻炼的视频登上热搜。受疫情影响，学校延期开学，为了保证训练强度，他就地取材，家里的轮胎、砖头都成了他的训练工具。甚至，家人都成了他的陪练。他已经在家坚持锻炼 90 天，因为在泥地上训练，他穿的鞋子都被磨坏了。

2. 刘传贺同学坚持训练，想考一所理想大学。网友感叹道："优秀的人在什么环境下都优秀。"

3. 我们学校张文芳老师也是这样优秀的人。3 年来，她坚持每天跑 5 公里。她还带领学校 40 多位老师加入塑形健身队伍，坚持锻炼身体。她的优秀不仅影响着同事，她的学生也为自己优秀的老师而感到骄傲！

4. 同学们，有梦想谁都了不起。每个人都想成为一个优秀的人，然而，只有不讲条件，不拘泥于环境，坚持去做，方可优秀。

5. 今天是大大（2）班段禹丞、大大（4）班陈柏嘉、二（5）班黄利为、四（5）班王熙雯、四（6）班申家惠、六（5）班韩雪菲 6 位同学和申雅丽老师的生日，祝你们生日快乐！

健康包

❶ 同学们好！近来，国外疫情汹汹，在国外的中国留学生纷纷收到了来自国内的健康包。

❷ 健康包是指应急防疫物资包，针对新冠肺炎疫情，中国为每一位海外学子准备了医用口罩、消毒湿巾、消毒液、防疫指南、应急药品等物资。日前，首批 31 万份，约 300 吨健康包运往海外，更多的健康包正在路上。

❸ 在意大利，留学生侯跃男手写了 230 份带有"细理游子绪，菰米似故乡"诗句的纸条，随健康包一同发放，温暖了留学生的心。在荷兰，健康包里有"月明闻杜宇，南北总关心"的牵挂。在冰岛，印有中国国宝大熊猫和冰岛国鸟海鹦的健康包，萌翻了不少留学生。

❹ 留学生们纷纷表示，"出国，教会我更爱国，祖国永远是我们坚强的后盾"，"感谢祖国母亲的牵挂！"

❺ 祝福每一位海外学子健康、平安！

❻ 今天是四（5）班刘沂君、五（7）班时晨、六（6）班张钰昊、六（7）班吴子奕 4 位同学的生日，祝你们生日快乐！

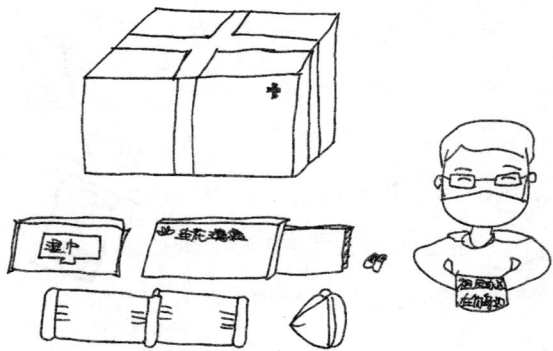

痛心

1. 同学们好！3 月 28 日，四川凉山发生了令人痛心的特大森林火灾。经过森林消防和地方应急民兵的昼夜奋战，大火终于被扑灭。令人痛心的是，这次火灾过火面积达 1000 万平方米，有 19 名扑火人员牺牲。

2. 日前，经查明，此次火灾是 11 岁男孩田某某在 3 月 28 日下午两点在自家后山玩耍时，用打火机点燃松针和木罗松烟熏洞内松鼠时不慎失火引发的。

3. 让我非常痛心的是，一个 11 岁小学生，因为自己一个不慎给国家和人民造成如此大的损失，也给自己和家人带来非常大的麻烦。由此可见，安全是不容忽视的，特别提醒同学们在家要注意用电、用燃气安全，身上不要携带打火机、刀具等危险物品。

4. 同学们，这个春天举国不易，我们更应该管理好自己，尤其要注意安全。

5. 今天是大大（1）班常景雯、常景惠，一（6）班魏子钧，五（1）班谢嘉华，六（3）班金有容 5 位同学和闫晨老师的生日，祝你们生日快乐！

最可爱的人

1 同学们好！4 月 16 日，支援湖北抗"疫"的军队医疗队在圆满完成任务后，陆续离开武汉，实现了"打胜仗、零感染"的目标。

2 从 1 月 24 日除夕夜开始，人民解放军分 3 批次抽组 4000 余名医护人员支援武汉抗击新冠肺炎疫情。"不获胜利誓死不退"，是他们的决心。

3 他们牢记人民军队宗旨，闻令而动，勇挑重担，敢打硬仗，同时间赛跑，与病魔较量，在疫情防控战场上发起一次次冲锋，全力保护人民生命安全和身体健康。84 天里，共展开床位 2856 张，累计收治确诊患者 7198 名。

4 来时迅速出动，撤时悄然行动；来时，给患者带来信心，撤时，让群众更加安心。在行动中见作风、见品格，在大考中显实力、见精神。

5 这就是我们的军人——新时代最可爱的人！

6 今天是中（2）班刘嘉源，三（4）班李睿琪，六（4）班郭仕聪、王盛南 4 位同学的生日，祝你们生日快乐！

订正

① 同学们好！ 4 月 17 日，武汉市发布了一则重要信息：截至 4 月 16 日 24 时，累计确诊病例数从原来的 50 008 例订正为 50 333 例，累计确诊病例的死亡数从原来的 2579 例订正为 3869 例。

② 武汉新冠肺炎疫情暴发初期，由于患者数量激增、医疗物资不足、信息不对称等原因导致数据统计有误。

③ 生命至上，实事求是。武汉市本着对历史负责、对人民负责、对逝者负责的精神，成立了专门调查组，对原有数据重新核查并予以订正。这让我们看到一个国家对待错误的态度。

④ 同学们，日常生活中，我们很难不犯错误，犯错不可怕，错了我们就要及时认错、改正。订正，就是让事实回归，让正确说话。认错是一种勇气，改正是一种大气。

⑤ 今天是三（5）班杨希蕾、四（6）班蓝敬程两位同学的生日，祝你们生日快乐！

2020 年 4 月 21 日　星期二

样子

1 同学们好！ 日前，军队援鄂医疗队圆满完成任务回撤。离开酒店之际，他们留下了一封感谢信："谢谢你们这 83 天的坚守与陪伴，是你们给了我们家一般温馨的房间……这是我们临时的'家'……我们会记住你们的默默付出，我们的军功章有一半也是你们的……"

2 离开时，军人们还留下了整洁的床铺，房间整齐得仿佛没人住过。酒店工作人员说："查过这么多间房，从来没有遇见退房的房间这么整齐过。"这是军人离开时的样子。

3 这不仅让我想起，2018、2019 年暑假，我校老师去参加南师大、北师大培训，离开酒店时，也是床铺整齐，房间干净，留下了一张张暖心的字条；同学们在"六个一"外出研学中，也是如此。这是艾瑞德师生离开时的样子。

4 同学们，要随身携带"干净、有序、读书"的校风，你们就是校风行走的样子。

5 今天是中（1）班李思衡、大（1）班熊一帆、一（7）班张偑、四（4）班苏子琰、四（5）班王馨悦、六（1）班左佑铭、六（6）班孟想 7 位同学的生日，哇，今天是个好日子，祝你们生日快乐！

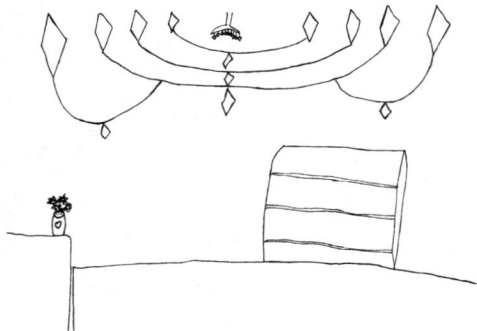

世界地球日

1 同学们好！今天是第 51 个世界地球日，它是 1970 年由美国哈佛大学学生丹尼斯·海斯和参议员盖洛德·尼尔森共同发起的。2009 年的第 63 届联合国大会决议，将每年的 4 月 22 日定为"世界地球日"。

2 1970 年 4 月 22 日首个地球日活动，美国有 2000 多万人、1 万所中小学、2000 所高等院校和 2000 个社区以及各大团体参加，声势浩大。

3 今年世界地球日的主题为"珍爱地球，人与自然和谐共生"。今年春天，新冠肺炎疫情已经导致全球 200 多个国家和地区的 230 万人确诊、16 万人死亡。这是地球与自然对人类敲响的警钟。

4 我们本周升旗仪式主题也是世界地球日，师生们为大自然代言，发出了我们的声音。

5 同学们，大地是我们的"母亲"，发生在大地上的一切也将发生在大地的儿女身上，让我们从小开始，从小事做起，珍爱地球。

6 今天是中（3）班王林泽，大（3）班张恩硕，二（1）班马楷歆，四（1）班窦澜鑫、齐达山，四（3）班张若琳，四（5）班焦一哲 7 位同学的生日，祝你们生日快乐！

2020 年 4 月 23 日　星期四

世界读书日

1 同学们好！今天是第 25 个"世界读书日"。它的灵感来自西班牙一个美丽传说："美丽的公主被恶龙困于深山，勇士乔治只身战胜恶龙，解救了公主，公主赠给乔治一本书。"从此，书成为胆识和力量的象征。今天，也是大文豪莎士比亚、塞万提斯逝世纪念日。

2 早在 1972 年，联合国教科文组织就发出"走向阅读社会"的召唤，要求社会成员人人读书，让读书成为日常生活中不可或缺的一部分。

3 读书，是我们的校风，也是不少同学的家风。我们的读书广场、幼儿园漂流的"小黄书包"、我给同学们的生日礼物，都在传递着读书的故事。幼儿园大大（3）班李畅同学和她妈妈一年借阅了 220 本书，我们全校老师一年平均读书近 30 本。

4 同学们，"读书破万卷，下笔如有神"，让阅读滋润我们的心灵吧。

5 今天是五（7）班李卓然同学和任相玉老师的生日，祝你们生日快乐！

多读书
读好书

○　时间颗粒度：一位校长的 60 秒　●

2020 年 4 月 24 日　星期五

圆梦

1 同学们好！今天是"中国航天日"，这是为了纪念中国航天事业成就，发扬中国航天精神而设立的节日。

2 从远古的"嫦娥奔月"神话传说，到明代万户进行人类最早固体火箭升空尝试，中国人的"飞天梦"做了几千年。

3 新中国成立后，航天事业经历了一个艰苦奋斗的过程，从 1970 年 4 月 24 日中国第一颗人造卫星上天，到 2003 年第一艘载人航天飞船"神舟五号"成功发射，再到 2019 年"嫦娥四号"着陆月球背面……中国航天事业不断"圆梦"，让中国自信更加有力量。

4 神舟十号航天员张晓光说："我既是一个追梦者，也是一个圆梦者。成功已然是昨天的星辰，勤奋才是不朽的明灯，我的'飞梦'之路将永不停歇！"

5 敢于做梦，才能圆梦。宇宙那么大，人类应该去看看，我们中国人更应该去看看。

6 今天是小（2）班陈子谦、国际班中阶李梓源两位同学和何伟老师的生日，祝你们生日快乐！

2020 年 4 月 25 日　星期六

留下

1. 同学们好！还记得当地时间 3 月 21 日塞尔维亚总统亲自到机场迎接中国抗疫专家团队，碰肘欢迎，并在中国五星红旗上深情一吻的画面吗？它让无数人动容。

2. 两周后，应塞尔维亚政府请求，中国专家组将原定两周援助计划延长至四周。近日，塞方再次提出，希望中国专家组能再次留下。

3. 这段时间，从组建病毒检测实验室到建设方舱医院，再到深入定点医院以及养老院等场所对如何收治确诊病人、如何减少医护人员感染、定点医院如何分区等问题，中国专家都给出改进方案，效果显著，塞尔维亚抗击疫情取得较大进展。他们认为，"中国专家的存在对我们至关重要"。

4. 风雨同担，患难与共，收到请求后，中方给出回应：留下！困难时刻，你给我信任，我必还你希望。留下的是专家，承载的是两国间深深的情谊。

5. 今天是中（1）刘宸依、一（2）班王廷聿、二（3）班闫豪天 3 位同学的生日，祝你们生日快乐！

　　　　　　　○　时间颗粒度：一位校长的60秒　●

2020 年 4 月 26 日　星期天

期盼

1. 同学们好！4 月 23 日晚，郑州市宣布："小学各年级于 5 月 11 日开学。"从 2 月 10 日至今整整 74 天，我们终于盼来了这个好消息。

2. 前两日媒体报道，一名大二男生跨越 4510 公里、历时 47 小时，辗转一趟大巴、两趟飞机、一趟火车，终于返校。他说，再苦再累都要求学。这是对求知的渴望，对开学的期盼。

3. 艾瑞德二（2）班张文豪同学住在学校对面。他对王冰老师说，他可以从家里看到学校操场，经常会远远地看着学校。这是对学校的思念，对上学的期盼。

4. 阳光和煦，岁月悠长，期盼着你们在书桌前听讲，在操场上奔跑。冬天的漫长，是因为生命在生长，所有的经历，都会不负年华。

5. 同学们，期盼中有很多人为之付出了努力，让我们努力成为那样的人，担当起更多人的期盼。

6. 今天是二（3）班杜瑞清、三（6）班任相宜、五（5）班周子尧、六（1）班赵梓轩 4 位同学的生日，祝你们生日快乐！

2020 年 4 月 27 日　星期一

好学

1 同学们，今天我给大家分享霍莹老师好学的故事。

2 霍莹老师是一年级语文老师。网课期间，她每天早上 8 点半和同学们一样，端坐在电视机前，跟着一节一节语文课，向名师学习，专心听讲，认真记录。有时跟不上电视中老师讲课节奏，霍老师就会按"回放"，把重点、难点内容详细记录下来，甚至还会用手机拍下来。

3 20 分钟一节课，霍老师看了很多遍。她把"云"课堂内容转换为一个个知识点，每天下午 3 点半都会准时把课堂记录发到班级群，供同学们随时查阅。到目前为止，霍莹老师已经写了 49 篇小结，累计 44 948 字。

4 霍莹老师记录的不仅仅是知识点，也是对你们的爱心、责任心，更是她好学精神的体现。

5 同学们，要想天天向上，就得好好学习。霍莹老师的好学精神值得我们学习。

6 今天是小（3）班王子曦、大（3）班王淳皓、三（6）班黄怡萱、四（2）班张嘉一、四（5）班丁凯琪、六（7）班许家齐 6 位同学的生日，祝你们生日快乐！

让路

1　同学们好！4 月 21 日上午 10 时，北京地铁房山线一辆列车内，7 岁女孩玲玲突然晕倒，身体僵硬，情况十分危急。

2　紧要关头，一个身影挺身而出："我学过急救，让我来。"乘客杨女士立刻摘掉口罩，蹲下为女孩施救。她的真诚和专注感染了在场所有人，其他乘客也自发留出急救空间，一场生死时速的救援开始了！

3　当列车到达大葆台站时，值班站长第一时间赶赴事发车厢。列车采取临时停靠状态，持续 7 分钟。多方协助下，女孩很快被送往医院。令人欣慰的是，她当晚便已脱离危险。

4　世间人情可贵，人间温暖如春。地铁临时停靠 7 分钟，为生命让路。当所有人选择生命至上，我们每个人的生命价值才能得以体现。这样的让路，这样的等待，让人尊敬。

5　同学们，关键时刻，我们都要拥有一颗为生命让路的心。

6　今天是中（3）班庞禾，一（4）班张君政，二（1）班李梓畅，四（2）班赵哲昊、郭宸溪，五（4）班李姿滢 6 位同学的生日，祝你们生日快乐！

2020 年 4 月 29 日　星期三

数字货币

1 同学们好！日前，一张央行数字货币内测的照片刷爆网络。期待已久的数字货币，终于揭开神秘面纱。

2 数字货币，简单地说，就是人民币的电子版，账户的现金。功能与法律效应和纸币完全一样，不需要电子银行账户，不需要网络，只要两个手机碰一碰就可以交易了，而且不存在假币，非常高效、环保。目前，正在深圳、雄安、成都、苏州等地区进行测试。

3 公元前 221 年，秦始皇统一货币，中华民族首次大一统得以实现；约 1000 年前，世界首张纸币"交子"诞生于中国；很快，全球首张法定数字货币也即将在中国落地。货币从贝壳、金银、铜钱、纸币，到网络支付，再到数字货币，一路演进。

4 人们亲眼见证了银行网点的减少，很多人已经许久没有使用过现金和钱包了。

5 数字货币是新时代的产物，我们有幸生活在这样的新时代。

6 今天是二（5）班李梓萱、王羿翔，三（6）班张宸睿，四（1）班何乐萍4位同学和张姗姗、万会珍、陈晓红3位老师的生日，哇，今天又是个好日子，祝你们生日快乐！

○　时间颗粒度：一位校长的60秒　●

2020 年 4 月 30 日　星期四

这所学校

1. 同学们好！4 月 27 日上午，河南省学校疫情防控和安全管理工作电视电话会议召开，分管教育的霍金花副省长表扬了一所学校。

2. 她说，这所学校把后勤工作从被动变主动。校车前设有安全锥，发车前，校车司机先围绕校车转一圈，确保发车安全；校长和值班干部每天下午送校车，这种生活中的小小仪式感非常好；学校餐厅还根据学生的口味制作了五彩馒头。

3. 霍省长说的"这所学校"，就是我们艾瑞德国际学校，身在其中的我们感到非常自豪和骄傲。

4. 开学在即，后勤部门早就开始了消毒防疫工作，幼儿园教室通风、消毒，所有班级的课桌凳、校车、公共卫生区的消毒，清洗窗帘，每个班级都安装了紫外线消毒灯，并多次研讨、实操防疫方案、流程。

5. 同学们，万事俱备，就等你们！我们用平安的校园来护佑你们的平安。

6. 今天是一（5）班孙钦赫、五（1）班徐一展、五（3）班董恩泽、五（7）班韩郝哲 4 位同学的生日，祝你们生日快乐！

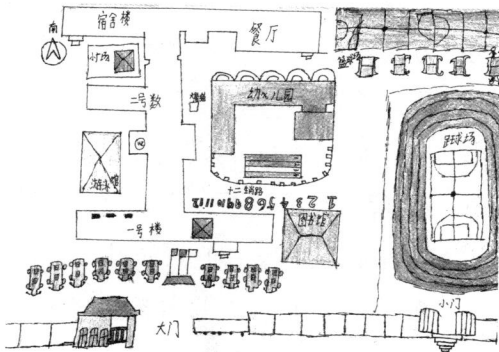

光荣

1. 同学们好！今天是国际劳动节，我想请同学们认识一位劳动者，他叫孙彦福，主要负责学校水电维修工作。每天，他都会身挎工具包，在校园巡视。艾瑞德运动步数排行榜，他常年名列前三。

2. 孙师傅的工装是一件藏蓝色外套，左胸前缝有一枚布制艾瑞德校徽。有一天，孙师傅发现校徽脱线了，于是赶快找来针线将其加固。当被问到为什么这样做时，他说："校徽牢牢别在胸前，就代表我是光荣的艾瑞德人，那是非常光荣的事！是咱学校的人，就得好好干活儿！"

3. 2017 年 10 月，孙师傅被评为"大美艾瑞德人"；2019 年 1 月，他被授予"教育保障奖"。

4. 同学们，当我们以一个集体为荣的时候，就会努力付出，希望通过自己的力量，使这个集体变得更好，那么与此同时，我们也成了这个集体的"光荣"。

5. 劳动最光荣，祝天下所有劳动者节日快乐！

6. 今天是一（3）班王钰媛、五（5）班郭路遥、五（6）班王晟睿、六（3）班张蕴萱、六（7）班李翔宇 5 位同学的生日，祝你们生日快乐！

洗窗帘

1. 同学们好！在这个春天，一些大学校园还空荡荡的，"五彩斑斓"的被子却已舒展在明媚阳光下。日前，许多高校宿管阿姨为大学生晾晒被子，让被子有了阳光的味道，这一举动让人心暖。

2. 在艾瑞德校园里，晾晒整齐的黄色窗帘也是一道美丽风景。我校陈凤梅、石彩云、于希梅、宋惠玲、杨佩兰、李静、李时青、马宣利8名生活辅导员老师共清洗了 264 块窗帘。

3. 一块窗帘需要清洗一个小时，晾晒的时间更长，加上拆卸和安装，仅这一项工作就花了一周左右时间。

4. 此外，这 8 位老师自 4 月 9 日以来，每天为各个班级进行紫外线消毒、室内通风和卫生保洁工作。

5. 同学们，让教育被温柔以待，让你们被慈善以怀。复学前，学校做足了准备，干净有序的校园、窗明几净的教室、可亲可敬的老师在等着你们归来。

6. 今天是二（7）班孙博鑫、三（2）班任重安、五（5）班王嘉睿、国际班陈禹霏4位同学的生日，祝你们生日快乐！

2020 年 5 月 3 日　星期天

一天

① 同学们好！今天给大家介绍一位同学，她叫郝文溪，是学校一（8）班学生。近 3 个月云学习期间，她每天早上 6 点半起床，开始新的一天，是班级群里第一个打招呼的人。

② 在妈妈的引领下，文溪同学每天都按计划生活和学习，很有规律。

③ 早读前，她就开始读英语、背古诗。上午准时在电视机前收看名师课堂，下午随着学校安排的课程上课，从来没有缺过一节课。她在课上积极发言，课下认真完成老师布置的任务。

④ 晚间，她开始写日记，目前已经开始写第三本日记。在学校发起古诗打卡后，她挑战一次性背诵 30 首古诗，嗓子都背哑了，但还是坚持完成了！

⑤ 此外，她每天还坚持阅读、英语打卡、运动、做家务。

⑥ 同学们，一天如此，更要天天如此。马上就要开学了，我们要按时起床，努力学习，珍惜每一天，向郝文溪同学学习。

⑦ 今天是一（3）班史诺一，二（2）班金颐然，六（2）班李晨钰、王曼颖 4 位同学的生日，祝你们生日快乐！

○　时间颗粒度：一位校长的60秒　●

2020 年 5 月 4 日　星期一

青年节

1. 同学们好！今天是五四青年节，这是为了纪念 1919 年 5 月 4 日青年学生的爱国运动而设立的节日。

2. 我们从书本里认识了许多当时的厉害人物，如：陈独秀、李大钊、鲁迅等。著名作家冰心说，"是五四运动的一场惊雷，把我震上写作道路"。"爱国、进步、民主、科学"的五四运动精神，至今依然影响着广大青年。

3. 今年，有 60 位青年楷模成为第 24 届"中国青年五四奖章"获得者。他们用自己的方式爱国，在平凡岗位上做出了不平凡的业绩。

4. 伴随着 5 月复学倒计时，不少老师提前返校，已经将 44 间教室 1329 套课桌椅等物品进行了 3 次除尘、3 次消毒、3 次清洗。抹布擦拭过的每一处，都在表达着对同学们的爱。

5. 不是只有做轰轰烈烈的事才叫厉害，每一位想让祖国变得更好并付出努力的人都很厉害。少年强，青年强，则中国强。

6. 今天是一（4）班徐伊睿、四（6）班杨梦琪两位同学和杨丽娜老师的生日，祝你们生日快乐！

2020 年 5 月 5 日　星期二

行李箱

❶ 同学们好！离你们返校的日子越来越近，在准备好心情的同时，你们的行李箱准备好了吗？

❷ 学习所需的书本、文具，许久未背的书包，生活所需的床上用品、洗漱用品、整洁的校服、鲜艳的红领巾、就餐服、运动鞋，还有防护所需的口罩、湿纸巾等。除此外，返校当日的 3 件套：一本书、一张照片、一套漂亮衣服，将成为你的通行证。

❸ 这些物品要想整理好可没那么容易。首先要进行分类，多做减法，少做加法；其次要做好装箱，底部留少许软物做缓冲，注意空间合理布局，最大化利用；最后，要全面核验，确保无遗漏。

❹ 同学们，行李箱装载的是生活的所需，承载的是父母的期待。干净、有序，是我们的校风，让我们把校风打包进行李箱。自己的事尽量自己做，尽早行动起来，用心整理吧！

❺ 今天是一（3）班应诺然、二（6）班钱宸宇、四（4）班曹书雨、四（6）班黄亦轩 4 位同学的生日，祝你们生日快乐！

○ 时间颗粒度：一位校长的60秒 ●

准备

① 同学们好！4 月 23 日郑州宣布了 5 月 11 日小学开学，次日学校随即决定 5 月 6 日全校教职工正式上班。从梅花初开到蔷薇盛放，我们等得太久了！

② 从今天开始，老师们在准备着开学。他们要做教室的二次清消、防疫培训、班级安全防控演练；他们还要集中备课，参加班主任会、教研会，以及同学们线上学习到线下学习的衔接准备等。

③ 与以往开学不同，这次开学来之不易，老师们身上多了重要的防疫工作。同学们平安健康，成了每位老师心中的责任与牵挂。转眼间，老师们又要从"18 线主播"化身为"18 线校医""18 线保洁"。

④ 此前，班级桌椅、窗帘、空调过滤网、热水器等消毒保洁工作，已由生活老师和后勤老师高标准完成了。

⑤ 同学们，成功，是留给有准备的人的。面对未知与困难，既然责无旁贷，那就用心对待。

⑥ 今天是大（1）班殷铭锴、大（2）班黄子乾、一（1）班胡菁轩、二（7）班王宗浩、三（3）班李雨萱、三（4）班赵柏翰、六（6）班祁筠博 7 位同学和董姣姣、徐冠杰两位老师的生日，哇，今天又是个好日子！祝你们生日快乐！

2020 年 5 月 7 日　星期四

V5

1. 同学们好！5 月 5 日，长征五号 B 运载火箭首飞圆满成功，我国载人航天工程再获重要突破。从此，宇宙星辰大海中，又多了一个身上印着"中国"的新伙伴。

2. 对此，央视主播刚强说："航天人不仅做好了疫情防控，复工复产也干得漂亮！小长假结束，刷个大火箭，V5（威武）！"

3. 据统计，自 1999 年神舟一号发射以来，我国载人航天工程先后组织实施 16 次重大飞行任务，均取得圆满成功。中国航天，V5！

4. 昨天，艾瑞德全体教师返校，女教师着旗袍，男教师穿中山装。老师们用最靓丽的自己拥抱校园，用最饱满的精神展开工作，用最热切的心情迎接你们。艾瑞德教师，V5！

5. 所有的"V5"都来自背后的"辛苦"。无付出，不 V5。

6. 同学们，4 天后，眼中有光、脸上有笑的你们将重返校园，那时，我会冲着你们的"干净、有序、读书"说一声："瑞德少年，V5！"

7. 今天是小（1）班孙艺杭小朋友的生日，祝你生日快乐！

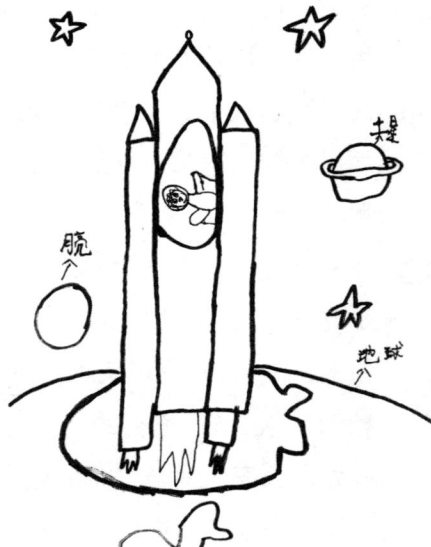

微笑

1 同学们好！今天是世界微笑日，是世界精神卫生组织在 1948 年确立的唯一一个庆祝人类行为表情的节日，这一天，也是国际红十字创始人亨利·杜南的生日。

2 抗疫期间，太原市民刘安静和其 3 岁女儿一起制作了"微笑"口罩，把遮住的笑脸"带到"大家眼前。太原社区工作人员李衡发现，戴着"微笑"口罩上岗后，听到的抱怨少了，收到的"谢谢"多了。这就是微笑的力量。

3 苏格拉底说："在这个世界上，除了阳光、空气、水和微笑，我们还需要什么呢？"由此可见，微笑是多么重要。

4 微笑，不单是一种表情，更是一种感情，是拉近人与人之间距离的法宝。现在，口罩虽然遮住了我们的脸，却遮不住我们内心的爱，微笑依然是表达爱的美好方式。

5 同学们，微笑是国际通行证，让我们一起嘴角上扬，用微笑表达善意，用微笑连接彼此。来吧，一起笑一个。

6 今天是中（2）班齐艺霖、二（4）班吴振邦、四（1）班曹偌窈、六（1）班任天庆、六（4）班李恒毅、六（5）班曾嘉怡 6 位同学和李时青、高培丽、师遂群 3 位老师的生日，祝你们生日快乐！

早起

1 同学们好！六（6）班韩菲悦同学每天早上 7 点准时起床，养成了早起背书的好习惯。她认为："早上背书背得特别快，早起能让日子变得更长，能做好多事。"

2 鲁迅小时候有一次上学迟到，他内心非常惭愧。于是第二天，他在自己书桌右上角刻了一个"早"字，并在心里发誓以后一定要早起。从此，他不再迟到了。时时早，事事早，鲁迅把这个坚定的信念深深地刻在心里。

3 俗话说，"迟起三慌，早起三光"。迟起会让清晨变得慌乱，一整天都可能会被时间牵着鼻子走。早起就不同了，一天之计在于晨，早起会让我们成为时间的主人，会让我们更干净，更有序，更有时间来读书。

4 国学大师南怀瑾曾说，能够控制早晨的人方可控制人生。同学们，后天就复学了，让早起的习惯成为每一位瑞德少年的标配，做一个早起的人！

5 今天是二（4）班刘伊然、六（3）班张铂浩两位同学的生日，祝你们生日快乐！

2020 年 5 月 10 日　星期天

母亲节

1 同学们好！今天是母亲节，是属于妈妈的节日。

2 1906 年 5 月 9 日，美国费城安娜·贾薇丝的母亲不幸去世，她悲痛万分。在次年母亲逝世周年忌日，她组织了追思母亲的活动。此后，她到处游说，并向社会各界呼吁设立母亲节。

3 1914 年，当时的美国总统威尔逊郑重宣布，把每年 5 月第 2 个星期天定为母亲节。由于安娜·贾薇丝的母亲生前非常喜爱康乃馨，这种花也就成了母亲节的象征。

4 "慈母手中线，游子身上衣，临行密密缝，意恐迟迟归。谁言寸草心，报得三春晖。"母亲给了我们生命，并含辛茹苦把我们养大。母爱无私，母亲伟大。

5 艾瑞德国际学校一直倡导感恩教育，每年母亲节都会举办形式多样的活动。亲爱的同学们，今天，你又将以什么样的方式来表达对妈妈的爱呢？

6 今天是小（1）班王紫妍、二（3）班吴嘉珩、六（3）班尤梓先 3 位同学的生日，祝你们生日快乐！

2020 年 5 月 11 日　星期一

奥利给

1 同学们好！今天是你们复学的日子，此刻，你们已经收拾停当，归心似箭了吧？为了这一天，我们整整等了 92 天！今天，终于等到你，少年奥利给（网络流行语，有赞美、加油等意）！

2 停课不停学，同学们在云学习期间，表现出很多良好习惯和优秀品质。让我为你们而骄傲：瑞德学子，奥利给！

3 复学，意味着抗疫取得了阶段性胜利。国家、社会为此做出巨大努力，我们非常有幸生在这样的国度，让我们为祖国而自豪：中国，奥利给！

4 几天来，老师们都在精心"密谋"与你们的见面。昨天，我去教室、餐厅、宿舍、操场转了转，一切都干净有序，万事俱备。让我们为学校喝彩：艾瑞德，奥利给！

5 奥利给，是对过去的肯定，更是对未来的加油！让我们一起用足迹踩踏灾难，用肩膀扛起责任，用信心创造未来，奥利给！

6 今天是六（1）班张子娴同学和幼儿园高岩岩老师的生日，祝你们生日快乐！

2020 年 5 月 12 日　星期二

"一米线"

1 同学们好！你们发现没有，如今校园地面上新添了"一米线"！

2 "一米线"在提醒我们不扎堆、不聚集、不拥挤，保持适当距离。这既是保护自己，也是保护他人。

3 "一米线"并非新生事物，早已出现在银行柜台、车站售票窗口、超市结账台等处。今天，"一米线"又出现在旅游区、商场和学校等公共场所。这既是保护个人隐私，也是规范公共秩序的需要。

4 前不久，北京市通过了《北京市文明行为促进条例》。在公共场所"设置'一米线'等文明引导标识"这样的好做法、好习惯，被纳入条例，受到群众欢迎。

5 "一米线"是健康线，是文明线，是风景线。同学们在校内、校外都要遵守"一米线"规则，保持一米距离，为自己和他人共同营造一个安全、舒心、有序的公共环境，让"有序"的校风呈现在"一米线"上。

6 今天是四（1）班孙浩瑞、六（1）班李沂宸、六（2）班陈培鑫、六（3）班张轩语 4 位同学的生日，祝你们生日快乐！

2020 年 5 月 13 日　星期三

变

❶ 同学们好！最近两天，你会发现，学校很多地方和之前不一样了。进入校园需要测温和消毒，甚至每天需要三次测温、三次消毒。地面上多了黄色指示箭头和"一米线"，座位变成了单人单桌，教室顶部加装了消毒灯。

❷ 大型集会、活动取消了，课间操活动空间要求更大了，年级路队间距变为一米了，就餐分年级错峰了，连上洗手间也需要排队了。还有口罩，它遮住了笑脸，我们只能靠明亮的眼睛传递着爱与快乐。

❸ 同学们，有时候，变是为了更好。在疫情防控常态化的今天，学校诸多变化，是在保护我们的健康安全，维护校园的良好秩序，需要我们能适应变化，守好规矩，养成习惯。

❹ 当然，在接纳变化的同时，我们还要守住一直坚持的不变：行好鞠躬礼，走好一条线，穿好就餐服，做好光盘行动等。

❺ 今天是小（3）班詹思齐、二（4）班徐涥桓两位同学和钱珂老师的生日，祝你们生日快乐！

○ 时间颗粒度：一位校长的60秒 ●

搬运

1 同学们好！还记得 5 月 11 日报到时老师们帮你们搬运行李的情景吗？小推车满载行李来回穿梭，大包小包不由分说手提肩扛。1300 多名同学的 2000 余件行李全部准确抵达不同楼层的宿舍。

2 吴月老师在搬运中脚踝磨了个大泡，走路一瘸一拐。当被问到为何不休息一下时，她笑着说："我只想着为学生搬东西，我多搬一趟，学生就可以早点进入校园，没想那么多。"对此，王艳培老师在打卡中写道："吴月老师是 300 名教职工的一员，她代表了艾瑞德教师的态度和师德。"

3 搬运路上，看到的是老师们与你们亲切交谈的模样，看不到的是他们肩上的深深勒痕、手心的红红印痕。在复学的所有环节中，搬运行李只是其中的一项。

4 同学们，搬运的是行李，扛起的是师爱。请把这份"温柔以待"装进你们成长的行囊，珍惜好，收藏好！

5 今天是中（1）班樊嘉晨、大大（3）班刘驰邈、一（7）班贾云程、二（4）班李浩轩、六（2）班杨皓然 5 位同学和郭松利、王丽丽两位老师的生日，祝你们生日快乐！

2020 年 5 月 15 日　星期五

家庭日

1. 同学们好！今天是国际家庭日。家，是我们永远的港湾和力量的源泉。

2. 1989 年 12 月 8 日，第 44 届联合国大会宣布 1994 年为"国际家庭年"，1993 年 2 月又决定，从 1994 年起，每年的 5 月 15 日为"国际家庭日"。

3. 家，是世界上唯一隐藏人类缺点与失败，而同时也蕴藏着甜蜜与爱的地方。日本百岁老人日野原重明在《活好》一书中写道："家庭，就是一起围着吃饭。"中国自古也把一家人聚在一起叫"团圆"。

4. 这个春天，因为疫情，很多医护人员家庭无法团圆。对于他们来说，"一起围着吃饭"，是奢望。也如《活好》一书中所说，这个世界上还有很多人，无论他们如何期待，可连与自己所爱的人一起吃顿饭的愿望都无法实现。

5. 今天，是复学后的第一个周五，明天是周末，愿同学们都能和家人"一起围着吃饭"，因为这样才叫"家"。

6. 今天是 二（5）班周子茗、二（7）班叶一妩、三（2）班陈芯怡、四（3）班田嘉懿、四（6）班胡振 5 位同学和全亚娟老师的生日，祝你们生日快乐！

2020 年 5 月 16 日　星期六

万能药

❶ 同学们好！今天我和大家分享龚俊萍老师"万能药"的故事。

❷ 龚俊萍老师是四年级的生活老师，疫情期间，她每天和全校老师一起写字打卡。最初，她只是想把字练好，但写着写着发现，练字能让自己快乐，写完后心情非常平和。2 月 24 日至今，她已坚持写字打卡 82 天。她说，写字成了使她开心的"万能药"。

❸ 在校期间，龚老师每天晚上会为住校同学读故事，从学生一年级开始一直保持到他们升入四年级。为了读好故事，她私下下了很大功夫。如今，龚老师的睡前故事已经成为许多同学的期待。她说，读故事成了让同学们安静入梦的"万能药"。

❹ 龚俊萍老师的"万能药"里藏有两个秘方，一个是对工作热爱的"专注"，一个是对学生发自心底的"关怀"。

❺ 同学们想一想，我们的口袋里有这样的"万能药"吗？

❻ 今天是一（5）班明钊旭、五（1）班马明颢、五（2）班王浩宇 3 位同学的生日，祝你们生日快乐！

橡皮

1 同学们好！学校瑞德银行的货架上摆放着橡皮，这是同学们常用的文具，我想到一个和橡皮有关的小故事。

2 最早，人们并不是用橡皮来擦除铅笔字迹的，而是用面包在纸上涂涂改改，可是这样太浪费了，还擦不干净。于是，人们开始寻找其他材料，发现橡胶很好用。把橡胶切成小块，可以擦除铅笔在纸上留下的石墨痕迹，但是如果橡胶上石墨太多，再擦就擦不掉了，还会把纸弄脏。后来人们发现，在橡胶里加入油和硫黄，可以让橡胶变得软而有黏性，擦完后只需轻轻一吹，橡皮和纸面就会干干净净。

3 一块小小橡皮，却经过了数次"改良"，每一次都有质的提升。

4 所以，当我们再用到橡皮时，请记住，要让每次呈现比上次更好，努力做到最好，最好是一次正确。这或许就是橡皮给我们的启示吧！

5 今天是二（6）班乔云熙、三（1）班李昭阳、三（2）班孟妍希、六（1）班王蒙豫 4 位同学的生日，祝你们生日快乐！

2020 年 5 月 18 日　星期一

博物馆

1. 同学们好！今天是第 44 个国际博物馆日。博物馆因其充足、独特、丰富的资源，被誉为"立体教科书"。

2. 1946 年 11 月，国际博物馆协会在法国巴黎成立。1977 年，决定 5 月 18 日为国际博物馆日。中国于 1983 年加入该协会。今年，中国博物馆日活动在南京博物院举行，主题为"致力于平等的博物馆：多元和包容"。

3. 2017 年 7 月，我校 1000 多名师生走进安阳，探访中国首座以汉字为主题的博物馆，开展"文化寻根"主题活动，并于 2018 年 7 月、2019 年 7 月再次前往。

4. 此外，学校研学课程中，探访博物馆是必不可少的内容。故宫博物院、大英博物馆、黄河博物馆、地质博物馆等，都留下同学们的身影。

5. 博物馆，因其典藏广博而得名，其中每一件陈列品都是无声的老师，值得我们尊重、学习！

6. 今天是中（3）班赵睿熙、大大（3）班罗子航、三（6）班黄欣妍 3 位同学的生日，祝你们生日快乐！

帮助

1 同学们好！每个人生活中总会遇到一些困难，稍微想一下，当身边的伙伴和老师遇到困难时，你会怎么做呢？

2 两天前的一个早晨，校园里，六（2）班陈培鑫同学行走在队伍中，远远看见一位老师带着孩子又拎着行李，很不容易。于是他径直走了过去："老师，让我来帮您吧。"他俯下身，双手接过不那么轻便的行李，主动帮老师把行李送到目的地。

3 过程中，老师的孩子用稚嫩的声音对陈培鑫同学说："哥哥，谢谢你帮我们！"

4 陈培鑫同学主动帮助他人的举动，让校园的清晨充满了温暖和感动，同时，他也成了幼儿园小朋友眼中的榜样。

5 同学们，"勿以恶小而为之，勿以善小而不为"。帮助他人有时可能就是做一件非常非常小的事，但常常会温暖他人，快乐自己。

6 今天是小（1）班怀子棋，小（2）班何佳宁，一（7）班陈沫菡，二（2）班赵晟涵、张文豪，二（3）班张文佳，二（7）班王博正，三（4）班吴沁桐，四（1）班薛兹曦，四（6）班袁振鸿，五（2）班王晏宁 11 位同学的生日，祝你们生日快乐！

欢送

1　同学们好！上周五，六年级 230 名师生在操场为即将回家生宝宝的张丹老师举行了欢送会。鲜花、蛋糕、音乐，还有依依不舍的泪水和满满的祝福。

2　这场活动的策划者是王雪冰、白露露两位老师和六（4）班全体同学，他们用一种特别的方式表达了对张丹老师的爱和祝福。他们私下做了很多准备，并邀请大家共同见证。

3　张丹老师是六年级的英语老师，复学前就已临近预产期，但她舍不得与即将毕业的同学们就这样擦肩而过，于是就坚持来上班了。和她有同样想法的还有权佳、唐满想两位老师。

4　这样的欢送会不是第一次，也不会是最后一次，一个小小的仪式，连接着过去、现在与未来。每一个动人瞬间都会穿越时空，抵达你我记忆的收藏夹。

5　这只是一场小别离，今天的挥手是为了明日的再见。天涯海角有尽处，唯有师恩无限期。

6　今天是二（4）班赵广昊、三（3）班高梓涵、六（1）班尚久强、六（6）班徐溪彤 4 位同学和张亚楠老师的生日，祝你们生日快乐！

2020 年 5 月 21 日　星期四

中国之光

1 同学们好！5 月 17 晚，感动中国 2019 年度人物揭晓，创造世界大赛十冠王奇迹的中国女排名列其中。

2 给中国女排的颁奖词是："几十年拼搏不息，几代人热泪盈眶。在低谷中奋起，从不放弃；面对强敌出手，永不言败。你们的身影是民族性格的缩影。你们的脚步是一个国家成长的历程。奏国歌，升国旗，你们超越了体育，是国家的英雄。"

3 在"感动中国"走过的 18 年历程中，这是中国女排第 4 次登上这个舞台。在主持人白岩松提问"为什么期待女排将来每年都来"时，女排和现场所有人给出了答案："我们没赢够。"

4 一句"我们没赢够"再次鼓舞无数网友，秒上微博热搜。网友称赞中国女排为"中国之光"。

5 中国之光，女排的骄傲，中国的骄傲。我们应该学习女排精神，树立远大理想，为国争光，成为中国之光。

6 今天是一（3）班赵茁岑、二（3）班刘凯文、三（4）班董一墨、三（6）班范裕乔 4 位同学和张俊莉老师的生日，祝你们生日快乐！

信念

1. 同学们好！每到周一，经常有语文老师跟我反馈，同学们都会在日记中写下听完国旗下故事的感受，并且进行自我教育、自我激励，向故事中人物学习，立志长大后做一个对社会有用的人。

2. 听完《生命在于运动》，张铂浩同学意识到运动对于健康的重要性，坚持和妈妈一起锻炼身体；从《世界地球日》中张轩语同学知道了地球对人类的重大意义，他开始更加认真对待垃圾分类；胡瀚文同学从《瞬间也要美丽》中意识到"干净、有序、读书"校风的重要性，告诫自己要让事物经过自己时变得"瞬间美丽"……

3. 同学们，从 2017 年 9 月 4 日开始，我在国旗下已经讲了 107 个故事。当你们将在校期间听过的一个个故事，化为内心的力量时，你们会形成正确的信念，成为一名有担当、有理想的瑞德少年！

4. 信念，就是坚定不移的想法，对于成长很重要。

5. 今天是中（2）班陶满、三（1）班黄晨康、五（2）班何健宇 3 位同学的生日，祝你们生日快乐！

返校日

1 同学们好！今天是 5 月的第三周周六，是学校第八届毕业生返校日，每年这一天，往届毕业生都会如期返回母校，与老师话想念，说成长。

2 此前，学校不断接到往届毕业生电话，咨询返校相关事宜。2019 届毕业生肖粲横同学希望今年返校日能回母校看看，离开学校的一年里，他想念学校的一草一木，更想念爱自己的老师和同学。

3 受疫情影响，今年返校日不能如期开展活动，他们时刻思念母校，母校也在想念他们。教育等于"关系加联系"，在学校共处中产生的师生之情，逐渐深化为爱与被爱的师生亲情。

4 走自然生长教育之路，办有温度、有故事的学校。以人为核心的艾瑞德，让学生离开时，看得见分数，记得起童年，想得起恩师，忆得起母校。借此机会，祝福艾瑞德所有毕业生，学业有成，母校永远爱你们！

5 今天是小（2）班王子婧涵，一（2）班张一墨，一（4）班赵语彤，二（2）班孙浩慈，五（3）班曹仕轩，六（6）班邹宁泊、韩菲悦 7 位同学的生日，祝你们生日快乐！

闰月

1 同学们好！昨天是农历第 2 个四月初一，人们把这样重复的月份叫"闰月"。

2 闰月是农历纪年法中多出来的月份，通常，有闰月的年叫"闰年"，这一年就有 13 个月，多出来一个月，是为了合上地球围绕太阳运行的周期，也称回归年。

3 闰月通常每 2—3 年出现一次，闰月月份取决于一年中二十四个节气的演变。闰四月是常见的，一般相隔 8 年或 11 年出现一次。

4 在中国，每逢闰月，有子女为父母买闰月鞋以报哺育之恩，祈求父母身体健康、平安长寿的习俗；也有父母把子女请回家中吃闰月饭，寓意合家团圆、幸福安康。这些民间习俗，都是为了促进家庭交融和孝道传播。

5 同学们，闰月是古人在没有现代观测仪器和计算机的情况下，仅凭借肉眼和纸笔推算出来的，这实在了不起！

6 今天是小（2）班蔡璨羽、刘允尚，一（2）班曹悠扬，三（1）班秦语含 4 位同学的生日，祝你们生日快乐！

2020 年 5 月 25 日　星期一

等你们

① 同学们好！好消息，从今天起，郑州市的幼儿园可以陆续开学了。很快，我们艾瑞德国际幼儿园就要开园啦，为了这一刻的到来，老师们早就忙碌起来了。

② 从 3 月 20 日起，幼儿园 12 名保育员老师全部上岗，打扫卫生，开窗通风，全面消毒。从 5 月 6 日起，幼儿园老师也全部提前上班，整理教室、布置环境。他们用行动表达对小朋友归来的期待与欢迎。同时，校园里新来了两只小羊，机器人"艾宝"也换上了夏装。

③ 保育员丁长颖老师说："我们度过一个漫长假期，时刻在想念着孩子们！"

④ 中（2）班方信博小朋友说："好久没有见到幼儿园里的好朋友了。"大大（1）班张岱霏每天早上醒来，都会问妈妈还有几天开学。

⑤ 幼儿园的小朋友们，好久不见了，你们是否还记得幼儿园的模样呢？此刻的校园已准备好，我们在这里等你们归来！

⑥ 今天是小（2）班熊梓彤、中（2）班王美琪、一（6）班刘益歌、四（1）班孙可馨、四（4）班张博然、四（5）班万怡泽、六（3）班刘昊阳、六（7）班黄飞程 8 位同学和盛小花老师的生日，祝你们生日快乐！

两会

1. 同学们好！5 月 21、22 日，因新冠肺炎疫情而延迟了两个多月的全国"两会"——全国政协十三届三次会议、十三届全国人大三次会议分别拉开帷幕。

2. "两会"期间，一份学生提案引起了广泛关注，提案作者中最小的还不满 12 岁。为了摸清校门口交通问题，他们自发成立了"校门口交通安全调查课题组"。这个想法得到校长的大力支持，并代表学生向政协提交了此份提案。

3. 同学们可不要小看这份提案，从确定方向到阅读资料、熟悉政策、敲定提纲，再到实地调研、数据分析、文稿写作、素材取舍等，涉及多方面的能力要求。

4. 提案价值大小是一方面，关键是这个过程会让你们以公民的视角来观察社会。

5. 今日方寸书桌好好读书，明日小小提案改变世界。但愿明年此时，我们艾瑞德学生也有提案上"两会"！

6. 今天是中（1）班曹曌，大大（2）班侯颂，三（3）班崔子恒，四（3）班刘怡菲，四（5）班刘梓彤、姚沛林，五（3）班黄一鹤，六（3）班侯科宇，国际班姜雅馨 9 位同学的生日，祝你们生日快乐！

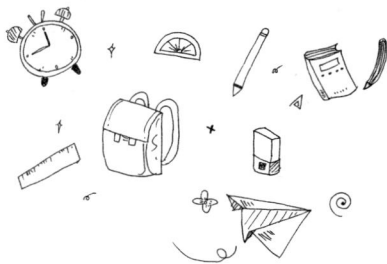

2020 年 5 月 27 日　星期三

丰收

❶ 同学们好！"农家少闲月，五月人倍忙"，每年到了这个时候，农村就一派繁忙的丰收景象，我们田园校区的"班级一亩地"里也是这样。

❷ 上礼拜，一年级同学和家长们早早地来到田园校区，一起收割油菜。他们的劳作是那么认真，爸爸们忙着收割，妈妈们挑拣菜籽空壳，孩子们一趟趟搬运，在菜籽秆上又蹦又跳。他们的脸上都洋溢着丰收的喜悦与快乐。

❸ 一（4）班班主任李斯伦老师说："丰收的油菜籽将被压榨出油，分装成瓶，作为礼物送到每个孩子手中。"

❹ "夜来南风起，小麦覆陇黄。"再过两周，五年级同学也要到田园校区收割小麦，又将出现一片热火朝天的丰收景象，真让人期待。

❺ 同学们，俗话说，一分耕耘一分收获，丰收一定是依靠辛勤劳动换来的！种地如此，学习更是如此。

❻ 今天是一（5）班张峻硕、三（2）班张轩亦、五（3）班葛家豪、六（6）班李佳星 4 位同学的生日，祝你们生日快乐！

○　时间颗粒度：一位校长的 60 秒　●

2020 年 5 月 28 日　星期四

冲顶

1 同学们好！昨天上午 11 点，2020 年珠峰高程测量登山队 8 名队员从北坡成功登顶世界第一高峰 —— 珠穆朗玛峰。

2 这一天，距离 1960 年中国第一次从北坡登顶珠峰整整 60 年，距离 1975 年登顶并首次精确测定珠峰 8848.13 米 45 年。

3 自 4 月 30 日至今，登山队曾计划在 5 月 12 日和 22 日冲顶，但均因天气原因推迟。最终，他们于昨天凌晨 2 点 10 分从海拔 8300 米的珠峰突击营地启程，并顺利登顶！

4 据全国登山协会主席王勇峰介绍，今年珠峰天气不同往年，降雪、大风为登山测量制造了不少麻烦，让登山队错过了多个适宜冲顶的"窗口期"。这次受降雪影响，登顶耗时 9 小时。

5 同学们，唯有不怕困难，才能勇攀顶峰。让我们致敬冲顶队员，让五星红旗又一次飘扬在世界之巅！

6 今天是一（1）班邢景轩、一（8）班王子轩、三（4）班张绍洋、四（3）班张佳诺 4 位同学和孟少丹老师的生日，祝你们生日快乐！

2020 年 5 月 29 日　星期五

校歌

1 同学们好！从去年开始，我们发起了校歌征集活动。最近收到六年级同学 100 多份优秀稿件。

2 为了写好校歌，网课期间，岳娜老师和王雪冰老师专门为六年级同学线上授课"如何写校歌"，燃起了同学们的创作热情。

3 "干净、有序、读书"的校风，师生之间温暖的故事，白鸽、蔷薇、"一亩田"的场景都被同学们写进了作品。

4 六（7）班刘力菲同学这样写道："美丽的老师，可爱的同窗，每个清晨，书声琅琅；8 的奥秘，让人联想；丹山路上，歌声飞扬；自然生长，梦想起航。"这里面既有在校学习生活的美好回忆，更有对学校深深的热爱。

5 校歌是代表学校的歌曲，是学校办学理念、校园精神的集中体现。明年是艾瑞德建校十年，更是伟大的中国共产党建党百年，希望同学们积极参与校歌创作，为校庆献礼。

6 今天是小（2）班张羽轩、中（2）班杜昊泽、二（3）班杜昕雨、三（5）班贾子仪、四（3）班张舒涵 5 位同学和王建亭老师的生日，祝你们生日快乐！

入队

1 同学们好！昨天是一年级同学入队的日子。祝贺首批 86 名同学加入中国少年先锋队，成为光荣的少先队员。

2 中国少年先锋队前身为中国少年儿童队，成立于 1949 年 10 月 13 日，已有 71 年的历史。红领巾是少先队员的标志，也是国旗的一角，是少年儿童精神凝聚的象征。

3 入队仪式是成长的一个重要标志，是人生进步的起点。在这个光荣的组织里，要时刻以一名优秀少先队员的标准严格要求自己。从每一件小事做起，在家做一个好孩子，在学校做一名好学生，在社会上做一个好少年。

4 佩戴上鲜艳的红领巾，成为少先队员，除了喜悦之外，还要多担一份责任，发挥自己的优势，帮助更多的人。还没有入队的同学，也不要心急，朝着进步的方向继续努力。

5 "少年强则国强"，每个少先队员都是珍贵的存在，我期待首批入队的队员更好、更强。

6 今天是一（1）班罗来灿、二（1）班阎妙彤、二（4）班郭钦若、四（4）班苏钰轩 4 位同学和景春红老师的生日，祝你们生日快乐！

2020 年 5 月 31 日　星期天

汉堡日

1 同学们好！前天是 5 月的汉堡日，是你们喜欢的日子。

2 曾因某一天突然停电，膳食中心应急提供汉堡作为午餐，在老师们正为同学们吃不好而担心时，却发现你们个个脸上堆满笑容，吃得非常开心，甚至有同学希望学校天天停电。

3 同学们对汉堡的期待出乎意料，学校为此专门开会研讨，从儿童视角思考这个问题，最后确定每月第四周周五为"艾瑞德汉堡日"。停电停出了汉堡日，充满仪式感的美食因为儿童立场走进了师生心里。

4 之后，学校又陆续推出五彩馒头、胡辣汤、茄汁面、烩面等富有地域色彩的美食，还确定了素食日，给同学们的健康提供合适的营养。

5 同学们，每一种美食都有其独特的营养价值。科学搭配，营养就餐，不挑食，不浪费，坚持"光盘"，吃得干净，吃得优雅，这些都是艾瑞德学子的良好风范。

6 今天是二（3）班张博源、三（6）班张景博、五（6）班杨乐瑶、六（6）班周之卉 4 位同学和阎杏杏老师的生日，祝你们生日快乐！

○　时间颗粒度：一位校长的60秒　●

2020 年 6 月 1 日　星期一

儿童节

1 同学们好！今天是六一国际儿童节，也是你们最期待的第五届国际文化周。

2 去年，代表 47 个国家的 47 个班级的每一位同学都走上了 T 台，去展示所代表的国家，整个操场成了你们快乐的天地、欢乐的海洋。国际周是儿童节的代名词，是艾瑞德的专属语，是真正属于你们的节日。

3 因为疫情，我们的国际文化周活动只能推迟。同学们，不要失望，推迟不是取消，如果条件允许，第五届国际文化周将会在秋天与你们见面！

4 今天，学校也为你们准备了主题为"甜甜的校园，嗒嗒五重奏"的神秘活动，我也把其中一个惊喜悄悄告诉你们："今天是无作业日！晚自习全校学生不写作业，看场电影！"

5 同学们，儿童的别名叫"未来"，你们都是珍贵的存在，今日瑞德少年，明天祖国栋梁。祝福天下所有儿童节日快乐！

6 今天是小（2）班张墨霖、中（3）班马翌嘉、二（3）班陈欣怡、二（5）班刘瀚文、四（3）班邵博言、五（2）班陈俊哲、六（2）班李怡斐 7 位同学的生日，祝你们生日快乐！

2020 年 6 月 2 日　星期二

"瑞德教师"

1 同学们好！从本周开始，我们启动了"瑞德教师"评选，每周一人。本周"瑞德教师"是六 (2) 班数学老师张文芳。

2 张文芳老师 3 年前就开始在数学教学中探索"自然生长课堂 5 要素"，形成了自己的教学风格，她的学生非常喜欢她的课。

3 "停课不停学"期间，张文芳老师自主研发数学游戏课程，将数学学习与游戏相结合，既锻炼学生思维又让课堂充满乐趣。区数学教研员称她的课堂是"思维可视化的典型做法，值得推广"。

4 此外，张文芳老师还是绘画高手，负责学校海报设计拓展课。现在她又在加班加点为六年级 208 名毕业生创作石头画作为毕业礼物。

5 有温度、有高度、有故事、有本事，这是"瑞德教师"的标准。张文芳是这样的老师，祝福她获得第一个"瑞德教师"的光荣称号，也期待更多的"瑞德教师"涌现。

6 今天是二 (1) 班陈妍熙、四 (4) 班杨舒帆、五 (4) 班张婷然、六 (1) 班潘睿哲 4 位同学的生日，祝你们生日快乐！

2020 年 6 月 3 日　星期三

"瑞德白鸽班"

1. 同学们好！从建校开始，校园内的鸽子已经陪伴我们 9 年了，成为艾瑞德不可或缺的一部分。学校里发生了很多与鸽子有关的故事，鸽子在班级窗台下蛋、鸽子受伤等，都会引起同学们的关注。

2. 尤其在疫情期间，同学们给校长信箱来信，表达想念学校、想念老师、想念餐厅，更多的是想念学校的白鸽。清晨，艾瑞德广场上一群白鸽飞舞，是校园一道亮丽风景，美好的一天也从此开始。

3. 由此，我想起英国伦敦的特拉法加广场，因鸽子多被称为"鸽子广场"，而意大利圣彼得广场，鸽子成为那里最重要的"主人"。

4. 从本周开始，我们设置"瑞德白鸽班"，以周为单位，班级轮流喂养白鸽，每周在国旗台下以抓阄的方式诞生喂养班级。本周，首个"瑞德白鸽班"为二（6）班。

5. 同学们，让我们一起珍爱生命，呵护白鸽。

6. 今天是二（2）班王渝童、三（2）班张茗禹、六（2）班李沐钖 3 位同学的生日，祝你们生日快乐！

2020 年 6 月 4 日　星期四

问好

1　同学们好！最近我发现一种现象，这种现象其实在校园里早就存在了。

2　那就是我和一些老师或客人走在校园里，一些同学会从远处走来，朝我站定，弯腰，行一个标准的鞠躬礼，并说"李校长好"，然后就走开了。我连忙回礼，但是在我直起腰的一瞬间，多少觉得有点尴尬，因为同学们只对我行了鞠躬礼，而忘了我身边的其他老师或客人。

3　"那么多人，我们没办法一一鞠躬啊！"同学们也会觉得为难和委屈。其实，办法很简单，你只需要对着我们一群人行一个鞠躬礼，并大声说"早上（根据时间决定是早上，中午还是下午等）好"即可，我们也会一起向你鞠躬回礼的。你看，你一个鞠躬换来很多人的鞠躬，多有意思啊。

4　同学们，眼里不能只有一个人，而要装得下一群人。你可以试试看，相信你会有不一样的快乐体验。

5　今天是一（8）班孙悦童、安奎屹，三（5）班赵俊豪，四（3）班蒙易为，五（5）班许诺金5位同学和孙二卫老师的生日，祝你们生日快乐！

校医

❶ 同学们好！上个月一天晚上 10 点多钟，大山老师巡视宿舍时发现校医务室的灯还亮着，就探身进去。

❷ 校医张丽老师正聚精会神在灯下看书，桌子上手机亮着，手机屏幕上显示有一个小朋友在睡觉，经了解才知道那是她两岁半的女儿。

❸ 张丽老师说，每次值夜班时，女儿都会独自在家入睡，为了让女儿安心睡觉，她都会开着手机摄像头，时不时看一眼，一方面关注女儿入睡情况，另一方面表达妈妈一直在"陪伴"着她。

❹ 受疫情影响，复学以后，校医工作异常忙碌。除了每日相关数据的整理上报、学生的健康检查，还担负着消毒、通风的培训和督导工作。24 小时不间断工作，为全校师生建立了安全的保护屏障。

❺ 和张丽老师一起工作的还有余素云、刘江博两位校医。三位校医用爱自己孩子的方式爱着同学们。

❻ 今天是中（1）班马珂瑗、大（2）班汪昱凝、一（3）班李英泽、二（1）班马珂瑜、二（5）班赵宸熙 5 位同学和王玉洁老师的生日，祝你们节日快乐！

2020 年 6 月 6 日　星期六

爱眼日

1. 同学们好！今天是第 25 个全国"爱眼日"，主题是"视觉 2020，关注普遍的眼健康"。国家设立爱眼日，是为了普及科学用眼知识，提高全民眼健康水平。

2. 1992 年，天津医科大学王延华和耿贯一两位教授首次向全国倡议设立爱眼日。1996 年，国家正式将每年的 6 月 6 日定为全国爱眼日。

3. 据世界卫生组织报告，我国青少年近视率高居世界第一，这个第一，不是我们想要的。学生中近视、肥胖、睡眠不足等问题，已经引起国家的高度重视。

4. 上学期，我们学校统计的近视率为 10.92%，虽然远低于全国数据，但预防近视依然任重道远。端正身姿，适时休息，恰当运动，注意光线……今日科学预防，明日光明未来。

5. "黑夜给了我黑色的眼睛，我却用它寻找光明。"同学们，让我们一起呵护"心灵窗户"，眺望"诗和远方"。

6. 今天是二（3）班娄云浩、三（3）班姚瑾萱两位同学的生日，祝你们生日快乐！

○　时间颗粒度：一位校长的60秒　●

发问

❶ 同学们好！上个月，三（3）班荆喆同学参加了河南广播电视台"红星闪闪"少儿系列影视剧的演员试镜活动，格外引人注目。

❷ 在试镜过程中，导演让小演员说一句台词："向我开炮。"这句台词是电影《英雄儿女》中英雄王成在牺牲前说的一句话。抗美援朝、保家卫国的那段历史距离同学们很遥远，在场试镜的孩子都不能理解"向我开炮"这句话的含义。

❸ 一个男孩在并不理解的情况下迅速表演出来，而荆喆同学一直在思考，并发问："导演，为什么要'向我开炮'？"于是导演笑着讲了当时的情境。荆喆同学在理解之后才开始表演，表演得非常真实。因为他的出色表现，被定为《红岩》男一号许云峰的饰演者。

❹ 同学们，发问是经过思考后的表达，是实事求是，更是对自己的尊重。愿每一位同学都可以做一个善思考、会发问的人！

❺ 今天是一（8）班娄茹钦同学的生日，祝你生日快乐！

语速

❶ 同学们好！每天第一节课前，"校长60秒"都会准时播出，同学们听得很认真。

❷ 这是同学们的清晨第一课，全校57个班级，1600多名同学以及不少老师都在听。我十分重视这一分钟，我在想，我的语速快吗？我的普通话你们能听懂吗？我的表达你们能明白吗？

❸ 有一天，一位老师说广播里我的语速有点快，我立刻很紧张，把录制好的"60秒"删除了，重新录制。一录完，就拿给办公室老师们听，他们听完后说语速已经慢了下来。我还不放心，又找了两位一年级同学来听，她们认真听完后，说："李校长，您以前的语速比较快，这个好多了。"

❹ 听了大家的反馈，我的心才算安稳下来。

❺ 同学们，我的"60秒"就是给你们听的，你们的建议对我很重要。2020年，我决定用"60秒"记录每天的清晨，让你们的童年多点温度与故事！

❻ 今天是小（2）班谢梓萱、大（1）班张岱霏、六（7）班金家文3位同学和王晓波老师的生日，祝你们生日快乐！

香樟树

1 同学们好！校园大门东西两侧各有一棵香樟树，它们还有一个名字，叫"瑞德树"。

2 两年前的今天，2018 届 166 名同学给母校种下了这两棵树，以表达对母校的深情厚谊，对师恩的难忘不舍。

3 香樟树刚种下时，我们小心翼翼，呵护备至。怕大风吹倒，在周围搭上支架；怕大树缺水，在树身挂上吊瓶；怕大树受热受寒，在树顶搭上防护网。它们已经不是两棵树了，它们是师生之间"关系＋联系""爱与被爱"的见证。

4 香樟香樟，满园芬芳；香樟香樟，相得益彰。我曾说，母校是深深浅浅的时光，母校是你你我我的成长，母校是长长短短的念想。

5 转眼又到了香樟摇曳的毕业季，我们又将送走 2020 届 208 名毕业生。亲爱的同学们，祝福你们都能如香樟树一样生根大地、人生芬芳、茁壮成长。

6 今天是中（2）班崔思园、一（7）班张宸恺、二（6）班王辰矜、三（3）班王一童 4 位同学的生日，祝你们生日快乐！

2020 年 6 月 10 日　星期三

早读

1 同学们好！本周一早晨 6 点 40 分左右，我到了学校，在二楼被读书声吸引，循声找到二（7）班，发现一位同学正坐在位子上认真读书。此时，这琅琅读书声是校园清晨最优美、最动听的声音。我走近一看，原来是寿浩然同学。

2 同学们一般认为，7 点半早读铃声响起才是早读时间。不少早到的同学都把宝贵的时间用在闲聊、嬉戏上了。一日之计在于晨，浪费了太可惜。

3 寿浩然同学告诉我："就是觉得快到期末了，应该好好学习，所以就早起读书了。"我被他的学习精神感动了，提名他为本周"瑞德少年"。

4 "干净、有序、读书"是我们的校风。读书，应该在每时每刻进行，尤其是早晨。

5 同学们，早读要趁早。到班即安静，坐下就读书，像寿浩然同学那样。一个人的早读真美，一群人的早读更美。

6 今天是二（3）班许颜鑫、二（7）班张泽华、三（4）班王宥涵、四（3）班殷泽宇、四（5）班周偌荨、五（4）班郝子诺 6 位同学的生日，祝你们生日快乐！

○　时间颗粒度：一位校长的60秒　●

副班主任

1. 同学们好！一次开会，三年级年级主任李丹阳老师特别激动地表扬了三年级老师马莉亚，说她作为副班主任（副班）经常抢着做班级工作，我听了很高兴。

2. 目前小学部有 **44** 个班级，每个班级配有一到两位副班。以前大部分副班是语、数、英学科老师，而现在很多是综艺组老师。如美术老师丁怡、心理老师董姣姣、戏剧老师贾丹妮等 **14** 位综艺组老师开始忙碌于班级的副班工作。

3. 在每天一日三检、一日三消毒的班级防疫流程下，这些新加入的副班积极地为学生测体温，给班级消毒，带学生用餐，组织学生做课间操等。在班主任忙不过来的时候，他们主动承担了更多的工作。

4. 虽然是副班，但他们和班主任一样，对学生的爱与责任一点儿都不少。同学们，不管是班主任还是副班，都在为你们的成长保驾护航，感谢这些副班老师！

5. 今天是小（1）班景一墨，大大（2）班张开逸、张一格，一（1）班辛咨辰 **4** 位同学的生日，祝你们生日快乐！

大比拼

1 同学们好！上周五下午，为了提高厨师厨艺、丰富员工生活，学校举办了首届厨艺大比拼活动，共有 13 名师傅参加。

2 比赛现场，有 5 名师傅展示刀工，5 名师傅展示菜品改良与创新，2 名师傅展示面点，1 名师傅展示养生粥。蒜香排骨、"苦尽甘来""富贵花开"等新菜品在大比拼现场一一亮相，更有蜜汁黑椒牛柳、孜然羊肉和面点葱油饼、肉包子等优化改良品种。

3 后勤中心陈晓红副主任说，为了此次"大比拼"，师傅们早就开始练习雕刻、色彩搭配，研发新菜，还一起为新菜品起好听的名字。活动后，一些新菜品将会陆续出现在餐桌上。

4 以后，此类大比拼活动还将继续举办，到时候请同学们和家长们来现场品鉴。

5 同学们，为了你们在学校吃得营养、吃得健康，师傅们用心尝试，潜心研发，正努力将膳食中心做成你们期待的模样。

6 今天是二（4）班宋依凝、四（2）班邵一琳两位同学的生日，祝你们生日快乐！

护送

❶ 同学们好！本周，幼儿园小朋友开学了，校园里不仅多了一些热闹，还多了许多温馨画面。

❷ 每天早上 8 点，学校西门处常会有哭闹或不愿上学的小朋友。由此路过的大同学常常会挺身而出："没关系，哥哥送你去找老师。""我送你回班！"温暖的阳光下，大手拉着小手，彼此牵着的手，成为艾瑞德清晨的美丽风景。

❸ 入学一周来，大大（3）班邵省燊每天早上都会牵着一名小朋友的手一起走进幼儿园，小（2）班陈芊诺、刘沐颜，小（3）班詹思齐，中（2）班方信博等小朋友都曾被他护送过。大大（2）班陈郑岚每天早上也会牵着弟弟的手护送弟弟到班级。

❹ 同学们，有了你们的护送，小朋友们很快便适应了幼儿园生活，谢谢你们用行动温暖了校园！我期待更多小学部的同学加入护送小弟弟小妹妹的队伍中来，护送真美！

❺ 今天是小（2）班李睿宸、一（3）班冯宇阳、二（1）班王耀德、三（5）班马宇晨、六（7）班孙晨柯 5 位同学的生日，祝你们生日快乐！

2020 年 6 月 14 日　星期天

责任感

1. 同学们好！近日，一段黄衣男孩跑步为消防车带路的视频获众多网友点赞。

2. 6 月 6 日下午，贵州省遵义市汇川区银沙桥附近一辆汽车突然起火，消防车接警到达事故现场附近后，发现路况复杂，街道狭窄，消防车只能小心行进，寻找起火位置。

3. 这时，路边一名穿着黄色短袖衫的小男孩，边挥着手提醒周围的人边奔跑引路，为消防队员到达事故现场开辟了一条"快速通道"。

4. 消防队员说："当时小男孩就在前面大汗淋漓地跑着给我们带路，我们还是挺感动的。"在小男孩的指引下，消防队员很快到达起火点将火扑灭。据了解，这名男孩叫卢俊杰，今年 11 岁。网友纷纷称赞卢俊杰是整条街最靓的仔，称他大汗淋漓奔跑的样子"很帅"！

5. 同学们，卢俊杰小朋友这么小就有强烈的社会责任感，值得我们每一个人去学习。

6. 今天是大（3）班张馨允、一（1）班薛行然、一（2）班仵尚远、三（5）班牛怡琳、三（6）班王国裕、四（6）班郭雨萱 6 位同学和唐满想、郭红英两位老师的生日，祝你们生日快乐！

分地

❶ 同学们好！最近又到了夏种的时候了。田园校区班级"一亩地"重新翻过后，原有的地需要再平均划分，该怎么办呢？你们遇到过这样的问题吗？我们来看看国际班的同学是怎么做的。

❷ 他们首先进行分工，分配好测量、标记和记录的负责人。接下来是丈量，但卷尺只有 10 米，量不到地的另一头。他们想出的方法是在 10 米的地方插个小棍作为标记，然后从标记处继续往前测量。最后运用除法，算出等分之后每块地的长和宽，再进行标记、划分。

❸ 分地结束后，李佳轩同学总结说："量地时卷尺一定要拉直，否则测量不准确会让某小组吃亏！"

❹ 同学们，我们劳动时总会遇到一些问题，但只要大家动脑筋、会合作，办法总比问题多！学以致用，别忘了你们在课堂上学到的知识，也许解决生活中很多问题的密码就在其中！

❺ 今天是小（2）班谢长峰、一（7）班王悠然两位同学的生日，祝你们生日快乐！

2020 年 6 月 16 日　星期二

折服

1 同学们好！最近独臂少年张家诚打篮球的视频登上央视新闻，他娴熟的球技折服了许多人。

2 张家诚 5 岁时右臂受伤，但失去右臂的他并没有放弃昔日的篮球梦想，他立志要打入职业联赛。经过刻苦的训练和难以想象的坚持，如今的张家诚可以用仅有的一只左手完成行云流水般的运球和突破。

3 功夫不负有心人，目前张家诚已经成为注册运动员，可到体校参加系统训练。

4 NBA 著名球星库里称赞张家诚道："你是一股激励人心的力量，千万别让别人说你不行！"张家诚说："凡是能让你变好的事情，过程都不会太舒服。"

5 是啊，只有在平常不懈努力，关键时刻才能看起来毫不费力。同学们，与张家诚相比，我们十分幸运。成长不能缺少汗水，优秀不能缺少坚持，让我们学习家诚，梦想有成！

6 今天是小（1）班刘耀列、一（5）班李金恒、四（2）班李洪墨、五（6）班李政轩 4 位同学和蔺松栋、周明钦两位老师的生日，祝你们生日快乐！

家访

❶ 同学们好！上个周末，学校启动了"带着一本书去家访"的活动，看到老师来家访，你们心里一定很开心吧。

❷ 全校 100 多位老师，组成 40 多个工作组，将走访 1300 多个家庭。为保证家访顺利进行，学校做了精心安排。按照同学们的家庭住址，提前预约，规划路线，选择交通工具，带上小惊喜，敲开每一户家门。

❸ 家访，是我校的传统。面对面交流，心与心碰撞，老师与家长一起拉拉教育家常，说说同学故事。三年级老师李慧婷说："走进家里的情感链接是不一样的。"一年级老师付晓说："家访，进了家里，访到人心。"

❹ 在老师们分享的照片中，我看到了同学们不同的欢迎方式：有的在门上写了欢迎语，有的准备了水果，有的表演了才艺……我也看到很多老师在晚上 10 点多才家访归来，真的很辛苦。

❺ 每一位家长都是重要的链接，家访，让我们彼此走得更近。

❻ 今天是一（8）班陶俊宇、二（1）班董佳彤、三（2）班孟祥硕、四（1）班王镁好、五（1）班冯笑笑 5 位同学的生日，祝你们生日快乐！

繁忙

① 同学们好！仲夏时节，日照时间长，雨水充沛，气温明显升高，农民们忙着插秧种稻、割麦点豆，到处一派繁忙景象。

② 近期的校园可谓热闹非凡，一年级同学赶在雨水前收割了田园校区"一亩地"的油菜。榨油、分装、推广、售卖，有的一瓶 8 元、有的一瓶 15 元，根据容量不同，标出不同价格。而三年级同学选择了另外一种诗意的推广方式，将油菜籽装入许愿瓶，送给老师、同学做永久纪念。

③ 五年级同学上周收获了小麦，各班产量不同，更是引发了不小的讨论。倒推种植过程的浇水、除草、施肥以及品种质量，都引起了大家对于科学种植的重视。

④ 刚刚种下的小蜜薯，得到了雨水的滋养，顺利成活。我们又在期待着下一个丰收。

⑤ 同学们，天地为课堂，种地为作业，劳动是成长的密码，种好"一亩地"，收获高产量。

⑥ 今天是大（3）班郑楝洲，大大（2）班王唯伊，一（3）班郭馨阳，二（3）班张宇澄，四（1）班吕可、徐飞扬 6 位同学和肖燕、霍丽两位老师的生日，祝你们生日快乐！

2020 年 6 月 19 日　星期五

劳动奖牌

1　同学们好！本周升旗仪式颁发了劳动奖牌，这是我们第一次为劳动教育成果颁奖。

2　前些日子，一年级同学种的油菜和五年级同学种的小麦迎来了丰收，他们用菜籽榨油，将小麦压成麦仁，封装好。一时间，同学们成了销售员，在校园内忙着推介自己班级的农产品。

3　每个班的同学们都特别兴奋，为了将自己班级的产品顺利销售出去，他们深入了解菜籽油和麦仁的营养价值，不仅在销售过程中练就了好口才，还提高了计算能力。

4　经过班级之间的劳动竞赛，产量领先的一（3）班、五（2）班荣获"劳动光荣班"荣誉称号，销售额领先的一（7）班、五（4）班荣获"劳动崇高班"荣誉称号。

5　劳动最光荣，劳动最崇高，劳动最伟大，劳动最美丽。劳动的汗水不仅可以换来丰收的果实，还可以换来令人羡慕的荣誉。劳动吧，少年！

6　今天是大（2）班宋雨昕、二（6）班万柄鑫、五（7）班赵梦洋 3 位同学和张芬仙老师的生日，祝你们生日快乐！

2020 年 6 月 20 日　星期六

北京速度

❶ 同学们好！最近北京疫情牵动着全国人民的心。从 6 月 11 日新增 1 例本地确诊病例开始，首都再次进入"战时"状态。

❷ 快速反应的北京，迅速织起了一张疫情防控网。中小学、幼儿园停课，开展食品安全大检查，关闭密闭式文娱场所，70 万人大排查等，在疫情上升期与病毒赛跑。

❸ 截至 6 月 17 日，全市核酸检测人数超过 110 万，近 10 万名社区工作者投入到第一现场，地坛医院已开设 220 张床位，消杀农贸市场 276 家，出动执法人员 20 320 人次，蔬菜进货量达 3250 多吨。这些数据，展现了北京速度。

❹ 6 月 18 日下午，在第 125 场疫情防控新闻发布会上，中国疾控中心专家吴尊友说："明确告诉大家，北京疫情已经控制住了。"

❺ "热干面"——武汉已经好起来了，"炸酱面"——北京也一定会好的。祝福首都北京！

❻ 今天是中（2）班韩资佑、一（8）班张钟铠、三（3）班荆喆、五（6）班白溪澈 4 位同学的生日，祝你们生日快乐！

2020 年 6 月 21 日　星期天

今天

1 同学们好！今天是二十四节气中的夏至。夏至这一天，太阳直射北回归线，此时北半球各地的白昼时间达到全年最长。对于北回归线及其以北地区来说，夏至也是一年中正午太阳高度最高的一天。

2 今天下午，我们还将迎来今年最值得期待的天象——日食。日食，是指月球运动到太阳和地球中间，如果三者正好处在一条直线时，月球就会挡住太阳射向地球的光，月球身后的黑影正好落到地球上，这时就会发生日食现象。

3 此次日食被称为"金边日食"，因为太阳整个圆面将有超过 99% 的面积被遮住，太阳剩下的一圈金边会非常细。

4 今天还是父亲节。父亲是家庭的脊梁，托举着我们的成长，一年级同学专门录制了祝福视频献礼父亲节。

5 宇宙浩瀚，星汉灿烂，期待同学们去探索与发现；美好人间，父爱如山，值得我们去珍惜和感恩。

6 今天是小（2）班顾泽宇、大大（1）班董天宇、二（5）班范子硕、三（6）班高梦晗、四（2）班杨耀尊、六（4）班娄倚霄 6 位同学和姚舒婷老师的生日，祝你们生日快乐！祝福天下所有父亲节日快乐！

出书

① 同学们好！最近，二（2）班曹峻领同学正在出一本英语故事书，这本书记录了 10 个主题小故事，里面配有同学们帮他画的插图。

② 曹峻领同学因为平时喜欢看英文绘本故事，所以积累了很多主题故事。他在读书之后，善于联系自己的生活实际，把书中故事主动改编成自己喜欢的内容。

③ 班主任王冰老师在看到曹峻领写的故事后，就萌发了帮他出书的想法，并立刻行动起来，接下来还将举行隆重的新书发布会。

④ 当这些英语故事被整理成书之后，曹峻领同学非常高兴，说以后会更认真地写故事。二年级的同学们也掀起了写英语故事的热潮。

⑤ 同学们，"种过一亩地，写过一本书"是每个艾瑞德学子 6 年中的"必修课"。曹峻领同学在二年级就实现了出书的目标，而你们想在几年级出书呢？六年级毕业前都要完成这样的目标哟！我们十分期待。

⑥ 今天是一（4）班陈婉静、二（5）班豆紫漩、二（6）班崔子鑫、三（4）班司礼圣、五（1）班袁子轩 5 位同学和陈月培、闫际正两位老师的生日，祝你们生日快乐！

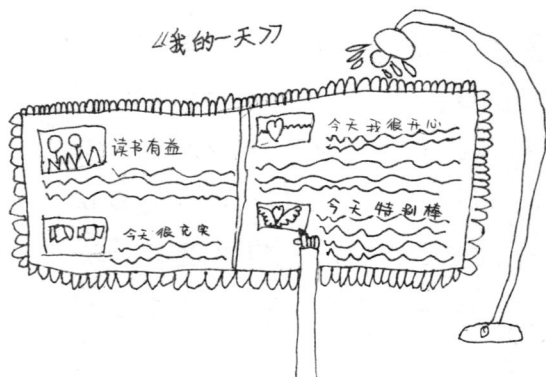

瑞德之音

❶ 同学们好！本学期英语组推出英文朗读平台"瑞德之音"，策划人是四年级英语老师李娟，目的是让更多同学热爱英文朗读，成为小小"朗读者"。

❷ "瑞德之音"根据不同主题在同学们中间发起配音、诗歌等不同形式的英文朗读，再从中选出优秀作品上传到"瑞德之音"公众平台上，让更多人听到大家优美的英文朗读。这是由每个年级轮流承办的。

❸ 目前，"瑞德之音"已推出 3 期，诞生了 6 位英文朗读小达人，他们是四（3）班王子悠然、林芷伊，五（1）班李元赫、王彭凯，六（2）班陈嘉豪，六（7）班吴子奕。大家听后反应非常好，我也认真听了，真不错！

❹ 朗读，使脑神经处于极度兴奋状态，有助于我们主动记忆。有感情地朗读，更能帮助我们形成语言学习的语感。

❺ 同学们，一起加入，大声朗读吧，让世界听见我们的声音！

❻ 今天是小（3）班张奈良、大（1）班代子萱、二（1）班贾智麟、二（7）班范伊轩 4 位同学的生日，祝你们生日快乐！

北斗（1）

❶ 同学们好！昨天 9 点 43 分，我国北斗系统第 55 颗导航卫星，暨北斗三号最后一颗卫星成功发射！比原计划提前半年完成。

❷ "北斗"是中国北斗卫星导航系统的简称，是我国自主建设、独立运行的全球卫星导航系统，是国之重器，是国家空间基础设施。从 2000 年发射首颗北斗导航试验卫星算起，20 年间，中国用 44 次发射，成功将 59 颗北斗导航（试验）卫星送入太空，成功率达 100%。

❸ "北斗"工程总设计师杨长风说，该系统可为全球用户提供全天候、全天时、高精度的定位、导航和授时服务。

❹ 每颗北斗卫星都有强大的幕后团队。这是一项团队工程，没有个人英雄，航天事业的成功是一个团队的成功。

❺ 天河漫漫，北斗璀璨，浩瀚的星河从未离我们如此之近。中国北斗，我为你骄傲！伟大祖国，我为你自豪！

❻ 今天是一（1）班田忻言、二（4）班殷悦晨、三（2）班李思辰、三（3）班李沅沕、五（7）班陈雨馨 5 位同学和韩建红老师的生日，祝你们生日快乐！

2020 年 6 月 25 日　星期四

端午节

①　同学们，今天是端午节，与春节、清明节、中秋节一起被称为中国四大传统节日。

②　端午节起源于春秋战国时期，每年农历五月初五，有龙舟竞渡、吃粽子、喝雄黄酒的风俗。以屈原为代表的历史先贤故事，因为有了端午节的周期性传承，在中国历史长河中历久弥新。

③　昨天，同学们身着传统服饰于校园感受到了浓浓的节日氛围。美术课上，你们跟着老师学会了编织寓意安康吉祥的五彩绳，系在手腕上，格外鲜艳。生活老师教大家包粽子，将糯米和甜甜红枣用粽叶包裹，煮一煮，是人间美味。

④　端午节作为人类非物质文化遗产，也是面向未来的节日。它在传递家庭温情、呵护个体生命、追念历史先贤、激扬民族精神，是我们中华民族独特的文化符号。

⑤　一个民族需要有灵魂，端午节正是追念与尊崇高尚灵魂的节日。

⑥　今天是大大（1）班李宗阳、二（2）班郭宸懿、三（5）班胡博虎、五（3）班孙雨菲、五（5）班刘桢灏、五（7）班赫子萱6位同学和赵甫老师的生日，祝你们生日快乐！

北斗（2）

1 同学们好！我还想说说北斗。6 月 23 日，北斗卫星导航系统第 55 颗卫星成功发射并在轨稳定运行，这标志着北斗全球卫星导航系统星座部署完成，标志着北斗系统走出中国，走向世界，是中国迈向航天强国的标志之一。

2 终于，中国人有了自己的导航系统，在天地之间搭出了"天罗地网"。它与美国的 GPS、俄罗斯的格洛纳斯（GLONASS）、欧盟的伽利略（Galileo）一同构成全球四大卫星导航系统。

3 北斗"出道"背后，有一个中国当之无愧的"天团"级别的队伍，他们平均年龄只有 31 岁，比国外相关团队年轻了十几岁。在过去的 26 年时间里，他们把一颗颗北斗卫星升上天，充分彰显了"中国智慧"。

4 目前，全世界一半以上的国家都开始使用北斗系统。

5 华夏北斗，剑指苍穹。中国人用自己的双手实现着我们的航天强国梦。

6 今天是中（1）班任一鸣、一（3）班秦睿、一（5）班张雨辰、三（5）班杨宇轩 4 位同学和代芃阁老师的生日，祝你们生日快乐！

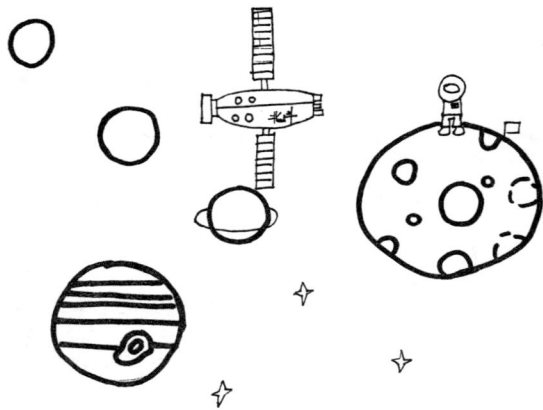

2020 年 6 月 27 日　星期六

北斗（3）

1 同学们好！让我们继续讲讲北斗的故事。

2 这次发射成功的是北斗三号全球卫星导航系统第 3 颗地球同步轨道卫星，至此，北斗三号 30 颗组网卫星已全部到位，北斗系统"大棋局"落子定盘。

3 作为北斗的最后一颗"收官之星"，拥有了自主知识产权和核心技术，北斗导航卫星单机和关键元器件国产化率达到 100%。

4 北斗系统是我国迄今为止规模最大、覆盖范围最广、服务性能最高、与百姓生活关联最紧密的巨型复杂航天系统，是我国第一个面向全球提供公共服务的重大空间基础设施。

5 中国的北斗，世界的北斗，一流的北斗。人类梦想追逐到哪里，就希望时空定位到哪里；人类脚步迈进到哪里，就希望导航指引到哪里。2035 年，我国将建设更强大的综合时空体系，进一步提升时空信息服务能力，为人类走得更深、更远做出中国贡献。

6 今天是一（4）班王睿涵、三（1）班乔诗淇、三（3）班陈哲瀚、四（6）班李昊聪 4 位同学和蒋风霞、袁立龙两位老师的生日，祝你们生日快乐！

2020 年 6 月 28 日　星期天

北斗（4）

① 同学们好！远在天上北斗，近在我们身边，让我们继续北斗的故事。

② 北斗系统的建成，中国用时 26 年，投入超过 120 亿美元，先后发射 59 颗自主研发的卫星，这是中国智慧与中国实力的象征。

③ 这 59 颗星分属北斗一号、北斗二号、北斗三号。北斗一号为试验阶段，共发射了 4 颗试验卫星，覆盖国内区域；北斗二号有 14 颗组网卫星（实际上共发射了 23 颗），实现亚太地区覆盖；北斗三号则包含 30 颗组网卫星（实际发射 32 颗），实现全球覆盖。

④ 目前，全国已有超过 660 万辆道路营运车辆、5.1 万辆邮政快递运输车辆、1356 艘交通运输部系统公务船舶、8600 座水上助导航设施、109 座沿海地基增强站、300 架通用航空器应用了北斗系统。在首架运输航空器上也安装使用了北斗系统，实现了零的突破。

⑤ 多年辛苦不寻常，北斗终于成了天空中最亮的"中国星"。

⑥ 今天是小（2）班薛子屹，大（4）班梁佳颖，一（3）班王奕凯，一（5）班魏韵棋、张雨辰，四（2）班陈浩宇，六（2）班弓紫涵，六（3）班杨苗媛，国际班王佳音 9 位同学和张炜炜、毛兵两位老师的生日，祝你们生日快乐！

○　时间颗粒度：一位校长的60秒　●

看书

1 同学们好！日前，一封写给东莞图书馆的临别留言感动了无数人。写信人是在东莞打工 17 年的湖北农民工吴桂春。

2 吴桂春来东莞 17 年，在图书馆看书看了 12 年。而想起这些年的生活，他觉得最好的地方就是图书馆。他说："我的第一职业是打工，第二职业是看书。"

3 今年，受疫情影响，他曾工作的鞋厂迎来了停工，他只能返回家乡。临行前，他到图书馆退借书卡，并写下了自己的不舍与眷恋。

4 在有关部门的帮助下，幸运的吴桂春有了新的工作，无须离开东莞。吴桂春开心地说："东莞把我留下，唯有读好书做好人来感谢。"同时，他还希望大家都能喜欢看书，做为国为民的好人。

5 同学们，爱读书的人，运气不会太差！读书是一种习惯，也是一种生活方式。腹有诗书气自华，人生没有白读的书，每一页都算数。

6 今天是大大（3）班郭宸源，一（7）班陈一慈、全彦迪，二（6）班王浠臣，三（2）班曾嘉忠、曾嘉诚，三（5）班郝帧美，四（3）班赵宇凡 8 位同学的生日，祝你们生日快乐！

压力

1 同学们好！后天就要期末考试了，你们准备好了吗？这个学期非常特殊，在家上了 3 个月网课，可能会有人感到紧张，有压力。

2 其实，压力充斥着我们的生活。看到疫情新闻时，我们会感到焦虑；遇到难题时，我们会变得不安，这些是很正常的情绪变化。

3 面对压力，要善于调节。可以适当活动，如做家务，听音乐，也可以与父母讲述一些发生在身边的愉快故事。此外，要把考前压力转化为复习动力，机会是留给有准备的人的。面对未知与困难，用心对待，一分耕耘，一分收获。

4 适当的压力可以激发人的潜能发挥得更好。所以不必担心，要树立信心，给自己心理暗示：你可以的，你能行！

5 马克思说："生活就像海洋，只有意志坚强的人，才能到达彼岸。"乐观面对压力，微笑迎接考试！祝福每一位同学考试顺利！

6 今天是大（3）班代馨楠、一（4）班赵翊桐、一（6）班靳绎弘、二（4）班乔子晏、二（7）班王昺辰 5 位同学和张春霞老师的生日，祝你们生日快乐！

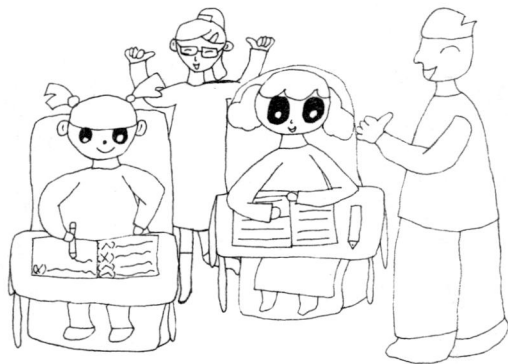

七一

1 同学们好！今天是 7 月 1 日，中国共产党成立 99 周年的日子。1921 年 7 月，伟大的中国共产党诞生了。

2 近代中国经历了国内革命战争、抗日战争和解放战争，在中国共产党的领导下，最终在 1949 年建立了新中国。71 年来，伟大的祖国实现了从"站起来""富起来"再到"强起来"。

3 中国共产党提出"两个一百年"奋斗目标：第一个一百年，是到 2021 年中国共产党成立 100 年时全面建成小康社会；第二个一百年，是到 2049 年新中国成立 100 年时建成富强、民主、文明、和谐的社会主义现代化国家。

4 2021 年，也就是明年，是中国共产党成立 100 周年，同样也是我们艾瑞德国际学校建校 10 周年，我们赶上了新时代、好时代。2049 年新中国成立 100 年时，你们正当年，是伟大祖国的建设者和接班人。

5 同学们，让我们祝福伟大的中国共产党生日快乐！

6 今天是中（1）班席易铭、大大（1）班吕杨、一（5）班王冲、二（7）班王梓鑫、四（4）班王浩宇、四（5）班庞程程、五（2）班汪昕玥、六（7）班姚景晨 8 位同学的生日，祝你们生日快乐！

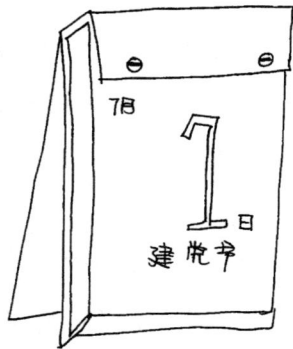

期末考试

1 同学们，今天是期末考试第一天，受疫情影响，本学期缩短了。作为学生，考试是我们学习生活的一部分，是检测同学们对某一时间段知识的掌握情况，以便我们查漏补缺。

2 小时候，我在期末考试之前，首先会复习第二天要考科目的所有知识点，如复习学期间的课堂笔记、做的练习题、模拟试卷等，尤其是错题，更是要再看一看、练一练。其次是文具的准备，如削好的铅笔、吸满水的钢笔、尺子、圆规、橡皮等，将它们全部装入书包，做到万事俱备。

3 同学们，你们是怎么做的呢？其实，复习知识是自我梳理、明晰的过程；做好准备是自我检查、自我管理的过程。准备考试的整个过程就是对内心的一次有序整理。

4 同时，考试时，也不要忘记我们"干净、有序"的校风，让自己卷面干净、答题有序。祝同学们考试顺利！

5 今天是二（4）班石季然，三（6）班袁嵩森、袁嵩迪、牛若菡，四（1）班李雨宸，四（5）班朱家骏、赵田润，六（6）班张喆 8 位同学和李秋梅老师的生日，祝你们生日快乐！

○ 时间颗粒度：一位校长的60秒 ●

闲不住

1 同学们好！学校二楼有一位"闲不住"的保洁阿姨，每次见到她，她几乎都在打扫、擦洗。她动作轻快、娴熟，所到之处皆干净整洁。

2 她叫宗家芳，52 岁，家里经济条件并不差，之所以来学校做保洁，用她自己的话说，就是"因为闲不住！干干活儿心里欢畅！"她边说边轻轻地抹去额头汗珠，又忙着擦拭起洗手台镜子来。望着她被汗水浸湿的衣服，想起她说话时的满面春风，我心生敬佩，感慨不已：劳动最光荣，劳动最美丽！

3 在艾瑞德，像这种"闲不住"的人还有很多：在校门口养花种草的保安队长刘再安；给老师讲解中医食疗的校车师傅贾关学；坚持读书、练字的后勤厨师李小三。

4 "闲不住"的工作状态书写的是勤奋和敬业；"闲不住"的生活状态体现的是诗意和追求。我期待更多同学也有"闲不住"的学习和生活状态。

5 今天是一（7）班蒋子玥、二（1）班申殿辰、五（7）班杨豆浩羽、六（1）班金宏阳 4 位同学和杨高燕老师的生日，祝你们生日快乐！

2020 年 7 月 4 日　星期六

干净

1 同学们好！干净是我们的校风，将干净践行在每一天的生活中，想着，做着，坚持着，你的行为习惯就慢慢形成了。

2 9 年来，我们每一届学生都做得非常好。现在，班级卫生有人打扫，垃圾有人送到回收站，教学楼全部由学生负责保洁，这是全校 1300 多名同学对干净的自觉。

3 因为干净，有些同学成了"瑞德少年"。比如国际班时启鸣同学，他主动捡起餐厅门口果皮，被提名为"瑞德少年"。

4 在学校，干净随处可见：进入校园穿衣的干净、进入班级学习的干净、同学交往语言的干净、走在校园行为的干净、餐厅用餐的干净……

5 同学们，将干净内化于心、外显于行，做一个干净的艾瑞德学子。

6 今天是二（4）班尚奕霏、五（5）班陈家明两位同学的生日，祝你们生日快乐！

○　时间颗粒度：一位校长的60秒　●

2020 年 7 月 5 日　星期天

露营节

1 同学们好！明天就迎来第三届露营节了。

2 上上周末，学校操场上撑满了不同颜色的帐篷。为了办好这次露营节，学校提前进行物资上的准备，还提前把库房的帐篷、防潮垫拿出来晒太阳。

3 同学们每天都在操场上跑着、跳着、笑着。如果在那里搭上帐篷，睡上一晚，会不会有点不可思议呢？从明晚开始，同学们都有机会躺在操场帐篷里，一起寻找夜晚最亮的星星。喜爱天文的同学可以将家里的天文望远镜带来观测星空。

4 搭帐篷，望星空，听虫鸣，看露天电影，我们以此装点美好童年。蓝蓝的夜，蓝蓝的梦，五颜六色的帐篷撑起了五颜六色的童年。童年是属于大自然的，大自然是孩子们的最美课堂。

5 艾瑞德，自然生长栖息地。"露过一次营"是瑞德学子成长"六个一"的重要组成部分，让我们一起期待明天，期待明晚的星空。

6 今天是一（3）班刘益彤、二（3）班王滋铄、二（6）班朱昕晨、三（4）班李尚锦、国际班卢金运 5 位同学的生日，祝你们生日快乐！

2020 年 7 月 6 日　星期一

香港

1 同学们好！上周三是香港回归祖国 23 周年纪念日，香港多地举行升旗仪式来庆祝这个重要日子。

2 1997 年 7 月 1 日零点，由紫荆花绽开的香港特区区旗相伴，鲜艳的五星红旗冉冉升起。从那一刻起，中国恢复对香港行使主权，与祖国分离一个半世纪的香港，重回祖国母亲温暖怀抱。

3 香港是个美丽的地方，梦幻的迪士尼乐园、亮丽的维多利亚港、繁华的铜锣湾，让人难忘。香港也是个文化繁荣的地方，有著名的香港大学、香港中文大学，有美味的港式鱼仔蛋，精彩的武侠小说，还有好看的电影。

4 一转眼，五星红旗已在港飘扬 23 年，如今的香港依托祖国，面向世界，已成为全球第三大金融中心，有着"东方之珠"的美誉。

5 同学们，香港是中国的香港，是祖国不可分割的一部分！让我们一起祝福香港：不忘初心，未来更好！

6 今天是中（1）班孙铂葳、一（2）班陈芊如、一（8）班郝文溪、二（4）班欧阳媛熙、三（3）班唐业菜、六（4）班郭和鑫 6 位同学和王素红老师的生日，祝你们生日快乐！

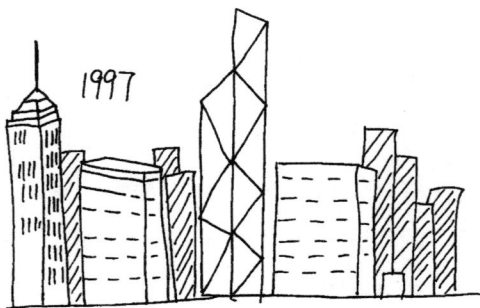

○　时间颗粒度：一位校长的 60 秒　●

高考

1 同学们好！今天是高考第一天。1977 年，武汉大学查全性院士首次提出恢复高考的建议并被采纳，被誉为"倡导恢复高考第一人"。

2 不过，1977 年的高考不是在夏天，而是在冬天举行的，570 多万人参加高考，只录取不到 30 万人，但它激励了成千上万的人重新拿起书本，加入求学之路。

3 受疫情影响，今年高考延期。这是 17 年以来，首次调整高考时间，也是我国自恢复高考以来，高考时间首次推迟一个月。

4 莘莘学子并没有因此懈怠。疫情期间，河南嵩县高三学生刘洪冶在家努力学习，冲刺高考，他的目标是考入清华大学，为此他一天学习 18 个小时。

5 同学们，人生关键就那么几步，高考是其中之一。让我们祝福全国 1000 多万考生高考顺利！多年后，我们也要跨过高考这道门槛，从现在起，让我们好好学习、天天向上。

6 今天是一（8）班龚董琦、二（7）班孙梓铃、四（4）班刘屹柏 3 位同学和陈琳老师的生日，祝你们生日快乐！

2020 年 7 月 8 日 星期三

毕业

1 同学们好！今天，六年级 206 名同学开启了为期 3 天的毕业旅行。我们将一起翻越河南境内海拔最高的亚武山，并在那里颁发毕业证书。

2 "翻过一座山"，是我们"六个一"研学主题课程在六年级的"最后一课"。一年级为"露过一次营"，二年级为"穿过一条谷"，三年级为"懂得一种爱"，四年级为"访过一座城"，五年级为"蹚过一条河"。

3 昨天上午，六年级同学环行校园，并举行了隆重的毕业典礼。学弟学妹们为他们送行，我和老师们为他们祝福。

4 六年级同学对母校充满感恩，对老师充满尊敬，他们给学校校警室、膳食中心送去锦旗，给老师送来了感谢信。

5 毕业，意味着完成，也意味着新的开始。完成了小学 6 年生活，开始了新的学习之旅。祝福六年级每一位同学都有一个美好的前程和灿烂的明天！

6 今天是三（4）班范育菡、三（6）班倪兆扬、四（4）班楚乐彤 3 位同学和王彦月、董晓两位老师的生日，祝你们生日快乐！

○ 时间颗粒度：一位校长的60秒 ●

2020 年 7 月 9 日　星期四

露营

❶ 同学们好！这一周，是全校第三届露营节，每天晚上都有一个年级师生在学校操场上搭帐篷露营。

❷ 2018 年 5 月，我们开启了第一届帐篷露营节。田园校区里的露天电影，帐篷外的虫鸣鸟啼，滂沱大雨中跳舞的帐篷，"大黄蜂"校车连夜冒雨接我们的情景，你们一定还记得吧？

❸ 从本周一开始，全体师生都会体验到"以天为被，以地为席"的露营生活。同学们在丹山路上摆起了地摊，音乐老师带着大家在帐篷外歌唱，操场上放起了露天电影。有的同学带来了天文望远镜，让我们看到了久违的星星。

❹ 更有伙伴之间望着星空一直聊天至深夜，直呼这是最难忘的夜晚。五（6）班王子豪同学说："露的不是营，露的是童年。"

❺ 同学们，师生同乐帐篷唱晚，星月满天话说童年。让我们一起寻找夜空中最亮的星，一起铭记这个夏天"撒野"的童年、美好的时光。

❻ 今天是二（1）班李雨涵、二（7）班田优、四（4）班陈柏融、五（5）班米紫涵 4 位同学的生日，祝你们生日快乐！

成长礼

❶ 同学们好！今天是四年级同学十岁成长礼活动，这已经是我校第三届成长礼了。

❷ 古人称十岁为"外傅之年"，指学童十岁时告别"内傅"外出求学，拜"外傅"为师。

❸ 十岁，是人生中一个重要阶段。十岁，意味着你们将渐渐告别幼时的淘气与顽皮，意味着要学会自立的本领，懂得爱的感恩，承担更多的责任。

❹ 十岁成长礼，是你们成长的界碑。通过集体庆祝十岁生日的活动，让你们体验到成长的快乐，体验到父母的爱和你们对未来的责任。

❺ 同学们，十岁成长礼是人生中一个重要的仪式，学校和老师们希望这温馨、感人、有意义的成长礼，能够成为你们记忆中难以忘怀的一抹亮色，愿你们"扣好人生第一粒扣子"。十岁，像鲜花一般美好；十岁，像黄金一般珍贵。成长是幸福的，成长是快乐的，祝四年级全体同学十岁快乐。

❻ 今天是四（2）班韩紫宣同学和石彩云、何媛媛、高一兢 3 位老师的生日，祝你们生日快乐！

2020 年 7 月 11 日　星期六

行走

1 同学们好！本周四早晨 6 点，一位一年级同学在起床时一改往日的拖沓懒散，仅用了 10 分钟就洗漱完毕，然后迫不及待地要来上学。

2 "为何今天一喊就起来了呢？"妈妈问她。"因为今天要和同学们去园博园，我很激动。"她说。

3 我相信和她一样激动的同学一定很多，行走成了你们的念想，出发成了你们的盼望。"我们快乐得都要飞起来了！"许多低年级同学告诉我。

4 这一周，考试结束了，我们在不断地行走。六年级时，我们翻过了一座山，五年级时，蹚过了一条河，二年级时，穿过了一条谷，一、三、四年级畅游了园博园。

5 早晨，挥手目送"眼里有光"的你们出发；下午，牵手迎接"脸上有笑"的你们归来。从书本走向山河，从教室奔向自然。行走路上，没有课本却有课程，不教知识却学做人；行走路上，只愿你们心中更有爱，脚下更有力。

6 今天是一（8）班陈钰涵、二（5）班梁梓轩、三（1）班崔明硕、五（7）班张博涵 4 位同学的生日，祝你们生日快乐！

2020 年 7 月 12 日　星期天

反应

① 同学们好！夏季的雨，总是来势汹汹，猝不及防。

② 周三下午 4 点零 5 分，窗外突然大雨倾盆，真是大事不妙。操场上 120 顶帐篷还在等待三年级同学晚上一起仰望星空呢。几乎是同一时间，艾瑞德工作群、小学教师群、一年级群、二年级群、五年级群一起发出了抢收帐篷的信息。

③ 4 点 35 分要发校车了，大雨还在继续。行政中心安排用依维柯车来接幼儿园小朋友。在一楼芝麻街，校车老师组织小学学生站队。为缩短距离，校车一辆一辆地倒进教学楼门前。管理干部手举雨伞，为回家的孩子搭建无雨通道。

④ 后勤部师傅们一边搭建帐篷，一边铺设防滑垫。广播站及时播报通知。一切有条不紊。

⑤ 同学们，突发事件是检验学校管理的最佳方式，在这场大雨中，每个人都立足岗位，尽责尽力，无须提醒地自转，围绕着学生公转。

⑥ 今天是一（2）班李懿一、一（4）班朱业锦、五（3）班张驰、六（2）班刘馨钰 4 位同学和孙灵飞老师的生日，祝你们生日快乐！

2020 年 7 月 13 日　星期一

暑假

1 同学们好！暑假生活从今天正式开始了，你们准备如何去安排自己的暑假生活呢？

2 今天，不妨和爸爸妈妈一起制订一个假期计划吧。科学地、有计划地安排好学习、劳动、体育锻炼时间，可以和家人们一起出去旅行，也可以做自己喜欢的事情，培养自己某方面的爱好和专长。

3 关于旅行，建议同学们跟爸爸妈妈一起设计路线、预算费用；关于读书，可以从老师推荐的书单读起，有体系、有计划地开展阅读；关于学习中的"小坚持"，那就从每天定时早起开始吧！

4 这个暑假，老师们大部分时间将要在学校度过，他们舍弃休息时间，与同学们在线互动，在学校教研，全心打磨代表课。

5 放假，不是学习的终点，而是另一段学习的起点。暑假生活是承上启下的全新开始，祝愿同学们度过一个平安快乐、充实有意义的假期！尤其提醒同学们要防止溺水。

6 今天是一（6）班韩昊毓、一（7）班田纳川、三（5）班李明鸿3位同学和张帆、刘磊两位老师的生日，祝你们生日快乐！

2020 年 7 月 14 日　星期二

5G

1 同学们好！今天给大家带来有关中国 5G 的科技故事。

2 近年来，第五代移动通信系统——5G 已经成为通信业和学术界探讨的热点。目前只有中国华为，国外的高通、三星、爱立信等全球 4 家企业研究出 5G 通信技术。

3 值得骄傲的是，我国 5G 信息技术领先于世界，即将成为全球 5G 技术标准制定者。

4 科学家普遍认为，5G 就是第四次工业革命的标志，5G 将颠覆我们的生活，如 VR（虚拟现实技术）设备的应用。大家在科幻电影中可以看到，戴上 VR 头盔就可以进入虚拟世界，在虚拟世界里不同物理位置的两个人就能依靠 5G 技术实现相互合作。再如 5G 自动驾驶。在 5G 时代，云端到地面端的延时只有 1 毫秒，这解决了自动驾驶汽车在遇到复杂路况时的难题。

5 5G 让生活更美好，中国的 5G 可能会成为世界的标准。让我们为中国科技喝彩。

6 今天是中（3）班杨佳泽、大（1）班郑家欢、大（2）班李鹏宇、二（5）班陶星翰、二（6）班陈允皓、四（1）班胡雅涵 6 位同学的生日，祝你们生日快乐！

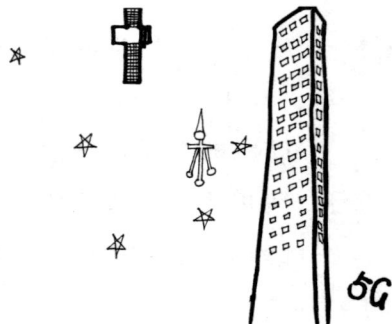

156　　　　　　　　○　时间颗粒度：一位校长的 60 秒　●

张桂梅校长

1 同学们好！举国瞩目的高考已落下帷幕，在高考期间，云南丽江华坪女子高级中学 63 岁的张桂梅校长也和其他送考老师一样，一边叮嘱着自己的学生，一边用目光追随着她们一起走进考场。

2 很多年前，张桂梅校长放弃了优越的工作，走进了贫困大山。她发现贫困地区女孩辍学率很高，当得知许多女孩因为贫困辍学外出打工，甚至嫁人时，她坚定地说："我绝不让我教的班级孩子因为交不起学费而辍学！"

3 于是她克服重重困难，创办了全国第一所全免费女子高中。在建校的 12 年里，有 1600 多名女孩走出贫困大山，拥有了自己的美好人生。

4 张桂梅校长是教书育人的典范，是大公无私的楷模。同学们，我很敬佩这位了不起的校长，我希望你们珍惜现在良好的学习条件和宝贵的学习机会，好好读书，未来成为像她这样的人。

5 今天是王婷玉、付丽萍两位老师的生日，祝你们生日快乐！

2020 年 7 月 16 日　星期四

防溺水

1 同学们好！前几天，据新闻报道，某村 3 名孩子在鱼塘边玩耍，不幸溺水身亡。每年暑假都会看到类似消息，令人十分痛心。

2 其实，暑假是孩子们最开心、最放松的时候，但同时也是各种危险集中爆发的阶段。同学们一定要在合理安排学习和生活作息的同时，远离危险，注意安全，如水电安全、交通安全、居家安全、网络安全等。

3 随着暑假来临，天气炎热，很多同学喜欢玩水，防溺水成为重中之重。同学们要切记绝不私自下河游泳，绝不擅自与同学结伴游泳，绝不在无家长或老师带领的情况下游泳，绝不在无安全设施、无救护人员的水域玩耍、游泳。

4 家长也要增强安全意识和责任意识，暑假期间要准确掌握子女的行踪，切实做好对未成年子女的教育和监管。

5 同学们，生命最珍贵，安全大于天。要平安度假，快乐生活。

6 今天是一（1）班陈硕、一（2）班李智辰、一（3）班吴浚霖、一（4）班陈子欣、二（4）班吴禹彤、三（4）班李恩旭 6 位同学和钟金会老师的生日，祝你们生日快乐！

眷恋

1 同学们好！今天是你们离开校园、开启暑假生活的第 5 天。老师们依然在学校梳理教学工作，做教学研讨。

2 我每天都能看到原六年级的老师在朋友圈晒同学们的照片，在公众号上写文章，记录一路走来的生活，用这种特别的方式回忆在一起时的点点滴滴。

3 老师想念同学们，同学们也想念老师。这几天，原六年级同学还不适应分别。原六（2）班同学在周一问老师要不要穿校服；原六（3）班同学打电话问老师暑假应该怎样过；原六（4）班同学特意返回班级再次打扫卫生。

4 在同学们的概念里，好像毕业也不过是过了一个长长的周末。等周一开学，依然可以穿着校服，背上书包重新在校园里学习、生活。

5 同学们，这就是眷恋，这就是爱。在校的时候，如同阳光空气，不知不觉；分别时却深入骨髓，难以割舍！师生一场，终生难忘。

6 今天是一（6）班任珺雅、四（3）班荣若帆两位同学的生日，祝你们生日快乐！

2020 年 7 月 18 日　星期六

最帅的样子

❶ 同学们好！近日，南方强降雨导致多地汛情告急，长江中下游雨势较强，防汛形势依然严峻。连我在南京的家也被要求做好随时撤离的准备。

❷ 在防汛抗洪一线，拼尽全力守护我们的是这样一群"逆行者"：风吹日晒之下，他们的脸颊被晒红，臂膀上起了水泡，有的官兵已经被晒得脱了皮。手上多了伤疤，脚上出了痱子，还有人得了皮炎……而他们却说："还好，没什么事。"

❸ 江西永修九合乡圩堤出现险情，消防员们站成一排，在泥水中彻夜围堵 18 个小时。他们的双脚已被泡得发白。消防员袁展满、段闹连续奋战两天两夜，变成了"泥人"，累得直接坐在泥地里。

❹ 抢险抗洪前线，他们用身躯为我们抵挡风雨。致敬，为我们乘风破浪的超级英雄！他们的样子最帅。

❺ 同学们，哪有什么岁月静好，不过是有人在为我们负重前行。

❻ 今天是二（4）班白烨烁、六（2）班时文强、六（6）班张皓森 3 位同学和刘江博老师的生日，祝你们生日快乐！

○　时间颗粒度：一位校长的60秒　●

2020 年 7 月 19 日　星期天

春天的故事

1 同学们好！今天学校将举行"春天的故事"期末总结大会，全校 328 名教职工全部参加。

2 2020 年的春天非同寻常，我们在云端共度。云升旗、云运动、云阅读、云课堂、"艾电影"、主题课程、"校长 60 秒"……一项又一项的创造，老师们用努力书写着春天的故事。

3 第一个"吃螃蟹"的张玉峰老师，为大家提供录课范本；王冰老师为录播一节课花费 4 个小时；金长老师化身魔术师，为孩子们变出惊喜；赵敬敬老师和家长一起带来运动主题升旗仪式；等等。

4 为此，学校特制"春天的故事"奖章，为故事留痕，为付出见证，99 名教师获此殊荣。奖章背后写满了这个春天与你们同生共长的故事和与家长同呼吸共命运的温暖。

5 从季节的春天走向精神的春天。用足迹踩踏灾难，用肩膀扛起责任，用信心创造未来，让我们一起记住这个春天。

6 今天是二（3）班赵梓寓、四（6）班李品希两位同学的生日，祝你们生日快乐！

一公里

❶ 同学们好！有一位叫拾景海的网约车司机，他会在客人到达目的地前一公里提前结单。他告诉疑惑的客人："这一公里，是在替我的女儿跟大家说一声'谢谢'！"

❷ 拾师傅的女儿在几年前不幸染上重病，为了给女儿筹集医药费，53 岁的他成了一名网约车司机，每天工作十几个小时，而且对乘客的服务态度非常好。

❸ 许多被拾师傅触动的乘客以及他所在的网约车公司都向他伸出了援手。这些帮助让拾师傅有了更多的信心和希望。

❹ 拾师傅说不知道如何去回报这些给予他帮助的人，于是他就用提前一公里结单的方式，来传递人们对他女儿帮助的善意！

❺ 当善意被传递，就变成了温暖更多人的善意。拾师傅用"一公里"来表达感恩，同学们，我们是不是可以把帮助与关怀，用我们自己的方式传递给更多的人呢？
"善小而为，有所作为"，
让我们试试看。

❻ 今天是五（2）班黑洋子、五（6）班张艺淏、六（6）班张硕 3 位同学和邢鹏老师的生日，祝你们生日快乐！

○　时间颗粒度：一位校长的60秒　●

人工智能

1 同学们好！几天前，2020 年世界人工智能大会在上海召开，会上，淘宝网创始人马云通过全息投影方式发表演讲。他认为，人工智能会让我们的生活更美好，但这也离不开人类的智慧。

2 人工智能，英文简称 AI，简单说就是让机器像人一样思考，但又比人更快、更准确。仔细观察就会发现，人工智能已渗透到我们生活的方方面面。

3 比如，手机中的打车软件、地图导航以及外卖送餐派单系统、家中的扫地机器人等，都用到了人工智能技术。

4 我们学校的"艾宝"就是一台人工智能机器人，它之所以能自如地与大家交流，依靠的是其强大的记忆力和"深度"学习能力。

5 同学们，这是一个飞速发展的时代，未来有无数可能，你们长大后参与的劳动会有更多新样态。但无论世界如何变化，愿你们不忘爱与创造，唯有如此，人类才有真正的幸福。

6 今天是一（7）班苏鼎杰同学和李丹阳老师的生日，祝你们生日快乐！

手拉手

① 同学们好！你们肯定都有好朋友吧？相信你们也会一起手拉手出去玩吧？

② 前些天我在学校看到一幕场景，至今让我记忆犹新：两名五十来岁的生活老师手拉着手、满面春风迎面向我走来。我惊喜于她们这么大年龄还如此亲密友好，忍不住问："经常见小朋友手拉手，但老师手拉手就很稀罕，你俩怎么这么好呢？"

③ 听我这么一问，两位老师竟然笑逐颜开，齐声说："因为我们俩是最好的朋友啊！"说着两个人靠得更近了，就像小朋友那样"勾肩搭背"，亲密无间。

④ 生活老师每天和学生在一起，是孩子们的"爱心妈妈"。"爱出者爱返"，闫素娟老师就说："我很爱孩子们，孩子们的单纯快乐也感染了我，和他们在一起我很快乐。我也想永葆童心，快乐不老！"

⑤ 手拉手，心连心。有温度、有故事的校园需要更多的老师永葆童心，拥有爱心！

⑥ 今天是大大（1）班杨鹏杰、一（2）班孙瑜、二（3）班王奕程、五（4）班陈煜铎、五（5）班袁子豪 5 位同学的生日，祝你们生日快乐！

子弟兵

1 同学们好！7 月以来，我国多地持续强降雨，长江、淮河流域，洞庭湖、鄱阳湖、太湖等都处于超警戒水位，人民生命财产安全受到严重威胁。

2 哪里有灾情，哪里就有人民子弟兵。截至目前，共有两万九千多名解放军和武警官兵战斗在抗洪抢险一线。漫坝、决堤，险情一次次袭来，人民子弟兵一次次向险而行。

3 安徽歙县严重内涝，高考也因此推迟过。记得开考前 1 小时，一名脚踝骨折的考生无法到达考场，正在担负城市排涝任务的武警官兵采取人力背运，将他送至考场。

4 一名战士一年未回家，这次派往家乡抗洪，妈妈去驻地看望，短暂相聚几分钟，战士又投入到抗洪救灾的任务中。

5 在灾难面前，子弟兵全力保护人民群众生命财产安全，用行动书写一个个动人的故事。人民子弟兵是人民的保护神，是这个时代最可爱的人。

6 今天是大（3）班胡天蓝、二（6）班陈鲁豫、三（1）班祝锦彤、五（4）班桑越 4 位同学和张玉峰、刘森两位老师的生日，祝你们生日快乐！

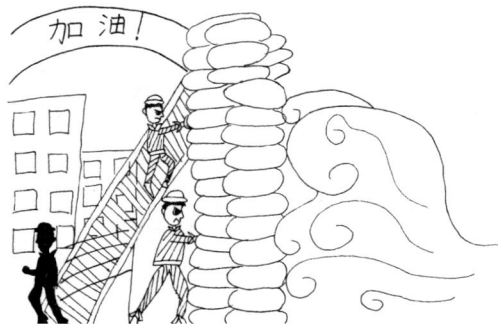

2020 年 7 月 24 日　星期五

自控力

1 同学们好！什么是"自控力"呢？简单来说就是自我控制、自我管理能力，能控制自己的"注意力、情绪和欲望"，能驾驭"我要做""我不要"和"我想要"。

2 暑假可以适当放松，但当你长时间沉迷电子设备而无法控制自己时，你的"自控力"就需要提高了。缺乏自控力的孩子，不能抵制外界诱惑，未来很难长成笔直的参天大树。

3 那么如何增强自控力呢？首先，要对自我有更多关注，增强自我意识，写日记是一个好办法，认真记录每天已经做的事情和将要做的事情，想一想哪些是应该做的，哪些是不应该做的；其次，读书、听音乐、培养兴趣爱好都是不错的选择；最后，可以制订一个计划或目标，请父母帮忙监督完成。

4 "花有重开日，人无再少年。"同学们，请时刻管好自己，光阴有限，多做些有意义的事儿，不要浪费宝贵时光。

5 今天是小（2）班桑家阳、一（3）班杨晗两位同学的生日，祝你们生日快乐！

○　时间颗粒度：一位校长的60秒　●

天问一号

1　同学们好！还记得刚刚过去的"寻找夜空中最亮的星"露营节活动吗？那时，我们一起通过望远镜看星空。不曾想，曾经的遥望，如今成了真实的征途。

2　就在前天中午 12 点 41 分，长征五号遥四运载火箭，托举着我国首次火星探测任务"天问一号"探测器，在中国文昌航天发射场点火升空，"天问"飞天！火星，我们来了！自此，我国迈出了自主火星探测第一步！

3　火星是离太阳第四近的行星，与地球邻近且环境最为相似，被认为是"人类未来移民的首选地"，是人类走出地月系统开展深空探测的首选目标。

4　"天问一号"探测器将在地火转移轨道飞行约 7 个月后，到达火星附近，并择机开展着陆、巡视等任务，进行火星科学探测。

5　同学们，天问一号是中国航天的骄傲，更是中国的骄傲。星空那么大，你想去看看吗？

6　今天是一（1）班杨嘉顺、一（3）班赵珈睿、四（1）班明思雨、六（4）班何鑫育 4 位同学和张艳萍老师的生日，祝你们生日快乐！

167

2020 年 7 月 26 日　星期天

少代会

1. 同学们好！7 月 23 日上午，中国少年先锋队第八次全国代表大会在北京召开。

2. 每 5 年召开一次的少代会是广大少先队员的光荣盛会。本次少代会采取了电视电话会议形式召开，在北京设主会场，在各省设分会场。全国参会代表 811 人，其中有 415 名少先队员代表、396 名成人代表。

3. 这次少代会主要是听取和审议第七届全国少工委工作报告，修改少先队章程，选举产生第八届全国少工委。

4. 少先队员是少先队小主人，齐心协力为集体的事情想办法、解难题、做服务，才能让队集体焕发新活力。今天的少先队员将成长为明天的共青团员、共产党员，我们要学先锋、做先锋，把红色基因一代代传承下去。

5. 同学们，"扣好人生第一粒扣子"，努力成长为能够担当未来民族复兴大任的时代少年！

6. 今天是大大（1）班孙攸宁，一（5）班刘桐语、郭美黎，一（8）班乔孙正，二（7）班潘柯韩、王汐闻，三（1）班李文志，三（2）班展寅峰、胡添翼，四（2）班李赫男，五（5）班姜羿辰、姜羿含 12 位同学和毛爱香老师的生日，祝你们生日快乐！

○ 时间颗粒度：一位校长的 60 秒 ●

2020 年 7 月 27 日　星期一

平凡

❶ 同学们好！平凡的泥土中培养出鲜活的生命，平凡的沙子中蕴含着宝贵的黄金。

❷ 小时候，大家都有许多梦想，想当宇航员，想当科学家，想功成名就，想闻名世界。但当你逐渐深入生活，你会发现这些梦想或许有些遥远，自己并不是超人，有输掉的比赛，有考砸的考试，或许明白，自己也许只是一个平凡人。

❸ 平凡就意味着失败吗？不是。平凡不代表没有努力，平凡不代表没有志气，正是因为无数平凡人的辛勤工作，社会才能正常运转。

❹ 做一个平凡的人也许不会引人注目，但能心无旁骛，踏踏实实做自己想做的事情，经过努力，也许有一天，你会突然发现，自己其实已经有了不平凡的成就。

❺ 平凡不等于平庸。甘于平凡，享受平凡，是一种乐观、积极、进取的生活态度，与不平凡比起来，父母、老师更希望你们健康快乐成长。

❻ 今天是一（4）班李紫涵、二（2）班张溢琳、五（1）班范子彧 3 位同学的生日，祝你们生日快乐！

成全

❶ 同学们好！暑假短暂分别，也许你会偶尔想念，但一开学咱们又会经常见面。而六年级同学已毕业离校，再见面就没往常那么容易，所以才更让人心有不舍，满怀祝福。

❷ 记得在举行六年级毕业典礼时，我见到一位老师，她叫姬贝贝，曾在艾瑞德工作过，教过本届毕业生，虽然因为工作变动离开了，但和同学们都一直相互惦念着。

❸ 毕业季，姬老师专程到校送别这届她曾教过的学生。虽然多年不见，但师生之间那份亲热让我看了都觉得很暖心。

❹ 同学们在班级端身正坐，用最热烈的掌声和最灿烂的微笑欢迎老师回来。宋媛老师在一旁看着自己的学生围拢着"前任"老师，一边感动得流泪，一边默不作声地拍照。

❺ 这是最真挚的情感，这是最温暖的成全。盛夏毕业季已经过去，我们将会迎来硕果累累的金秋季。

❻ 今天是大大（1）班马梓育、二（5）班周昊昊、三（5）班闫崇德、四（5）班焦弈璋、六（1）班牛天宇、六（5）班王一鸣6 位同学和赵亚琼老师的生日，祝你们生日快乐！

再见

① 同学们好！今天上午，幼儿园大大班小朋友将在报告厅举行主题为"再见，幼时光"的毕业典礼。

② 清晨，他们身着盛装，手牵父母，穿过记录成长的时光长廊，和列队的幼儿园弟弟妹妹们击掌道别，老师们为他们送上祝福。

③ 在充满回忆的照片墙前，大大（2）班王茗曦小朋友抽泣着说："老师，我不想走，我还想和您在一起！"还有同学来找我，要我把他们老师调到小学部工作。

④ 毕业典礼上，王彦月园长将逐一为小朋友们发放人生第一张毕业证书。4 年时光，他们从牙牙学语到表达流利，从小心翼翼到充满勇气，从不会穿衣到独立自主，从毫无规则意识到干净有序，毕业证书鉴定了他们的成长，他们将更好地迈向小学生活。

⑤ 孩子们，毕业不是终点，而是新的起点。希望幼儿园大大班的小朋友们在未来的路上，不惧困难，勇往直前。

⑥ 今天是大（1）班张宸赫同学和白露露老师的生日，祝你们生日快乐！

2020 年 7 月 30 日　星期四

志向

① 同学们好！最近一段时间，陆续公布的高考成绩成了大家讨论的热点，也使参加高考的一些特殊同学再次成为人们关注的焦点。

② 安徽考生郭师因为在高考前一天做了阑尾手术，无法正常行走，最后坐着担架进考场，完成了高考。据悉，郭师的高考成绩超过安徽省理科一本线 52 分。

③ 众所周知的马云，也是经历了两次中考、3 次高考、4 次创业，还曾在找工作时因为长相被拒绝多次。但是，坚持不懈的马云最终造就了现在的阿里神话。

④ 许多同学放假前都做了假期计划，目前暑假已经过去两周了，你们的计划是否在如期进行呢？每天在坚持读书吗？有没有在做力所能及的家务呢？去打理田园校区的"一亩地"了吗？

⑤ 同学们，志向都是源于对目标的坚持，源于对困难的克服。"有志者，事竟成"，愿每位同学都能成为有志向的"瑞德少年"！

⑥ 今天是二（5）班钱浩文、五（4）班何昊翔两位同学的生日，祝你们生日快乐！

2020 年 7 月 31 日　星期五

散学活动

1️⃣ 同学们好！今天是幼儿园的散学活动，是小朋友们最期待的活动之一。

2️⃣ 幼儿园的活动总是让人充满期待。往年盛夏 6 月的散学泼水活动，总能听到幼儿园小朋友和家长在操场上嬉戏、欢笑的声音。经过操场的我，偶尔还会被兴奋玩水的家长与孩子打湿。那一刻，湿的是衣，"嗨"的是心。我想，今年的活动会更让人期待。

3️⃣ 今年幼儿园散学活动主题为"'艾'在今夏，'体'彩童年"。以体育项目为主，分别有"炫彩一夏""沙地寻宝""轮胎迷宫"等 9 个项目的场景设计与展现，小朋友们可以参加不同体验活动。

4️⃣ 幼儿园苗晓洁老师为了能让小朋友有更好的体验感，忙碌一天后深夜到批发市场购买道具。

5️⃣ 散学活动如过节，老师们的用心，只为一次次活动的更好呈现，增强小朋友们的美好体验。祝福幼儿园散学活动圆满成功！祝福小朋友们开开心心！

6️⃣ 今天是大大（3）班孙恩熙、赵静雯，一（1）班方涵钰，三（6）班张博然，六（1）班李明悦，六（2）班武静姝 6 位同学的生日，祝你们生日快乐！

建军节

1 同学们好！今天是建军节。

2 建军节是中国人民解放军建军纪念日，定为每年的 8 月 1 日，由中国人民革命军事委员会设立，是为纪念中国工农红军成立而设的节日。

3 1949 年 6 月 15 日，又决定以"八一"两字作为中国人民解放军军旗和军徽的主要标志。

4 记得 2018 年评出的"感动中国十大人物"中，有 6 位是军人。或许参军前，他们是平凡得不能再平凡的普通人，但一旦穿上军装，这一切就都变得不再平凡。地震时他们冲在前面，疫情下他们坚守一线，洪水中他们昼夜奋战。他们总是在危难时刻奋不顾身，为我们遮风挡雨。

5 同学们，我们之所以能和平、幸福地生活着，很大程度是因为我们背后的军人。不管边疆海防还是生活日常中，都有军人的身影，他们为我们保驾护航，守住了我们的幸福安康。让我们一起致敬军人，他们是我们的"钢铁长城"。

6 今天是二（7）班张世锦、四（4）班韩沅梦、四（6）班张雅珊、五（5）班赵珈艺、六（3）班韦伊伊 5 位同学的生日，祝你们生日快乐！

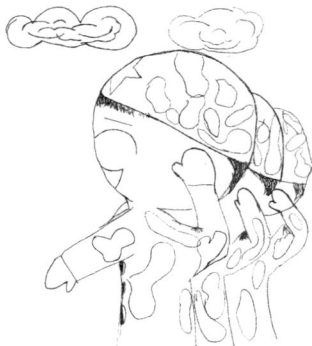

2020 年 8 月 2 日　星期天

鲲龙

① 同学们好！7 月 26 日，我国自主研制的大型水陆两栖飞机"鲲龙"AG600 在青岛附近海域成功实现海上首飞。

② 上午 9 点 28 分，AG600 从山东日照山字河机场滑行起飞，28 分钟后，抵达青岛海域上空。在完成回转、调整方向、加速、机头昂起等一系列动作后，迎浪腾空，直插云霄。

③ AG600 是目前世界上在研最大的水陆两栖飞机，也是中国首次研制的大型特种用途民用飞机。飞机一次最多能载 12 吨水，完成 4000 余平方米的救火任务，还可以水上停泊，实施救援，一次可救护 50 人。可谓"鲲龙出水，威震四海"。

④ 同学们，AG600 首飞成功的背后也经历了一拨又一拨人的坚守与尝试，设计人员克服了不少技术上的难点，他们交出了令人满意的答卷。

⑤ 愿同学们也拥有乘风破浪的勇气，交出属于自己的答卷。

⑥ 今天是中（1）班高珂欣、大大（2）班张梓豪、一（2）班连泽润、三（2）班秦梓洋、五（6）班王子豪、五（7）班孙睿熙 6 位同学的生日，祝你们生日快乐！

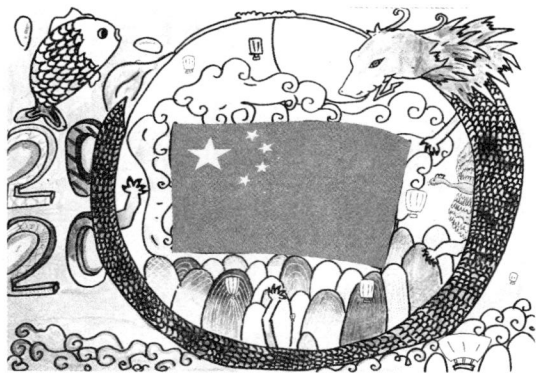

2020 年 8 月 3 日　星期一

除草

① 同学们好！暑假中，班级"一亩田"让人牵挂。几场雨过后，常会出现"草盛豆苗稀"的状况，这时班级除草小分队就会相约在"一亩田"里。

② 烈日炎炎，热浪滚滚，同学们和家长们顾不上天气炎热，干劲儿十足。他们分工协作，有的拔草，有的浇水，有的清运……汗水浸湿了衣背，他们却丝毫不减劳动的热情。

③ 一（7）班李瑞老师带着同学们在"一亩田"里除草后说："俯下的是身子，传承的是祖辈的勤劳。家长和孩子们走进田间，拔掉的是疯长的野草，满脸洋溢的是满足与欣喜。"

④ 六（2）班李怡斐同学已经毕业，当听说班级"一亩田"里长满杂草，淹没了他们亲手种下的蔬菜时，毅然带着妈妈一起到班级田里除草。

⑤ "君看百谷秋，亦自暑中结"，同学们，一分耕耘一分收获，凭着夏季的热烈和辛勤劳作，我们种下的希望一定会在秋天收获累累硕果。

⑥ 今天是一（2）班王丁茜、二（1）班詹皓宇、二（3）班孟令辉、三（1）班孙天乐、四（1）班丁家齐 5 位同学的生日，祝你们生日快乐！

　　　○　时间颗粒度：一位校长的60秒　●

继续

① 同学们好！暑期"21 天线上学科拓展营"在继续着。老师们以小组为单位一起研课、备课、录课、直播，精心准备。这样的互动模式，让同学们在假期也能调整好作息，继续保持好的学习状态。

② 暑期学习范围更广，更注重学科兴趣的拓展、知识的迁移和基本功的练习。形式也更丰富、更能紧密联系生活。比如："标点符号之美""柯南侦探体验记""英语俚语文化""一块玻璃的万年之旅"……通过系列主题专项学习激发同学们的学习兴趣。

③ 在这样的学习中，老师更关注同学们的笔记和课后资料的收集过程。五年级李春晓老师就分享了五（4）班李姿滢，五（7）班曹颖晖和赫子萱 3 位同学书写工整的笔记，是大家学习的榜样。

④ 同学们，让我们在暑假拉长的时光中继续另一种成长！

⑤ 今天是中（3）班王怡然、二（1）班徐嘉惠、四（6）班刘润潼、五（1）班龚梓栋 4 位同学的生日，祝你们生日快乐！

开通

1 同学们好。7 月 31 日，北斗三号全球卫星导航系统正式开通。自此，北斗系统迈入全球定位、导航新阶段。它除了拥有实时导航、快速定位的基本功能外，还具有精确授时、位置报告和短报文通信三大特色功能。

2 北斗导航系统颇具中国特色，它的功能体现了中国智慧，关键核心技术更是百分百"中国血统"。

3 在这个万物互联的时代，拥有精准统一、覆盖全球、不受制于人的国家级定位系统至关重要。如今我们终于可以自豪地说："中国已经自主、独立拥有了这样的系统。这感觉，真棒！"

4 昔日有指南之针，今日有北斗导航，这是中国智慧遥隔时空的接力，这是中国科技领先超越的呈现。

5 中国北斗，星耀全球。同学们，拥有真本领，成为追梦人，让我们一起脚踏实地，勇敢追梦，为振兴中华而努力学习。

6 今天是二（1）班彭梓桐、二（2）班李一谦、三（5）班李浩源、五（3）班李浩瑜、六（3）班王艺泽等 5 位同学的生日，祝你们生日快乐！

五件套

① 同学们好！今年暑假，你们亲爱的老师们没有放假，他们没有停下学习的脚步。"研""读""写""讲""种"是他们成长的"五件套"。

② 老师们每日阅读、练字打卡，在公众号上写作分享温度故事，聚在一起集体教研，研究儿童，研究课堂，研究教学。闲暇时还带着班级同学和家长到"一亩田"劳动。"五件套"是老师们成为最好自己的"铁布衫"。

③ 陈琳老师、李瑞老师、王冰老师、皇甫宜磊老师在假期里始终坚持用文字记录生活、工作中的美好点滴。

④ 白露露老师已经坚持每日阅读 430 天，她说："读着，成长着。边读边思考，书中的文字如绽放的花朵，开放在我的秘密花园里。"

⑤ 同学们，在暑假里，你们有没有属于自己的成长外套呢？例如：阅读、锻炼、劳动等，当成长的"外套"越来越多时，你们也会成为最好的自己。

⑥ 今天是一（2）班柳懿轩、三（3）班刘星宇、三（5）班崔译文、四（1）班马子尧、四（5）班张跃 5 位同学的生日，祝你们生日快乐！

2020 年 8 月 7 日　星期五

战胜

1. 同学们好！这个暑假，老师们除了在学校进行紧张的教研磨课外，还上了游泳课，由专业的游泳教练指导授课。

2. 对于部分老师来说，游泳是零基础，加上自身对水的恐惧，造成了对学习游泳的抵触。

3. 经过袁立龙老师和郭杰老师的悉心指导，他们逐渐掌握了正确的划水基本动作要领，手、脚、躯干以及呼吸相互协调，身体由起初的僵硬逐渐变得放松，进而达到身体上的平衡。经过几天的系统训练，有的老师已经彻底卸下包袱，战胜了刚开始的恐惧，能在水中畅游了。

4. 徐冠杰老师说："小时候我怕水，觉得游泳是天底下最难的事。直到今夏，在艾瑞德游泳馆学习了几天，竟然真的爱上了游泳，有一种'泳帽一戴，谁都不爱'的酷。"

5. 同学们，会游泳，是每个艾瑞德师生的标配。唯有战胜恐惧、战胜自我，才能更好地做好每一件事。

6. 今天是大（2）班陈一诺、一（3）班张祖赫两位同学和邓桂芳、李莉娟两位老师的生日，祝你们生日快乐！谢谢！

不一样

1 同学们好！当很多同学的暑假被兴趣班填满时，甘肃省武威市民勤县的石培昊同学却过着一个不一样的暑假，他的暑假里满是火热的阳光和蜜瓜的香气。

2 民勤县盛产蜜瓜，暑假正值蜜瓜丰收季节，石培昊同学主动为身体不好的爷爷奶奶分担农活儿，从摘到运，每天要在地里干 8 个小时。

3 当有人问他："每天在烈日下干那么长时间的活儿，累吗？"石培昊同学说："我不觉得累，这样的劳动是件有趣的事！"奶奶说培昊七八岁时就开始在地里帮忙干农活儿了，提起孙子，奶奶也是满满的自豪。

4 少年当自强，劳动最光荣。我们艾瑞德学子也和石培昊同学一样，是热爱劳动的好少年。田园校区的玉米、花生和红薯，正是因你们的辛勤劳动而成长，你们也在劳动中收获了一个不一样的暑假。

5 今天是大大（2）班王佳怡，一（3）班李欣怡，一（7）班孟畅，二（5）班王可儿，五（1）班彭柏霖、崔煜桐，五（3）班范梦瑶，五（7）班袁泽诚，六（5）班李昱霖 9 位同学的生日，祝你们生日快乐！

2020 年 8 月 9 日　星期天

热爱

1. 同学们好！近期，报考北京大学考古专业的湖南女孩钟芳蓉备受关注。她以 676 分的高考成绩获得了湖南省文科第 4 名。但是在填报志愿时，她选择了相对冷门的北大考古专业。

2. 有人认为她选择如此冷门的专业并不明智，未来就业发展可能会受到限制。但是钟芳蓉却说她从小喜欢历史和文物，并且受敦煌研究院名誉院长樊锦诗先生的影响而选择此专业。

3. 这件事引起考古界广泛关注，各地博物馆、考古机构和考古工作者纷纷发声支持她并送上祝福。

4. 樊锦诗院长还写信鼓励她："不忘初心，坚守自己的理想，静下心来好好念书。"她在给樊先生的回信中也表示："愿意追随脚步，找到心灵的归处。"

5. 同学们，能够找到自己热爱的事情并勇敢地坚持下去，是多么了不起啊！愿你们也能坚守初心，保持热爱，勇敢追寻。

6. 今天是小（3）班曹恩语、一（4）班李昱璇、三（2）班李晟泽、三（6）班郭亦冉 4 位同学的生日，祝你们生日快乐！

○ 时间颗粒度：一位校长的60秒 ●

改变

1. 同学们好！暑假时间过半，当你们在家享受快乐的暑期生活时，学校也在一点点地发生着改变。

2. 还记得去年暑假归来，你们看到芝麻街欣喜若狂的样子。今年暑假过后，一定还会给你们更多的惊喜。

3. 校门口两千多平方米的国旗广场将会换上漂亮"新衣"，你们将再也不用担心雨天路面湿滑了。一号教学楼二楼钢琴小广场、三楼书香小广场分别进行了升级改造，将会成为你们施展才华的小天地。那里将会举办语文诗歌比赛、数学财商课程、英语绘本剧、音乐个人秀、美术小型画展等。

4. 不仅如此，为了丰富少先队员的生活，我们还改建了少先大队活动室。

5. 同学们，改变了结构，就改变了功能；改变了观念，就改变了行为。芝麻街的小小改变，成了年级活动、学科活动、学生作品展示的"阵地"。开学后，你们会看到，改变的地方依然是你们展示的舞台、成长的平台。

6. 今天是六（5）班明伟伟同学和金手财老师的生日，祝你们生日快乐！

2020 年 8 月 11 日　星期二

写字

1　同学们好！暑期一开始，全体生活老师就自发组织每日写字打卡，至今已坚持 26 天。

2　龚俊平老师每日示范，其他 47 名生活老师同步书写，每日一首名诗，还附有一段教育名言。她们正在用这种方式继续学习、进步。

3　进步最大的要数张文英老师。练字第一天，她字迹歪歪扭扭，但到 12 天之后，字迹变得工工整整。她看到了自己努力的成果，更感受到了坚持的力量。她感慨地说："在写字过程中，不仅仅是字练得越来越好，心也越来越静。整个人没有以前那么浮躁了，慢慢地能够心平气和了。"

4　"研""读""写""讲""种"是艾瑞德教师成长"五件套"。生活老师也在用精进的态度，从写字做起，拒绝平庸，终身学习。

5　每一个梦想都值得尊重，每一份执着将换来收获。同学们，老师尚且如此，我们更要好好学习，写一手好字也是艾瑞德学生的基本功。

6　今天是小（1）班赵爽、大（2）班郑嘉懿、二（6）班李一燃、三（3）班郑智、四（2）班谢昱州、四（3）班李沐函、四（5）班郭冠彤、六（6）班任晨烨 8 位同学和贾路平老师的生日，祝你们生日快乐！

○　时间颗粒度：一位校长的60秒　●

纳贤

1 同学们好！随着学校发展的需要，暑期学校会招贤纳士，网罗人才，为学校教育事业添砖加瓦。

2 8 月 9 日，烈日炎炎，艾瑞德迎来 90 位新面孔，他们来自全国各地，有的毕业于名牌院校，有的是海归留学生，还有的工作经验丰富，获得荣誉无数。

3 一位来求职的老师说："我已经是第三次来艾瑞德应聘，一直被学校'干净、有序、读书'的校风所吸引，我喜欢学校'走自然生长教育之路，办有温度有故事学校'的价值追求，希望和学校同生长。"

4 这些来学校求职的老师，要想重重突围最终如愿，必须"过五关斩六将"，竞争非常激烈。我们通过笔试、面试、试讲、校长面谈等多环节遴选，目的就是找到匹配学校理念、让学生喜爱的好教师。

5 同学们，每一位教师都是珍贵的存在，招来好教师，才能培养好学生，希望你们都能成为好教师的好学生。

6 今天是一（1）班高睿，一（4）班冯雍耀，二（4）班郭宸蕴，三（1）班张满玉，五（5）班孟一航，六（4）班罗嘉和、贺晨曦 7 位同学的生日，祝你们生日快乐！

通知书

❶ 同学们好！8 月 10 日，中国科学院大学发出首份本科生录取通知书。

❷ 一起送达的还有一张黑胶光盘，里面刻录着来自宇宙深处的声音，这是该校师生通过中国天眼捕获的 15 颗脉冲星信号。面对这样的录取通知书，网友感叹："一秒置身星辰大海！"

❸ 今年，"好玩"的通知书层出不穷。打开清华大学的通知书，会出现一个栩栩如生的 3D 立体校门；南京大学随通知书附送一份"金边玫瑰"；北京航空航天大学通知书上有架小飞机；哈尔滨工业大学更是推出建校百年典藏礼盒装通知书。

❹ 无论是"校门书中藏"，还是"千里送飞机"，创意的背后是心意。对于被网友戏称"生于非典，考于新冠"的 2020 届考生来说，这样的通知书是通往未来最好的见面礼。

❺ 同学们，录取通知书是勤奋的见证书，也是追梦的承诺书。请相信，这张承载梦想的纸，会为努力奋斗的你而展开！

❻ 今天是大（2）班罗凯森、二（7）班伏震洲两位同学和张文青老师的生日，祝你们生日快乐！

不浪费

❶ 同学们好！近日，国家主席习近平对制止餐饮浪费行为做出重要指示。他指出，餐饮浪费现象触目惊心，令人痛心。尽管我国粮食生产连年丰收，对粮食安全还是始终要有危机意识。

❷ 2018 年 3 月，学校开展"光盘行动"，每个班都设立"就餐值日生"岗位，学生和老师一起落实推进。践行至今，全体师生已经养成了不浪费粮食的好习惯。

❸ "一放碗、二倒餐（餐余）、三放筷子、四放盘"也是每位瑞德学子最熟悉的口令之一，"光盘行动"已经成为全体师生的共识。

❹ "光盘行动"不仅大大减少了对粮食的浪费，还让同学们养成了良好的就餐习惯。曾有一位学生说："当我看到有人浪费粮食时，我会感到心疼。"

❺ 每一种食物都是大自然的馈赠，我们要牢记"谁知盘中餐，粒粒皆辛苦"，对食物永远怀着一颗敬畏之心，任何时候都不能浪费一粒粮食。

❻ 今天是四（4）班王一凡、六（7）班郭雨晗两位同学和刘影、杨海威两位老师的生日，祝你们生日快乐！

2020 年 8 月 15 日　星期六

广播体操

① 同学们好！记得在校时，每天上午 10 点，学校广播里铿锵有力的口令声响起，大家都精神抖擞地走向运动场，伴随着体育老师洪亮的声音，跟着节拍开始做广播体操。

② 广播体操的历史，要回溯到新中国成立之初，当时中国人平均寿命只有 35 岁。对大多数人而言，体育锻炼这个词是比较陌生的，当时只求吃饱穿暖。

③ 新中国成立后，国家提出希望通过全民运动，提高国民身体素质。1952 年 12 月 1 日，杨烈和刘以珍创编的第一套广播体操在全国各地的广播里正式播放。

④ 在以后的几十年里，广播体操逐渐融入健美操、武术、现代舞的元素，不断发展，为大家所喜爱。

⑤ 今天，全民健身、健康中国的理念已经融入大家的日常生活。希望同学们假期在家也要多做广播体操，加强锻炼，强身健体，过一个健康暑假。

⑥ 今天是大（2）班刘艺佳、大（4）班刘梓柔、一（1）班李柯予、四（2）班张鼎博 4 位同学和胡瑞杰、骆红、王佳瑶 3 位老师的生日，祝你们生日快乐！

足球小将

1 同学们好！在刚刚结束的第三届"中国足球小将"冠军挑战赛上，一支来自湘、鄂两省交界处，素有"湖南屋脊"之称的石门县第五完全小学三年级同学以 6：2 大比分击败对手，夺得全国季军。

2 足球小将骄人成绩的背后是艰辛与困苦。他们的球衣、球鞋，要在"好穿"的条件下选最便宜的，赶上商家打折时再买。训练场曾是水泥篮球场和煤渣跑道，摔一跤就出现一块流血的伤口。孩子们像弹簧一样摔倒又爬起，生怕浪费一秒钟。

3 让人难以想象的是部分孩子家里出不起比赛的路费，是学校和教练想办法"化缘"来贴补、减免的。

4 生活中的他们瘦小的个子，黝黑的皮肤，看上去有些拘谨。可在绿茵场上，他们以惊艳的战术和技法击败了一批少儿足球俱乐部、足球学校，跻身全国四强，堪称奇迹。

5 奇迹背后，一定是日复一日的磨砺与永不言弃的足球梦、冠军梦、少年梦。

6 今天是一（6）班刘嘉铭、四（3）班谭夕佳、五（3）班王浩宇、六（5）班胡文卓 4 位同学的生日，祝你们生日快乐！

榜样

1. 同学们好！8 月 11 日，国家主席习近平签署主席令，授予钟南山"共和国勋章"，授予张伯礼、张定宇、陈薇"人民英雄"国家荣誉称号。

2. 这是授予在抗击新冠肺炎疫情斗争中做出杰出贡献人士的国家最高荣誉。这些抗击疫情的国家英雄，展示了中华儿女众志成城、不畏艰险、愈挫愈勇的民族品格。

3. 时势造英雄，英雄造时势。在国家危难之时，需要英雄挺身而出、逆行而上，他们是民族的脊梁、时代的楷模，他们引领着时代的发展方向。

4. 17 年前，钟南山是抗击非典的"国之利刃"；17 年后，他是抵御新冠病毒的"国之战士"。84 岁的钟南山用实际行动书写了英雄故事和人间大爱。

5. 同学们，英雄是我们学习的榜样，从小学英雄，长大成英雄，今天的"四有"儿童，明天的祖国栋梁。

6. 今天是大大（1）班唐中轩、周博，一（4）班王峥溥，二（5）班孙丞泽，五（5）班江景轩，六（3）班张静雯 6 位同学的生日，祝你们生日快乐！

○　时间颗粒度：一位校长的60秒　●

创新思维

1 同学们好！创新思维就是打破常规，不人云亦云，在处理问题时，提供一条更高效、更省时省力省资源的解决方案的思维方式。

2 有一家制造公司，为了避免在流水线上发货时误把空箱子发出去，科研人员花了大量精力和物力制造出一款可以自动识别空箱子的机器。但这家公司的老员工仅仅是在流水线旁放了一个大风扇，空箱子会被吹飞，这就是另辟蹊径，有创新思维。

3 如何培养创新思维呢？首先，在日常生活中，要善于观察和发现，要有质疑精神；其次，要敢于突破旧的思维定式，要有自己的思考，自己的判断；最后，请记住，很多事情是没有标准答案的，我们需要从多角度看待问题。

4 创新是一个民族进步的灵魂，是一个国家兴旺发达的不竭动力，希望同学们都能成为具有创新思维、创新精神的创新型人才。

5 今天是一（4）班樊华瑜、一（6）班张恒通、三（5）班张了然、四（5）班孙华鑫 4 位同学和贾东辉老师的生日，祝你们生日快乐！

2020 年 8 月 19 日　星期三

蜕变

1 同学们好！今天给大家讲一个女孩"蜕变"的故事。来自辽宁的小秋今年 23 岁，幼年时不幸患病导致面部畸形。她的父母相继离世，姥姥上山采野枣供她读书。她从小的梦想就是当老师，后来努力通过了教师资格证笔试，却总卡在面试关，求职也屡屡受挫。至于原因，用她自己的话说，"就因为这张脸"。

2 童年的不幸，现实的打击，都没有使小秋放弃最初的梦想，她长期坚持义务为留守儿童辅导功课。

3 最近，在好心人的帮助下，她成功接受了整形手术，面庞秀丽的她笑起来特别好看。此时，她毅然放弃了留在大城市的绝佳机会，决定回到贫困地区当老师，以帮助更多孩子走出去。

4 这场蜕变与其说是帮小秋找回外在的美，不如说是让她内心的美更容易被看到。

5 教师最美的模样，绝不是漂亮的脸庞，而是直抵人心的温暖和善良。

○　时间颗粒度：一位校长的60秒　●

庆生

1 同学们好！8 月 16 日，一场特殊的"生日会"在重庆动物园举办。众多游客齐聚一堂，为世界上现存年龄最大的圈养大熊猫"新星"庆祝 38 岁生日。

2 1982 年 8 月大熊猫"新星"出生于四川省宝兴野外。1 岁时因走失被救护来到重庆动物园，现以 38 岁高龄成长为"世界之最"。

3 据统计，全球大熊猫中，寿命超过 30 岁的累计不到 30 只，现存的更是为数很少。大熊猫 1 岁大致相当于人类 3—4 岁，38 岁的"新星"相当于人类 114—152 岁，是不折不扣的"寿星"。

4 到 2019 年底，这位熊猫妈妈共生育后代 153 只，它们分别居住在全球 20 多个国家。"新星"是真正儿孙满堂的"太奶奶级"大熊猫。

5 大熊猫是国家一级保护动物，世界上野生大熊猫约 1600 只，圈养大熊猫只有 600 只，数量稀少。让我们在为"新星"庆生的同时，也想想如何保护大熊猫。

6 今天是小（2）班刘沐颜、一（1）班陈思言、一（2）班刘恩采、四（1）班周子权、五（5）班孙浩翔、六（4）班王天明 6 位同学和王仁娇、刘浩然两位老师的生日，祝你们生日快乐！

一桌好菜

1. 同学们好！江苏淮安 17 岁少年张爱民是一名烹饪专业的学生，暑假期间，他主动"承包"了家里的一日三餐。

2. 每天中午四菜一汤，他已经连续帮家里做饭 52 天。他说："平时都是妈妈做，暑假期间他们比较忙，我就主动帮他们做。"

3. 张爱民的父亲说，平时他们夫妻出去干活儿，孩子早上 7 点钟就去菜市场买菜。孩子这么懂事，自己觉得很幸福。张爱民则表示："父母那么辛苦，帮他们做饭，可以给家里营造一种很好的氛围，这是自己应该承担的义务。"

4. 为父母做菜是劳动，也是孝心表达。网友纷纷为张爱民点赞："真是孝顺的好孩子。""既锻炼了专业能力，又可以让父母开心。"

5. 同学们，学校开设了丰富多彩的家政课程，其中就有"做一桌好菜"。暑假马上就要结束了，同学们可以拿出看家本领，让家人因为你的劳动而"团聚在餐桌，幸福在心间"。

6. 今天是四（6）班张函语，五（4）班吴亿博，六（3）班王赵涵、国际班中阶宋予博 4 位同学的生日，祝你们生日快乐！

抗癌厨房

① 同学们好！你们听说过抗癌厨房吗？

② 在江西省肿瘤医院隔壁的小巷子里，有一间露天厨房，被人们称为"抗癌厨房"。厨房经营者万佐成和熊庚香夫妇于 2003 年至今一直坚持为前来做饭的人免费提供炉灶、炊具等。

③ 17 年来，这间抗癌厨房滋养了无数病人和家属的身心。前来做饭的人群中，有丈夫做给妻子吃的，有子女做给父母吃的，也有自己做给自己吃的。空闲时，大家会聊聊天。常去做饭的阿梅说："每次来这里，都给了我再次踏进医院的勇气。"

④ "抗癌厨房"不仅为病人和家属提供了生活支撑，也让很多远道而来求医的人节省了生活开支，吃到了家里的味道，更是一种莫大的慰藉。让原本一个人的抗癌路，变成了一巷子人的并肩作战。

⑤ 同学们，人间烟火味，最抚凡人心，老万夫妇用爱和希望照亮了很多人，也愿他们被岁月温柔以待！

⑥ 今天是中（2）班瞿子彧、白梓晟，五（7）班王元昊，六（4）班曾宪梓 4 位同学和杨烁老师的生日，祝你们生日快乐！

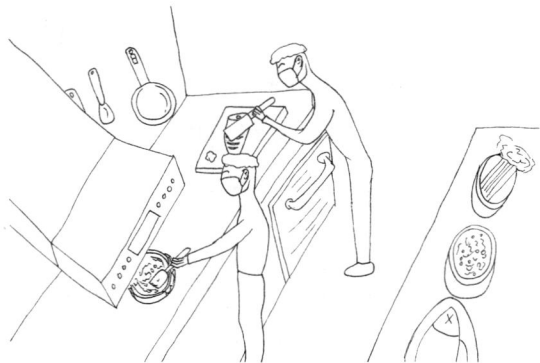

2020 年 8 月 23 日　星期天

探险家

① 同学们好！日前，一段名为《轮椅少年挑战跳伞潜水》的视频广受关注。8 月 19 日，这位"轮椅少年"拿到 HSA（Handicapped SCUBA Association，有障人士潜水）潜水证，成为我国第一个患有肌肉病的持证潜水员。

② 他叫方坚泽，患肌肉萎缩症的他从小梦想成为一名探险家，虽然身体受限，但他未曾放弃追梦。为完成潜水梦想，他每天骑车 5 公里，并坚持做康复运动，只因"大海是自己非常想去的地方"。

③ 2019 年，方坚泽完成了第一次跳伞，这次经历让他明白真正的障碍在自己心里，内部动力才是解决问题的关键。

④ 冲破云层，潜入海底，回到陆地的方坚泽还推动了很多无障碍建设。目前，22 岁的他正备考心理学研究生，希望帮助跟自己一样的患者。

⑤ 同学们，真正的探险家要先翻越内心障碍，才能征服高山大海。不让梦想跌入"险境"，不让人生渐渐"搁浅"，学习方坚泽，我们都能成为探险家！

⑥ 今天是中（2）班刘安琪，一（1）班陈婉清，三（2）班田家佑，四（3）班李舒祎，四（5）班朱梦涵，六（3）班谢佳慧、王政玖 7 位同学和王艳培、龚涛两位老师的生日，祝你们生日快乐！

○　时间颗粒度：一位校长的60秒　●

逆风少年

1 同学们好！辽宁沈阳男孩王唯佳是一名庞贝病患者，这种病学名叫 II 型糖原贮积症。

2 得病以后，王唯佳脊柱变形越来越严重。走路，跑跳，对他来说都是奢望，甚至有时睡觉都必须佩戴呼吸机，否则就会出现呼吸暂停。

3 即使如此，他丝毫没有放松学习，一直保持成绩优异。进入高中后，他更加努力。上课时，他经常得用力扶着桌子。顺着脸颊淌下的每一滴汗水都见证了他的乐观与坚强。

4 就是这样一位少年，今年高考以 662 分的好成绩被南开大学录取。高考后，唯佳同学利用假期回馈社会，每天给同村的 6 个孩子免费辅导高中课程。

5 "命运以痛吻我，我却报之以歌"，唯佳说，他要感谢每一位支持他逆风飞扬的好心人。同学们，唯佳同学身残志坚、与命运抗争的精神值得我们学习。

6 今天是一（8）班李泽睿、三（4）班张墨淳、三（6）班叶多地、六（7）班赵栩硕 4 位同学和苗玲玲老师的生日，祝你们生日快乐！

2020 年 8 月 25 日　星期二

七夕

1 同学们好！今天是农历七月初七，是七夕节，也叫"乞巧节"或"女儿节"。

2 七夕节在我国已有很长历史，唐诗中有"阑珊星斗缀珠光，七夕宫娥乞巧忙"，2006 年 5 月 20 日，七夕节被国务院列入第一批国家级非物质文化遗产名录。

3 这是中国诸多传统节日中以民间传说为载体、最具浪漫色彩的一个节日。传说中牛郎与织女的坚贞感情感动了喜鹊，无数喜鹊飞来，用身体搭成一道跨越天河的鹊桥，让牛郎织女在天河相会。

4 鹊桥相会是仪式感的一种表达方式，在这具有浪漫色彩的日子里，我们怎样才能把平淡的日子过得更有仪式感呢？可以是与爸爸妈妈的一顿烛光晚餐，也可以是葡萄架下的促膝长谈……

5 同学们，愿我们每一个家庭厨房有烟火，餐桌有笑语，你们都将收获无尽宠爱。

6 今天是小（1）班庄洛、一（2）班魏在希、一（4）班郭沛霖、一（6）班董潇栎、二（7）班刘怡妏、四（2）班张科诺、国际班初阶李芸睿 7 位同学和梁玉峰、马宣丽两位老师的生日，祝你们生日快乐！

毕业照

1. 同学们好！近日，重庆女孩代敏大学毕业了，她选择了一个很特别的方式拍毕业照，那就是带着自己 85 岁的奶奶，回到校园一起拍照。

2. 代敏说，她很珍惜和奶奶在一起的时光，她希望和奶奶一起去看看她的大学，留下美好纪念。于是，她带着奶奶在教室里，在操场上，在每一个她走过的地方，拍下一张张暖心的照片。

3. 当 85 岁的奶奶听说孙女要带自己去大学拍毕业照时，她高兴得像个孩子，一路上都很兴奋。

4. 照片里，奶奶和孙女的快乐溢出了屏幕。网友们看了之后，表示奶奶太可爱了，这样的祖孙情令人羡慕。

5. 同学们，家有一老，如有一宝。有一种幸福是"我已经长大，您身体还很好"。这个假期相信许多同学都得到了爷爷奶奶、外公外婆的照顾，希望同学们做些力所能及的事，以表达对他们的爱与感恩。

6. 今天是大大（3）班朱梦彤、二（7）班魏千翔、三（5）班陈怡宁、五（4）班谢一丹、六（5）班席硕 5 位同学和赵雪霞、张明两位老师的生日，祝你们生日快乐！

2020 年 8 月 27 日　星期四

耐烦

1. 同学们好！今天是"校长 60 秒"陪伴大家 200 天的日子，我想和大家分享一下"耐烦"这一话题。

2. 2 月 10 日，第一期"校长 60 秒"播出，我与你们"相聚在云端"，同时也有了"耐烦的开端"。1 分钟，60 秒，300 字，十几遍……清晨，日落；灯下，窗前……我曾无数次为录错一字"拍案而起"，也曾为自己的"南京普通话""黯然神伤"。

3. 这时，一位叫"耐烦"的老朋友便会落在我身旁，告诉我别着急，要耐心。

4. 寻找话题，整理材料，字斟句酌，形成录音……如今我已能心平气和地完成每期"60 秒"，就好比科学家做实验，作家写文章，要坐得住，沉下心。

5. 同学们，"耐烦"背后是"爱"在加持，"耐烦"前面是"做"在打底。当你们想放弃时，请听听"校长 60 秒"。让我们一起与"耐烦"握手，做时间的朋友，将岁月铺成红毯，见证每个珍贵的 200 天。

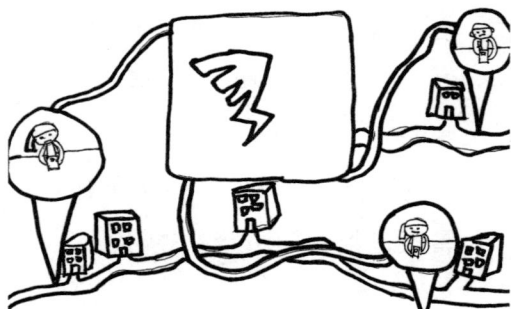

6. 今天是小（3）班李昭辰、一（3）班张芸溪、六（7）班王梓龙 3 位同学的生日，祝你们生日快乐！

○ 时间颗粒度：一位校长的 60 秒 ●

2020 年 8 月 28 日　星期五

疫情防控

1 同学们好！距离开学的日子越来越近了，你都做了哪些准备呢？

2 为迎接开学，学校疫情防控小组于 8 月 15 日就开始准备各项防疫工作，并结合上级要求，对学校新学期开学前后师生健康管理工作做出重要部署。重启了打卡系统，自 8 月 18 日起，全校师生需要通过打卡进行健康管理。

3 目前学校已做好防疫物资储备。同时，幼儿园、小学及后勤中心已全面启动校园消杀工作，对空调系统做了全面清洁和维护。

4 全体生活部老师已到校上班，完成对新生床品三件套的清洗和消毒工作。此间，学校将严格执行出入校园制度，做好疫情防控风险排查，为新学期保驾护航。

5 同学们，疫情并未结束，还有很多人默默坚守在防疫一线，让我们时刻提高防控意识，做好健康打卡，一起迎接新学期的到来！我在学校等你们！

6 今天是小（3）班丁子琛、二（5）班杨晶婷、二（6）班刘振宇、三（2）班吴忠岳、王子萱、三（3）班周跃宽 6 位同学和翟会玲老师的生日，祝你们生日快乐！

C 位

1 同学们好！最近，在连云港市灌云县实验小学六年级 12 个班的毕业照上，坐在 C 位（核心位置）的不是校长和老师，而是一位警察。他就是一直在校门口护送学生的灌云县公安局辅警侍东亮。

2 6 年前，从侍东亮上岗的第一天起，每天上学时段他都会提前到岗，指挥交通、疏导车辆。放学时，他都要用他标志性的小跑护送学生安全通过马路，直到最后一位学生离校。

3 侍东亮在学校门口值岗的这些年，学生、教师、家长都对他的尽职尽责心怀感激。6 年里他收到一百多位家长写给他的感谢信和 6 面金灿灿的锦旗。老师和同学们把他请到了毕业照的 C 位上，也用这样的方式表达着自己的感谢。

4 同学们，在艾瑞德校门口守护我们的还有身穿黄马甲的家长志愿者，他们也是我们要感谢的 C 位守护神。感谢每一位守护孩子安全的家长志愿者，你们辛苦了！

5 今天是一（8）班刘章含，四（2）班陈金尚，五（4）班李嘉和，六（5）班王诗琪、师晨阳，六（7）班郭强 6 位同学的生日，祝你们生日快乐！

劳动奖章

1 同学们好！学校设立了"瑞德少年"奖项后，一枚枚小小的奖章，成了许多同学心中为之拼搏的梦想。本学期学校将设立"劳动奖章"。

2 幸福是奋斗出来的，劳动是光荣的。在校园中、教室里、楼梯间，扫地、拖地、整理、擦抹的身影比比皆是，同学们用干净、有序迎接美好的一天。校园"一亩田"中，同学们开垦、播种、浇水、除草、收获，一幕幕劳动的场面让人感动。周末在家，同学们又用劳动诠释着感恩和孝心。

3 低下头，弯下腰；流下汗水，收获成长，劳动已成为我们的习惯，学校也涌现出一大批热爱劳动的好少年。"劳动奖章"也将鼓励那些尊重劳动、热爱劳动、坚持不懈参与劳动、珍惜劳动成果的同学。

4 一枚小小奖章的背后是梦想，是努力，是进取，是榜样。新学期，这枚劳动奖章需要你用劳动的汗水来浇灌。加油吧，奖章就在不远的前方等你！

5 今天是大（1）班白一宸、郭佳霖，四（3）班王皓东，四（5）班刘思懿4位同学的生日，祝你们生日快乐！

想成为什么

1　同学们好！今天正式开学啦，你们想校园了吗？安静校园又迎来了你们的欢声笑语、叽叽喳喳，这才是校园应有的模样。我们欢迎老生返校，更欢迎 226 名一年级新生和少数插班生的到来。

2　国旗广场换上了"新装"，二楼"钢琴厅"、三楼"彩虹桥"做了全方位、立体式的形象升级。学校将为你们搭建更多平台，等着每一位同学的精彩绽放。我们要感谢暑假仍兢兢业业工作的学校维修组老师们。

3　新班级，迎来了新同学；新学期，更要有新气象。我们要定下新学期目标，想想我们这学期想成为什么。比如我本学期的目标是成为一个瘦子。

4　刚刚获得"人民英雄"国家称号的张伯礼院士寄语同学们："在开学之际，开启我们新的精彩，祝愿同学们用自己的勤奋和智慧，不断超越自己，好好学习，天天向上。"

5　亲爱的同学们，你们准备好了吗？

6　今天是中（1）班连熙睿、赵俊哲，三（4）班王嘉懿，六（3）班马悦然4位同学和刘海涛老师的生日，祝你们生日快乐！

开学第一课

1. 同学们好！新的学期开始了，你们的班龄也增加了。前日的报到、昨日的开学典礼、今日的开学第一课，都是新学期标配。

2. 校园里熟悉的铃声、琅琅的读书声、老师殷切的叮嘱声，交织着美好新学期的幸福开端。各年级、各学科的开学第一课接踵上演。围绕"少年强，中国强"的核心主题，链接学科、链接班级、链接新学期，激励梦想，增加信心，努力学习。

3. 中央电视台自 2008 年开始录制面向全国学生的《开学第一课》，深受同学们喜爱。据了解，"人民至上、生命至上"是本次《开学第一课》传递的价值理念。

4. 钟南山院士将携手抗疫英雄讲述抗疫故事，弘扬抗疫精神。北斗三号导航卫星总设计师谢军将讲述北斗卫星在抗疫中发挥的作用，展现科学的力量。

5. 《开学第一课》是献给全国学生的一堂教育课。同学们，今晚 8 点，让我们一起观看。

6. 今天是小（3）班崔羽禾、中（1）班郭宸佑、大（2）班徐艺嘉、一（6）班马梓萌、二（5）班雷浩洋 5 位同学的生日，祝你们生日快乐！

2020 年 9 月 2 日　星期三

一年级

1 同学们好！每到 9 月，我们就会迎来新同学。从此，他们将在艾瑞德开启一段美好的童年旅程。

2 周一上午，我们举行了活泼、隆重的开学典礼。当我按响了开学铃声，就预示着新学期正式开始了。一年级 7 个新生方队，迈着矫健步伐走向国旗台。朝气蓬勃的孩子们，满怀憧憬与激动的心情开始了正式的小学生活。

3 在教室里，他们互相介绍，认识彼此，握一握手，拍一拍肩，说一声："嘿，很高兴认识你。"希望孩子们在班级里能很快交到好朋友，让友爱的种子为校园生活增添更多精彩。

4 其他年级的哥哥姐姐也很期待一年级新生的到来，希望你们在这个温馨的大家庭里快乐成长，绽放各自不同的精彩。

5 你好，新学期！你好，一年级！本周进行一年级习惯课程学习，我希望你们尽快养成好习惯，成为好学生。

6 今天是中（2）班王子萱、大大（2）班张琳杉、一（5）班李朱娣、三（3）班宋卓远、三（6）班刘骁威、五（5）班张学源 6 位同学和孙超老师的生日，祝你们生日快乐！

○　时间颗粒度：一位校长的60秒　●

胜利

1 同学们好！开学第一周，大家喜气洋洋来到学校，走进新班级，迎接新同学。而今天也是全国人民抗日战争胜利75周年纪念日，值得我们铭记。

2 1945年9月2日，日本代表签署了投降书。9月9日，当时的国民政府举行"二战"中国战区受降仪式，日本侵华日军总司令冈村宁次正式向中华民国政府呈交投降书。这不仅标志着抗日战争的胜利，而且标志着世界反法西斯战争的全面胜利。

3 2014年2月25日，十二届全国人大常委会第七次会议审议确定中国人民抗日战争胜利纪念日的决定草案，以立法形式确定9月3日为中国人民抗日战争胜利纪念日。

4 同学们，幸福生活来之不易。新学期《开学第一课》的主题是"少年强则国强"，少年有担当，祖国未来强。

大家正是读书学习的好年华，希望你们在学校认真学习，增强本领，长大后能够成为祖国的栋梁，为祖国强大做出自己的贡献。

5 今天是二（5）班潘怡瑾、二（6）班李俊熙、四（1）班李华天、四（3）班李奕帆4位同学和王冬丽老师的生日，祝你们生日快乐！

2020 年 9 月 4 日　星期五

有序

1. 同学们好！新学期第一周的校园生活即将结束。你们用实际行动展现了瑞德学子良好的精神风貌。比如："光盘行动""走路一条线"、上下楼梯靠右行，以及随处可见的读书、劳动的身影，让我感受到坚持的美好和一开始就积极的力量。

2. 一年级新同学也在慢慢适应小学生活，教室里的琅琅读书声、操场上的轻快欢笑声，声声入耳。一周习惯课程，你们已经学会了身穿就餐服按照指定路线有序进入餐厅就餐，以及见到老师主动问好、行鞠躬礼等。

3. 校园中，有序，已经成为同学们应有的模样，成为新学期美丽的风景。

4. 同学们，"少年易老学难成，一寸光阴不可轻""未觉池塘春草梦，阶前梧叶已秋声"。新的学期，让我们一起践行"干净、有序、读书"的校风，做一个有理想、有本领、有担当的新时代儿童。

5. 今天是大（2）班朱钰睿、二（3）班申嘉涵、三（1）班吉宜霖、三（6）班于承泽、四（1）班王浩宇、五（4）班王煜锋6 位同学和王桂玲、霍莹两位老师的生日，祝你们生日快乐！

收银台

○　时间颗粒度：一位校长的60秒　●

揭秘

1　同学们好！最近两天，总有同学好奇地问我："新学期第一天，在'蔷薇之门'热情打招呼的熊大和小猴子，是哪位老师扮演的？那憨态可掬的样子真是太令人兴奋了。"还有同学说，他与人偶的合照被爸爸打印出来，贴在床头，看着就让人开心。

2　当天，气温高达 34℃，身着夏装都感觉酷热难耐，而他们为了迎接同学们返校，穿戴着厚厚的不透气的人偶服饰，汗如雨下，瞬间就能浸透衣服。这一穿戴就是一上午，其中滋味不言而喻。

3　现在，我来揭秘一下人偶里可爱的老师们是谁。他们是体育组袁立龙、徐云鹏、李莉娟和柳文杰四位老师。事后，我采访过他们，几位老师都说："只要学生开心就是最大的快乐。"感谢四位老师的付出！

4　这就是艾瑞德国际学校的老师们！为了开学的仪式感，他们用"爱"叙写温度和故事，用"做"践行教育的意义和美好，在平凡的岗位上发着光和热。

5　今天是三（1）班魏晨阳、三（2）班曹峻领、三（7）班等张虎鸣3位同学和权佳老师的生日，祝你们生日快乐！

运动

① 同学们好！最近，"罗汉爸爸"频上热搜，成为"最火"爸爸。原因是他要求 9 岁的儿子罗汉每天有足够户外运动，不玩够两小时不准做作业。而且，罗汉没有上暑假补习班，而是玩各种户外游戏，滑雪、爬树、驾驶皮划艇、做荒野训练等。这一点可能会让很多家长不解。

② 科学研究显示，青少年每天运动两小时，能很大程度上降低近视率，提高免疫力，增强自信心，强身健体，磨炼意志……

③ 学校每天的早操、课间操、环形跑、韵律操等课外活动以及拓展课叠加设计，也是为了保证同学们户外运动达到两小时。而我也从本周一开始，每天早上进行 30 分钟的跑步锻炼。

④ 本学期，"艾运会"已正式启动，借此契机，希望同学们积极参与，现在就开始准备。

⑤ 不跑不跳怎为学校？身体不强难为栋梁！希望同学们未来都成为心灵健康、身体健壮的祖国栋梁。

⑥ 今天是中（1）班李佳玥，一（2）班王承逸，一（6）班李想，三（3）班李卓轩，三（6）班张家宁，四（2）班张雨泽，五（6）班曲印东，六（7）班魏千皓、刘钰祺 9 位同学的生日，祝你们生日快乐！

2020 年 9 月 7 日　星期一

掌声

1 同学们好！最近，我在校园里经常能听到阵阵掌声。

2 开学典礼上，四（5）班闫崇德同学一字不落地背完《出师表》，雷鸣般的掌声阵阵响起，这不仅是对他精彩背诵的赞许，更是对他勤奋努力的肯定。

3 全校师生观看央视《开学第一课》，钟南山院士讲述抗疫故事的时候，同学们不禁报以阵阵掌声，这是发自内心的共鸣。此刻的掌声不仅表达了对医护工作者的感谢，更包含了作为中国人的骄傲。

4 每每经过连廊，看到年级集会，表扬集会"快、静、齐"的时候，同学们都会给以阵阵掌声。这是对大家践行校风的鼓励，更是同学们对良好习惯的认可。

5 掌声成了校园最美好声音，我们在为别人鼓掌，也是在为自己立下榜样。掌声，给人动力；掌声，给人力量；掌声，给人信心。我们要学会鼓掌，为别人的好鼓掌，也为自己的好鼓掌。掌声响起来，我们更精彩。

6 今天是中（2）班阎瑜柯、大（1）班万潇繁、大大（2）班李雨桐、四（2）班田烁冉、六（3）班李君毅、六（4）班王子琰 6 位同学的生日，祝你们生日快乐！

农民丰收节

① 同学们好！还记得开学初校园里的丰收场景吗？金色的南瓜、黄黄的玉米、饱满的大蒜等，那是师生们用田园校区里丰收的果实搭建起来的。

② 秋天，是一个丰收的季节，田园校区里的南瓜、红薯、玉米、花生等农作物迎来了收获，那是你们劳动的成果，令人喜悦。

③ 为了庆贺丰收，我国自 2018 年起，设定秋分节气为"中国农民丰收节"。今年，自 9 月 7 日起，丰收消费季活动已陆续启程。9 月 22 日，"庆丰收、迎小康"第三届农民丰收节将在山西省运城启幕。丰收节上，不仅有"瓜果飘香""五谷丰登""品尝美食"等活动，还有农民朋友欢歌笑语的幸福路、收获路的分享。

④ 丰收，需要春天播下种子，夏天除去荒草，用汗水浇灌禾苗，用劳动收获喜悦。

⑤ 同学们，此时，我想问问，你们的"班级一亩地"丰收了吗？

⑥ 今天是一（4）班周宸宇，二（4）班龚恩熙，三（1）班张筱悠，四（3）班余浩谦，四（4）班李周桐、王泽方，六（2）班张恒语 7 位同学和刘俊霞、吴蒙蒙两位老师的生日，祝你们生日快乐！

致敬

1. 同学们好！昨天上午 8 时许，在人民大会堂北门外，高擎红旗的礼兵分列道路两侧，肩枪礼兵在台阶上庄严伫立，青少年热情欢呼致意，静候四位国家功臣的到来！

2. 上午 10 时，全国抗击新冠肺炎疫情表彰大会在人民大会堂隆重举行。表彰会上，授予钟南山"共和国勋章"，授予张伯礼、张定宇、陈薇"人民英雄"国家荣誉称号。

3. 《中华人民共和国国家勋章和国家荣誉称号法》规定，"共和国勋章"和国家荣誉称号将授予在各领域做出重大贡献、享有崇高声誉的杰出人士。

4. 在惊心动魄里走向抗疫战场，在鲜花掌声中接过荣誉勋章。致敬，每一位向险而行的白衣勇士！致敬，每一个挺身而出的人民英雄！

5. 同学们，希望你们佩戴着"瑞德少年"奖章，有朝一日担当大任，赢得国家勋章。现在好好学习，未来成为国之栋梁。

6. 今天是大（3）班孙慕宁、一（6）班李佳颖、四（1）班陈怡宁、四（6）班梁永平 4 位同学和郭菊先老师的生日，祝你们生日快乐！

2020 年 9 月 10 日　星期四

教师节

1. 同学们好！今天是 9 月 10 日，是第 36 个教师节。清晨的校园洋溢着浓浓的节日氛围，老师们带着节日的愉悦和甜蜜开启美好的一天。校门口，我和管理团队手捧软软的抱枕，为老师们送上节日的礼物与祝福。

2. 国家设立教师节，这是尊师重教的国家立场，这是教师的职业荣光。今年教师节主题为"立德树人奋进担当，教育脱贫托举希望"。

3. 教师肩负着立德树人、教书育人的光荣使命。教书育人在细微处，举手投足彰显职业素养，朝思暮想心系学生成长。

4. 老师与学生的关系就是爱与被爱的关系。老师是同学们成长的领路人，没有老师的爱护与教育，我们难以健康茁壮地成长。因此，尊敬老师，是每一个学生的义务。

5. 亲爱的同学们，每一位教师都是珍贵的存在，让我们一起祝福艾瑞德老师和天底下所有的老师节日快乐！

6. 今天是二（3）班石昕航、部赛宇，二（6）班沙欣燃，三（3）班贾郑冉，三（7）班张峻赫，四（3）班唐启轩，四（4）班周瑞涵、周瑞彬 8 位同学的生日，祝你们生日快乐！

○　时间颗粒度：一位校长的60秒　●

2020 年 9 月 11 日　星期五

独立

1 同学们好！开学两周了，你们都适应学校生活了吧？

2 9 月 5 日，西安一所大学为鼓励 5500 多名新生独立到校，特别设置"独立新生奖"。凡是当天无须家长陪同、独自前来报到的新生，将获得证书和奖品。

3 作为一名小学生，我们还不具备独自上学的能力，但是我们可以量力而行，做一些力所能及的事情。比如说，自己的书包自己背，自己的行李尽量自己拿。

4 最近，我在来学校的路上，会碰到很多来上学的小学生。我发现艾瑞德的学生绝大多数能够做到自己背书包上学，甚至幼儿园小朋友都做得很好。我真为同学们感到高兴！

5 具备独立意识，是实现自我管理的第一步，也是我们艾瑞德学子必备的素养。自己的事情自己做，让我们一起将这个好品质坚持下去。今日背起了书包，明日才能背得起天下。同学们，独立，就从自己的书包自己背开始吧。

6 今天是一（3）班左沁言、二（7）班宋家辉、三（1）班简羽墨、六（4）班姚尚泽 4 位同学和王萌萌、孙培培两位老师的生日，祝你们生日快乐！

2020 年 9 月 12 日　星期六

钟南山

❶ 同学们好！从今天开始，我将连续 4 天和你们聊聊英雄的故事。今天要讲的是"共和国勋章"获得者钟南山爷爷。

❷ 钟南山，既是院士又是"战士"，是抗击新冠肺炎疫情的"主心骨"，今年已经 84 岁高龄。

❸ 其实，早在 2003 年中国抗击"非典"疫情时，他已是抗疫战线领军人物。疫情面前，他劝阻大家隔离的同时，自己却冲锋在最前线。他说："作为医生，我体会最深的是生命至上，是在新冠肺炎救治中不放弃每一个生命。在保护人民生命安全面前，我们必须不惜一切代价，我们也能够做到不惜一切代价！"他视生命至上，国家至上。

❹ 就在前几天，他被授予国家最高奖——"共和国勋章"，这份荣誉，他当之无愧！

❺ 同学们，面对疫情，钟南山爷爷敢医敢言，讲真话、做实事，这是对党、对国家、对人民最大的忠诚。他是我们该学习的楷模和榜样！

❻ 今天是中（2）班王梓安，六（2）班黄圣迪、涂留源 3 位同学和张文芳老师的生日，祝你们生日快乐！

张伯礼

1 同学们好！今天让我们走近第二位英雄——"人民英雄"国家荣誉称号获得者、中国工程院院士、天津中医药大学校长——张伯礼。

2 张伯礼院士在疫情期间，用自己的专业，指导中医药介入新冠肺炎救治，主持研究制定的中西医结合疗法成为此次抗疫亮点。中医药凭借出色表现，实力"圈粉"。

3 虽身兼数职、工作繁忙，但 72 岁高龄的张伯礼院士仍然坚持每周出三次门诊，每次门诊 30 人。身体再累，他都会耐心看完所有病人。有次看到晚上 9 点，他依然不急不躁，对待病人就像对待亲人一样耐心。

4 患者评价说："他是一个有温度、相处起来让人感到温暖的人！"

5 同学们，张伯礼院士用实际行动诠释医者精神，医术固然重要，但高尚情操、仁爱之心更重要。大医精诚，医者仁心，这才是我们要尊敬的时代偶像、国家栋梁！

6 今天是二（8）班王铮澄、三（7）班杨浩田、四（1）班常琪冰怡、四（5）班王世博、四（6）班张展瑞 5 位同学和廖伟萍、陈卓两位老师的生日，祝你们生日快乐！

张定宇

❶ 同学们好！今天我们要认识的第三位英雄是获得"人民英雄"国家荣誉称号的张定宇医生。

❷ 他是湖北省卫健委副主任、武汉市金银潭医院院长。金银潭医院是武汉市唯一一家传染病专科医院，也是此次疫情中的"风暴之眼"。疫情期间，身患渐冻症的他带领医院干部、职工救治患者 2800 余名。

❸ 如果没有疫情，没有人知道他正在与渐冻症做斗争。渐冻症是一种无法医治的罕见病，严重时甚至威胁到生命。即使这样，他依然冲锋在前，和时间赛跑，救治病人。

❹ 他说："人的生命是有限的，为人民服务是无限的。"他带领团队在近乎达到极限的工作中挽救病人生命的同时，也诠释了自身生命的无限可能。

❺ 同学们，张定宇医生的故事告诉我们，面对困难，不但要有勇往直前的品质，还要有传递精神和力量的意志，这样才能让宝贵生命实现它璀璨的价值。

❻ 今天是三（1）班赵韵岚、三（6）班张予佳、六（1）班章知行 3 位同学和任炎敏、李娜两位老师的生日，祝你们生日快乐！

陈薇

1 同学们好！今天是英雄故事的第四天，我们来聊聊"人民英雄"国家荣誉称号获得者陈薇院士。

2 她是少将，是中国工程院院士，是中国首席生化武器防御专家，是"距离病毒最近的人"。

3 疫情期间，她率领团队于第一时间奔赴武汉研发新冠疫苗，这款疫苗于 3 月 16 日进入人体实验阶段，因此中国成了全球新冠疫苗研发最快的国家。早在 2003 年，她曾用 50 天时间研发出抗击非典的"灵丹妙药"。2014 年，埃博拉疫情在非洲肆虐，第一支埃博拉疫苗也诞生在她的手里。当时非洲流传着这样一句话："别人都因为埃博拉走了，中国却因为埃博拉来了。"

4 面对疫苗研发，她曾说："除了胜利，别无选择。"

5 同学们，没有从天而降的英雄，只有挺身而出的凡人；真正担起民族重担的，从来不是那些光鲜靓丽的明星，而是如陈薇这般默默无闻的无双国士！

6 今天是二（5）班陈奕郡、四（3）班王云尘、六（6）班陈昱栋 3 位同学和宋凤玲、魏琼琼、盛平 3 位老师的生日，祝你们生日快乐！

2020 年 9 月 16 日　星期三

臭氧层

1 同学们好！今天是"国际臭氧层保护日"，这是 1995 年 1 月 23 日联合国大会决议确定的，旨在纪念 1987 年 9 月 16 日签署的《关于消耗臭氧层物质的蒙特利尔议定书》。

2 臭氧层是指距离地球 25—30 公里处臭氧分子相对富集的大气平流层。它能吸收 99% 以上对人类有害的太阳紫外线，保护地球生命免遭短波紫外线伤害。所以，臭氧层被誉为地球生物生存繁衍的保护伞。

3 随着人类活动加剧，地球表面的臭氧层出现了严重空洞。科学家们发现，氟原子和溴原子是破坏臭氧层的元凶。制冷器、清洗剂、干燥剂等都含有对臭氧层造成破坏作用的化学物质。

4 日常生活中，我们要减少使用此类物质，要使用带有环保标志的电器或生活用品。

5 同学们，作为地球小公民，我们有责任也有义务携起手来，保护臭氧层，保护地球生命，心系人类命运。

6 今天是二（8）班张馨月，三（4）班张济扬、许嘉宝，三（6）班魏子涵 4 位同学和张华老师的生日，祝你们生日快乐！

健康

1 同学们好！"艾运会"临近，校园里随处可见运动元素。"少年强，中国强"的海报张贴在二楼钢琴厅，操场上也多了同学们运动的身影，体育组老师们在紧锣密鼓地编排运动会秩序册。

2 运动使人健康，现在青少年身体健康状况让人担忧。记得 9 月初开学时有一则媒体报道，说在一所学校的开学典礼上，不到半小时的时间里，陆续有多个学生晕倒或提前退场。

3 调查发现这些同学晕倒的原因是没吃早餐导致血糖低或不爱运动，喜欢宅在家玩电子产品，对待课间操、体育课不认真，连一些简单的家务也不爱做。

4 很多时候，爸爸妈妈希望孩子们赢在"起跑线"，不料却坚持不到"终点线"。

5 同学们，运动不仅能强健我们的体魄，也能让我们在运动中学会竞争、合作。学会为胜利去付出努力，学会有尊严地祝贺对手。让我们一起锻炼身体，健康成长，为"艾运会"做出自己的贡献。

6 今天是二（6）班董林菲、张海钰、明若琳，四（2）班于清笛，六（1）班沙榆翔 5 位同学和李焕玲老师的生日，祝你们生日快乐！

2020 年 9 月 18 日　星期五

九一八事变

1. 同学们好！今天是 9 月 18 日，九一八事变是中华民族不能忘却的伤痛。

2. 1931 年 9 月 18 日夜，日本在中国东北蓄意制造并发动一场侵华战争。一夜之间，日军炮轰沈阳北大营，以武力侵占东北，制造了震惊中外的"九一八事变"。

3. 当时，我国最大的沈阳兵工厂和制炮厂连同 9.5 万支步枪、2500 挺机关枪、650 余门大炮、2300 余门迫击炮、260 架飞机，大批弹药、器械、物资等全部落入日军之手。损失达 18 亿元之多，辽宁、吉林、黑龙江三省很快沦陷。

4. 今天的国歌，也叫《义勇军进行曲》，就是诞生于抗日战争时期的 1935 年，那时的中华民族已到了最危险的时候。

5. 同学们，历史已经远去，但我们要时刻牢记：和平来之不易，强大方可自卫。愿你们志存高远，勿忘国耻，为中华民族伟大复兴而努力读书！

6. 今天是二（3）班王若旭、六（2）班纪博文两位同学的生日，祝你们生日快乐！

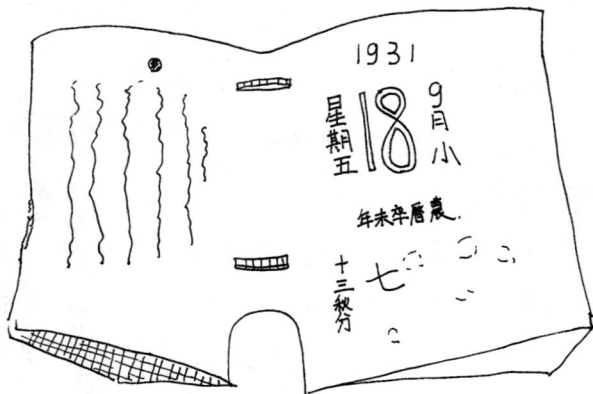

　○　时间颗粒度：一位校长的60秒　●

2020 年 9 月 19 日　星期六

空降兵

1 同学们好！今年是中国空降兵成立 70 周年，我想和大家讲一个"空降兵 15 勇士"的故事。

2 2008 年汶川大地震，使得地震灾区道路严重受损，地面救援部队难以抵达，位于震中地带的茂县成为"孤岛"，空降兵成了进入灾区了解灾情的最后希望。

3 在没有地面指挥、地面标识和气象资料的情况下，空军 15 名伞降勇士从 4999 米高空完成惊天一跳，成为空降震中的第一批救援力量。地震发生 46 小时后，他们在 7 个昼夜侦察中向上级报告重要灾情 30 多批次。

4 执行任务前，15 勇士写下遗书般的战书："我愿意付出自己的一切，去挽救灾区人民生命，实现我们军人的价值。"12 年后，15 勇士再聚首，获得网友点赞："当年那一跳没想回来，如今这一聚意味深长。"

5 "英雄天兵七十载，乘风破浪啸九天。"同学们，让我们一起向中国空降兵致敬！

6 今天是四（4）班岑玮浩同学和胡霞老师的生日，祝你们生日快乐！

爱牙日

1. 同学们好！今天是第 32 个全国爱牙日，主题为"口腔健康，全身健康"。

2. 调查显示，近年我国 97% 的成年人受到口腔问题困扰，成年人患龋齿率高达 88.1%，也就是说 10 个人里面 9 个都有蛀牙。

3. 儿童患龋齿比例也在逐年上升。专家介绍，牙齿不好不仅影响美观，还影响消化功能，尤其是对长身体的儿童来说，更是如此。

4. 在艾瑞德，每年 6 月，会对幼儿园小朋友进行口腔专业检查和牙齿涂氟。校医也会走进班级，教育同学们日常生活中该如何保护牙齿，让他们了解爱牙护牙小常识。比如：每天有效刷牙两次，倡导使用含氟牙膏刷牙，养成健康的饮食习惯，定期检查口腔等。

5. 同学们，爱护牙齿就是关爱自己，口腔健康就是身心健康的标志。早晚刷牙除残渣，清新口腔美如花。"920"全国爱牙日，愿你爱牙护牙，养成刷牙好习惯！

6. 今天是二（1）班李珂昕、二（4）班刘奕彤、三（2）班邵铭博、六（2）班王昊然 4 位同学的生日，祝你们生日快乐！

2020 年 9 月 21 日　星期一

垃圾分类

1 同学们好！当你随手扔出一个塑料瓶时，你想过它会去哪儿吗？

2 首先，垃圾清理工会把垃圾运送到垃圾场，再由垃圾场运送到垃圾分拣中心。在这里，会根据垃圾属性分别把它们运到有害垃圾暂存中心、干垃圾转运中心，并进行无害化处理。有的垃圾变成了油、水、沼气或有机营养土，而塑料瓶会找到自己的"同类"，变成塑料颗粒，等待重新改造……有时，它们还会变成衣柜里的一件衣服或一个玩具。

3 垃圾可分为可回收垃圾、厨余垃圾、有害垃圾和其他垃圾。其实，垃圾只是放错了位置的资源，只要分类得当，98% 以上都能得到再利用。

4 到 2020 年底，全国 46 个城市将基本建成垃圾分类处理系统，2025 年，北京将实现原生生活垃圾零填埋。

5 保护赖以生存的家园，一些微小的习惯可以带来大大的改变。同学们，让我们一起从垃圾分类这件小事做起吧。

6 今天是小（3）班李家硕、二（8）班李烨熹、四（6）班于家傲 3 位同学的生日，祝你们生日快乐！

2020 年 9 月 22 日　星期二

普通

1 同学们好！最近，上海一个特殊快递小哥团队引起了社会广泛关注，还获得了中央电视台的点赞。

2 他们是一群有听觉或语言障碍的人。但他们通过自己坚持不懈的努力，克服困难，走上了快递员岗位。他们在这个对沟通要求很高的岗位上，用敬业努力为自己"发声"，赢得了社会以及周围居民最大声喝彩。

3 工作期间，他们还制定了一个小目标，希望接受公平考核，以普通人一样的标准来要求自己。他们成了普通而光荣的劳动者，让人尊敬。

4 因为靠"抬着""抱着"是没法成为一名"普通"快递员的。此时，"普通"，成了一个多么平凡而伟大的目标，常人眼中的"普通"是多么不普通。

5 同学们，在我们身边有千千万万这样默默坚守的人，他们并没有因为自己的"特殊"而放弃努力。与他们相比，幸运的我们更应该坚持做好每一件事，让我们也更加不"普通"起来。

6 今天是一（4）班殷自恒，二（5）班张可昕，三（5）班李函颖、肖雨晴，五（1）班侯景童，六（4）班黄潮锋，六（7）班张家康、杨浩宇 8 位同学和崔志运老师的生日，祝你们生日快乐！

火炬传递

1. 同学们好！"少年强，中国强"第十届校运会（即"艾运会"）将于本月 29 日开幕。本次共有 11 个单项和 13 个团体项目，3700 人次参赛，希望同学们好好拼搏。

2. 昨天的火炬传递，也颇具仪式感。从幼儿园到 6 个年级部选拔出来的同学担任火炬手，从"校训石"出发，经过"善者因之、自然生长、圣人论道、大鱼带小鱼、8 的奥秘、丹山路、十二生肖"等校园八大景观，最终将"圣火"在运动会主会场点燃。

3. 本次火炬传递有幸邀请了荣获"2020 全国抗疫最美家庭"杜美瑾同学一家人，作为火种采集使者，意为崇敬英雄，努力奋斗。

4. 火炬，象征着光明、团结、友谊、和平、正义，代表着奥林匹克精神。在小小的传递仪式中，同学们感受到使命与责任了吗？

5. 同学们，健康第一。运动可以使我们享受乐趣、增强体质、健全人格、锤炼意志。祝福本届运动会圆满成功。

6. 今天是一（4）班任逸霏、三（5）班司丰铭、六（7）班赵俊恒 3 位同学和魏鹏娟、焦青霞两位老师的生日，祝你们生日快乐！

2020 年 9 月 24 日　星期四

丰收节

1. 同学们好！前天，第三届中国农民丰收节正式启幕。全国各地农民朋友用不同的方式表达着丰收的喜悦，感受着丰收的美好。

2. 我国耕地面积不到世界十分之一，却养活了世界近五分之一人口，这是中国农民用辛勤汗水默默耕耘创造的奇迹。在这个特殊年份，我们经受住了多重考验，在克服疫情和洪涝灾害影响后，沉甸甸的收获更令人欣慰和振奋。

3. 丰收与节约永远并行不悖。在艾瑞德，全体师生践行"光盘行动"已两年有余，"光盘行动"也早已成为我们的一张教育名片。其实，节约粮食就是对丰收最基本的尊重。

4. 田间收获的是希望，粮仓充盈的是喜悦，愿每一滴汗水都能换来大地的回馈！

5. 同学们，"自古逢秋悲寂寥，我言秋日胜春朝"。丰收是美丽的，劳动是美丽的，劳动的人是美丽的，唯有辛勤劳动，才有丰收金秋。

6. 今天是中（2）班万里思、五（6）班王梓、六（4）班王怡然 3 位同学的生日，祝你们生日快乐！

○　时间颗粒度：一位校长的60秒　●

最强大脑

1 同学们好！最近，学校学科活动丰富多彩，最吸引同学们的应该是上周开幕的"第一届艾瑞德最强大脑"比赛。参加比赛的主要是五、六年级学生，通过初赛、复赛和决赛，将评选出第一届艾瑞德"最强大脑"。

2 "最强大脑"以提高同学们科学素养和人文内涵为重点，将从计算能力、逻辑推理能力、观察力、空间想象力和记忆力等方面展现大脑的"强大"。

3 同学们参赛热情高涨，初赛选出 50 名选手。在前天中午的复赛中，又有 12 名选手脱颖而出进入决赛，将有老师对他们进行专门辅导。

4 "最强大脑"让同学们从不同方面了解人类大脑的强大，更让大家在活动过程中拓宽视野，体会科学价值。

5 当然，"最强大脑"不仅展示大脑的强大，更是良好心理素质和平时勤奋努力的结果。祝福参加决赛的同学取得优异成绩！"最强大脑"花落谁家，哪位同学"笑到最后"，我们拭目以待。

6 今天是一（5）班郝雨欣、三（1）班张誉娴、四（1）班张歆怡、四（4）班刘展赫 4 位同学和王兴旺老师的生日，祝你们生日快乐！

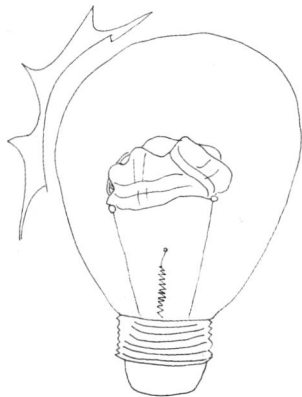

2020 年 9 月 26 日　星期六

练习

1 同学们好！最近在校园里多了很多同学练习运动会项目的身影。我看到三楼乒乓球台边围满了打球的同学，"大鱼带小鱼"广场上有人练习接力跑和跳绳，还有更多同学在操场上跑步、反复练习立定跳远等比赛项目。

2 从上周火炬传递开始，同学们期待已久的第十届"艾运会"拉开了帷幕，游泳馆里上演着热火朝天的水球比赛，篮球场上的每一次投球都牵动着老师和同学们的心。奔跑的足球小将们，也成了绿茵场上最亮丽的风景线。

3 还有更多的比赛项目要在 29、30 号运动会上正式启动，我看到了同学们的摩拳擦掌和斗志昂扬。

4 同学们，你们专心投入练习的身影，让我看到了艾瑞德学子身上不服输、勇拼搏的精气神。"少年强，中国强，身体强，成栋梁"。这样的精神不仅能让你们在"艾运会"上展露光芒，更能成为你们成长的精神力量！

5 今天是小 (1) 班邵省实、大大 (1) 班邓可欣、三 (1) 班时启鸣、三 (3) 班方梓皓、三 (6) 班乔朗、五 (2) 班方泽羽、五 (4) 班魏逸轩、五 (6) 班梁原 8 位同学的生日，祝你们生日快乐！

　　　　　　　　　　○　时间颗粒度：一位校长的 60 秒　●

太空行走

1. 同学们好！2008 年的今天，"神舟七号"航天员翟志刚成功完成我国历史上第一次太空行走，这标志着中国成为继美苏后第三个独立掌握空间出舱技术的国家。

2. 当天北京时间 17 点 38 分，航天员翟志刚缓缓打开舱门，出舱进入太空，他向地面报告："神舟七号已出舱，身体感觉良好，向全国人民、向全世界人民问候。"洁白的航天服上，鲜艳的五星红旗格外醒目。

3. 从此，中国航天事业持续快速发展，自主创新能力显著增强，进入空间能力大幅提升。

4. 2016 年，新一代"长征七号""长征五号"运载火箭相继首飞成功，使中国火箭运载能力进入国际先进行列，显示了迈向航天强国的中国力量。

5. 同学们，还有很多神秘星球，正在等待着你们的到访。让我们从今天起，胸怀航天梦想，学好文化知识，去找寻未来打开神秘星球的神奇钥匙吧。

6. 今天是小（2）班杜绍恩、大大（1）班周末、一（1）班付冠乔、一（2）班王茗曦、四（4）班于臻、五（2）班安奕臣 6 位同学和李香荣、任新红两位老师的生日，祝你们生日快乐！

"开犁日"

1. 同学们好！上周五上午，幼儿园小班和一年级师生以及家长志愿者迎来了学校"开犁日"活动。同学们穿着七彩班服，带着小铲子、小桶等劳动工具来到田园校区，进行农耕种植劳动。

2. 在活动中，每个班级都分到一亩田，家长和同学们亲近自然，亲自动手，亲历生长，一起在田间体验着劳动的酣畅淋漓。

3. 劳动结束后，有的同学依依不舍："老师，我还想再种一会儿地呢。"

4. 同学们，别急！在接下来的六年里，田园校区会一直在这里等你来劳动。春天的树树繁花，夏天的桃李果园，秋天的香甜玉米，冬天的神奇雪景，都将成为你童年的最美风景。

5. 同学们，劳动是人类生活的基础，是创造幸福的源泉。农田就是课堂，种地也是作业。让我们低头弯腰、挥锄滴汗，做光荣的劳动者。十分期待"班级一亩田"庄稼茂盛、瓜果飘香的那一天。

6. 今天是小（2）班武雨晨、中（1）班徐婧祎、大大（3）班胡皓迪、一（4）班周志远、二（7）班杜昊展、三（4）班董恩麒、四（5）班李承泽、六（2）班刘宇祥、六（4）班张琪迎、六（5）班任枞琪 10 位同学的生日，祝你们生日快乐！

2020 年 9 月 29 日　星期二

开幕

① 同学们好！"少年强，中国强"第十届"艾运会"暨第五届国际文化周今天开幕了。11 个单项、13 个团体项目、3700 人次参赛，创造了本校历届运动会参赛人数最多的纪录。同时，各班级还将以 53 个国家的形象亮相开幕式。

② 凡是好的学校，都会把体育当作第一学科。体育强则少年强，少年强则中国强，艾瑞德应该成为体育第一的名校。

③ 我们熟悉的钟南山院士就是一个喜爱运动的人，几十年来，他从来没停止过锻炼。他在北京医学院读书时，曾在运动会上创下了几个纪录，多年无人打破。在第一届全运会上，他打破了男子 400 米栏全国纪录。

④ 今天也是我每天早晨运动打卡的第 30 天。我在小区每天都会遇到一（1）班邵省燊同学，他是一个坚持运动的好学生。

⑤ 同学们，在接下来的两天里，奔跑吧，加油吧！为运动喝彩，为自己代言，为班级增光，为学校添彩。祝本届运动会圆满成功！

⑥ 今天是二（1）班魏槊、三（7）班石昕宜、四（4）班高翊航 3 位同学和李慧婷老师的生日，祝你们生日快乐！

奖牌

1 同学们好！昨天的校园沸腾了，这是运动的魅力，这是校园应有的模样。

2 运动会开幕式让人难忘，更难忘的是赛场上的热火朝天、群情激昂，运动员的奋力拼搏、你追我赶；啦啦队的摇旗呐喊、加油助威。还有后勤团队的默默奉献。

3 经过激烈角逐，昨天一共产生 379 块奖牌，我非常开心能为同学们颁奖。奖牌是拼搏的结果，也是实力的见证。看到很多同学脖子上挂着的奖牌，我真为你们骄傲。

4 在赛场上，还有一群人在支持着我们，那就是家长裁判员队伍和家长志愿者，他们用专业的标准、认真的态度辛勤工作着，我们的奖牌上也有他们的功劳。每一位家长都是"艾运会"重要的一分子，衷心感谢家长朋友们。

5 同学们，今天比赛仍在继续，让我们继续用运动奖牌和体育精神为本届运动会画上圆满句号。运动会可以结束，但是运动和运动精神不能结束。

6 今天是一（1）班韩卓恩、一（6）班纵亿晴、四（4）班张峰泽 3 位同学和李旗老师的生日，祝你们生日快乐！

2020 年 10 月 1 日　星期四

家国

1. 同学们好！今天是中秋节，也是国庆节。两节重逢，家国同在，真是双喜临门。

2. 中秋节和国庆节同时出现在 10 月 1 日，实属鲜见。在 21 世纪仅有 4 次，上一次是 2001 年，另外两次将在 2031 年和 2077 年。

3. 中秋和国庆相逢，不正意味着家与国密不可分、紧紧相连吗？在 2020 这样一个特殊的年份，你我亲历了小家和国家的风雨同舟。逆行而上是爱国，宅在家里是贡献，风浪中不离不弃，困难中相偎相依。

4. 国是千万家，家是最小国。没有强大的国，就没有平安的家。心里的家，让人温暖；肩上的国，让人勇敢。

5. 让我们一起回到家乡，和家人同赏中秋月，共祝祖国好。脚踩家乡那一片土地，你应该懂得，它的名字叫家乡，也叫中国。祝福全校师生合家幸福！祝福伟大祖国繁荣昌盛！

6. 今天是大大（2）班陈语诺、二（1）班于沛涵、二（8）班宋浩歌、六（6）班杜一诺 4 位同学的生日，祝你们生日快乐！

2020 年 10 月 2 日　星期五

归来

1. 同学们好！2020 年是中国人民志愿军抗美援朝 70 周年。9 月 27 日，韩国向中国移交第七批共 117 位在韩的中国人民志愿军烈士遗骸及相关遗物，中国空军专机接运烈士遗骸归来。

2. 在那场持续 2 年零 9 个月的抗美援朝保家卫国战争中，197 685 名中国人民志愿军将士浴血奋战，为战争的最终胜利付出了宝贵的生命。

3. 烈士们以自己的生命换来了和平。70 个春秋虽已过去，但英雄永远值得致敬，我们一直怀念着英雄。

4. 家国团圆前夕，英雄魂魄归来，这是对烈士英灵的敬意，也是对烈士亲属、对健在的所有志愿军战士以及对全国人民心灵的安慰。

5. 同学们，一个有希望的民族不能没有英雄，英雄永远是民族精神图谱上的永恒坐标，是历史长河里的不灭灯塔。英雄归来，精神不朽！

6. 今天是大大（1）班乃圣恩、二（1）班储昊举、三（1）班杨博程、五（2）班董家承、六（7）班宋佳音 5 位同学和张文英、邹天运两位老师的生日，祝你们生日快乐！

夺冠

1 同学们好！最近，电影《夺冠》已经拉开了国庆档电影序幕，这部电影着实激动人心。影片讲述了几代中国女排人的奋斗历程以及她们顽强拼搏、为国争光的感人故事。

2 给人印象最深刻的是影片重现了 2016 年传奇的中巴大战，中国女排终于终结了对战巴西女排 8 年 18 连败的历史，奇迹般地战胜了具有主场优势的巴西队，挺进四强，最终拿下奥运冠军。

3 中国女排，让五星红旗升起在世界上的不同国度，让中国国歌奏响在世界各地，让中国精神得到完美诠释，让中国力量充盈在国人心中。女排是中国的骄傲，是新时代中国精神的代表。

4 女排精神就是无私奉献、团结协作、艰苦创业、自强不息的精神。

5 同学们，精神就是力量，女排精神既是一种体育精神，也是一种前行的力量，希望你们学习女排精神，为中华崛起而读书，为民族复兴而努力。

6 今天是小（2）班吴贝妮、大大（2）班银伯骏、一（3）班石子健、二（1）班宋承泽 4 位同学和田甜老师的生日，祝你们生日快乐！

2020 年 10 月 4 日　星期天

中国印

1 同学们好！近期，中国航天科技集团向北非国家阿尔及利亚出口的"阿星一号"通信卫星及地面站图案，出现在阿尔及利亚新版 500 第纳尔面额的纸币上。

2 "阿星一号"是由中国航天科技集团五院研制，2017 年 12 月发射成功。目前，该卫星已逐步服务于阿尔及利亚广播电视、宽带接入、移动通信等行业领域。为推动该国经济发展、民生改善、社会进步发挥了重要作用。

3 今年 5 月，该卫星为阿尔及利亚新开通的国家远程教育频道提供上星播发服务，为因疫情停课的中小学生提供网上学业辅导，让该国民众切实感受到两国航天合作带来的便利与实惠。

4 货币是一个国家最好的名片，每张货币上的图案都承载着厚重的历史与文化，彰显着国家的荣耀。

5 同学们，中国通信卫星印在外国货币上，这是航天发展造福人类生活的见证，也是我国在航天强国道路上迈进的有力注释。

6 今天是大（3）班刘嘉萱、二（1）班郭孝轩两位同学的生日，祝你们生日快乐！

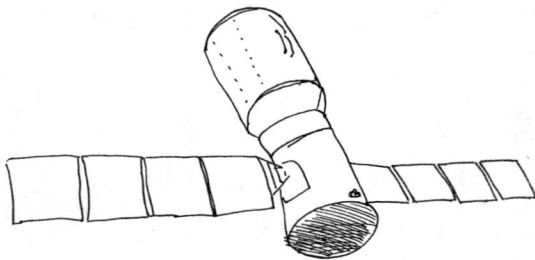

2020 年 10 月 5 日　星期一

独好

1. 同学们好！阳光越过东方地平线，我们伟大祖国又度过了一个生日。

2. 71 年沧海桑田，新中国直面风险，不惧挑战，一路披荆斩棘，一路凯歌前行。两弹一星研制成功、东风快递使命必达、国产航母巡弋蓝海、国产大飞机翱翔碧空、北斗导航正式开通……

3. 同时，我们也遇到了挑战。全球新冠肺炎疫情持续蔓延、世界经济深度衰退、单边主义接连抬头、国际贸易和投资大幅萎缩……

4. 对历史最好的致敬，是书写新的历史；对未来最好的把握，是开创更美好的未来。中国人向来不惧艰难险阻，不畏打压恐吓，硬是用热血和理想、信念和拼搏冲破重重封锁，浇灌出如今强大中国。有这种精气神，何惧未来之荆棘！

5. 东方欲晓，莫道君行早。踏遍青山人未老，风景这边独好。

6. 今天是三（3）班李正澜、五（2）班林杨一心两位同学的生日，祝你们生日快乐！

我和我的家乡

1. 同学们好！电影《我和我的家乡》在国庆期间上映了，它是去年国庆档期《我和我的祖国》的姊妹篇。

2. 影片通过五个故事单元，讲述了发生在中国东西南北中五大地域的家乡故事。

3. 《最后一课》里为了唤醒失忆老教授，大家找到当时上课的学生，组织还原了 20 世纪 90 年代初期的最后一课。当学生按着自己的构想真的建设出五彩斑斓的校舍时，所有情感都凝聚在校舍上，凝聚在读书改变命运上。

4. 家乡，是出发地，也是目的地，是所有人心中都难以割舍的地方。五个各具特色的故事背后，是中华儿女对家乡浓浓的眷恋之情和对家乡发展的自豪感。

5. "这是美丽的祖国，是我生长的地方，在这片辽阔的土地上，到处都有明媚的风光。"有了伟大的祖国才有了我们温暖的家，我爱我的国，我爱我的家，让我们一起双节同乐，家国同圆。

6. 今天是二（1）班涂雅婷、二（4）班张晨曦、三（1）班胡豪泽、三（2）班肖泓铸、四（4）班陈劲宇、五（3）班李林宪 6 位同学和唐满想老师的生日，祝你们生日快乐！

迟来的春节

1. 同学们好！你们是否感觉这个中秋、国庆的假期跟过春节似的。朋友圈里，多的是火车站、汽车站人山人海的新闻。

2. 我的一位朋友在高速上花 12 个小时才把本该 4 个小时的路程走完。到家时，母亲一声"你终于回来了"，化解了大半年的思念。这是对风尘仆仆的抚慰，是对亲人朋友日日牵挂的回馈，这就是亿万个小家心连心组成的中国。

3. 是的，一切都好起来了。对于亿万中国百姓而言，这种心情，因为是由艰难的磨砺、巨大的付出而换来的，尤其让人珍惜。

4. "迟来的春节"意味着失而复得。但失而复得，从来不是理所应当的。一句"山河无恙"背后，留下了无数逆行者的感人事迹，浓缩了中国百姓的默默付出。

5. 同学们，让我们珍惜这"迟来的春节"吧，像春节一样，唱响《难忘今宵》，那是我们最熟悉最动人的旋律。

6. 今天是小（3）班陈道霖，大大（1）班刘子铭，二（2）班王盈心，二（3）班赵梓腾，二（5）班张梓萱，二（7）班郭嘉怡，二（8）班温昊泽，三（6）班张艺涵，六（4）班罗曼琪、李柄睿 10 位同学的生日，祝你们生日快乐！

2020 年 10 月 8 日　星期四

国旗

1 同学们，国庆节当天，武汉市黄陂区木兰天池景区大门前绿化带上，出现了巨幅国旗，该面国旗长 48 米，宽 38 米。巨幅国旗把景区衬托得格外美丽，成为游客打卡、拍照的地标。

2 同时，又一面巨型国旗出现在"中国屋脊"。这是西藏自治区拉萨市 40 余名残障人士亲手缝制的巨型国旗。此面国旗长 100.8 米，宽 67.2 米，重达 1.3 吨，约 6700 平方米。这面国旗被展开固定在海拔 5200 米的珠峰大本营前，以此方式来庆祝中华人民共和国成立 71 周年。

3 国旗旗面为红色，象征革命，五颗五角星及其相互关系象征共产党领导下的革命人民大团结。每颗小星各有一个尖角对准大星中心点，表示围绕着一个中心而团结，形式上也显得紧凑美观。

4 同学们，五星红旗是我们国家的象征，爱国是每个中国人的本分，我们要像爱自己一样，来守护五星红旗！

5 今天是三（7）班孙佳一、六（1）班余熙晨、六（7）班牛奕程 3 位同学的生日，祝你们生日快乐！

○　时间颗粒度：一位校长的60秒　●

2020 年 10 月 9 日　星期五

空投

① 同学们好！近日，在西藏自治区墨脱县边防哨所上空，陆军后勤部"空投"了一批新鲜果蔬、鸡蛋、肉食和月饼。

② 墨脱位于西藏自治区东南部，一线执勤点大多在无人区，海拔落差大，气候复杂，不通公路……物资补给全靠官兵徒步接力背运，他们每年有三分之二时间走在背运物资的路上，单程需要 120 人接力 2 到 3 天。

③ 地质灾害、大雪封山常有，脱水蔬菜、干菜、罐头等食物断供，哨所就成了名副其实的"孤岛"，我们生活中随时可以吃到的食物，在那里就显得十分奢侈。

④ 双节来临，陆军后勤部动用十多架无人机，进行了一场硬核"投喂"，此次空投，也是首次打通空中物资投送通道。

⑤ 空投，送去的不仅仅是食物和月饼，更是中秋、国庆佳节举国人民对边防官兵的牵挂和问候。保家卫国守边疆，云海雪山风为伴，环境虽苦心不苦，"雪域孤岛"不孤单。

后备厢

1 同学们好！在刚刚过去的"双节"假期里，不少网友从老家返程后，纷纷晒出了自己被塞得满满的后备厢。

2 广西吴先生回老家待了两三天后，临走母亲在他的后备厢里塞满了红薯、大米、鸡蛋、花生油、大竹笋和现摘的香蕉等家乡特产。吴先生说，每次回家，妈妈都把最好的东西留给自己。

3 很多网友表示有同感，他们称，每次从老家回来，都跟"打仗""进货"一样，后备厢里永远满得惊人。

4 这次我回老家也是如此，临走时后备厢里是父母塞满的土特产。

5 满满的后备厢，藏着的都是父母深沉的爱。同学们，这个假期，你跟随父母回老家了吗？你也应该见过这样装满亲情与爱意的后备厢吧。有朝一日，也许你们也会背上行囊，远离父母家乡。请别忘了，常回家看看，感恩父母，珍爱亲情。

6 今天是二（2）班刘兆菡，六（6）班高铭瑜、李震 3 位同学和苗华君老师的生日，祝你们生日快乐！

○　时间颗粒度：一位校长的60秒　●

2020 年 10 月 11 日　　星期天

诺贝尔奖

1 同学们好！今年的诺贝尔奖已陆续公布，从 10 月 5 日起，诺贝尔生理学或医学奖、物理学奖、化学奖、和平奖与文学奖已经颁出，经济学奖也将在 10 月 12 日最终揭晓。

2 诺贝尔是瑞典化学家、工程师、发明家，一生拥有 355 项专利发明。去世前他将其遗产作为奖金，设立物理、化学等 5 种奖项，授予世界各国在这些领域对人类做出重大贡献的人。

3 截至 2019 年，诺贝尔奖共授予 919 位个人和 24 个团体。2012 年中国作家莫言获得诺贝尔文学奖，2015 年屠呦呦获得诺贝尔生理学或医学奖。

4 每一位诺贝尔奖获得者都为人类社会的发展和进步做出了卓越贡献，不断将人类认知的边界扩展到更远的地方。

5 同学们，创造无限，未来可期，会不会有艾瑞德学子的名字镌刻在诺贝尔奖的名单上呢？让我们从此刻努力，成为推动人类发展的那一个重要的人。

诺贝尔奖

6 今天是一（7）班李奕衡、二（7）班王奕文、四（4）班许哲文、四（5）班钟启欣 4 位同学的生日，祝你们生日快乐！

体育课

① 同学们好！你们都喜欢上体育课吧？最近，一位 91 岁的体育老师霸气喊话："没人敢占我的课。"这让我为之敬佩。

② 这位体育老师叫黄延镶，在四川资阳的一所学校工作。1990 年退休后，依然坚持在学生上体育课时进行辅导并提出指导性意见。在每周五放学后，他还会义务为自愿来上课的学生补体育。退休 30 年的他，坚持在这个岗位上发挥余热，为体育教育贡献自己的力量。

③ 黄廷镶老师对体育课有自己独特的教育理念，他不但给学生讲解动作还亲自示范。他说："体育课要讲究科学锻炼，运动量要求宁小勿大，运动时间宁短勿长。"

④ 同学们，在艾瑞德，我们每天坚持晨跑和其他运动，并重视每一节体育课。

⑤ 我也在谦祥万和城小区坚持运动打卡，并期待着与你们偶遇，让我们一起运动起来，健康永远是第一位的。

⑥ 今天是一（3）班温倚然、二（6）班杜泓平、二（8）班张渤洋、四（6）班杨子、五（1）班王皓冉 5 位同学的生日，祝你们生日快乐！

○　时间颗粒度：一位校长的60秒　●

更正

❶ 同学们好！今天我要借助"校长 60 秒"来做一个更正。在上周运动会总分合计中，六（6）班总成绩因计算有误，错失了前三名的荣誉。

❷ 运动会闭幕式后，仲裁组收到六（6）班同学的反映，当即查找了相关记录，重新进行核算。遗憾的是闭幕式已经结束，所有结果已经公布于众。怎么办呢？

❸ 总裁判长柳文杰老师非常内疚，并积极想办法进行更正弥补。他在国庆假期中也心心念念此事，在返校后第一天，就和体育教研组长刘海涛老师一起到六（6）班去做说明，并在年级集会中向同学和老师们道歉，更正团体总分排名，重新颁奖。

❹ 尽管这次颁奖仪式没有闭幕式上的隆重，但这份迟来的荣誉让六（6）班同学更加珍视。

❺ 更正是一种态度，也是一份责任和勇气。体育老师现身说法，给同学们上了生动的一课，作为校长，我也为这样的失误向六（6）班同学致歉。

❻ 今天是中（3）班赵梓祺、大大（3）班刘灏芃两位同学和魏鹏娟、丁怡两位老师的生日，祝你们生日快乐！

2020 年 10 月 14 日　星期三

国庆作业

1 同学们好！本周当我走在教学楼时，总能看见老师、同学们纷纷在进行十一假期作业布展。

2 今年假期作业主题是"迎中秋国庆，向中国致敬"。各个年级通过不同学科和不同角度的实践活动以达到向中国致敬的学习目标。比如：二年级以中秋诗歌为主题，设计了各式各样的诗歌配画书签；三年级老师们在假期带着学生们来到田园校区，感悟秋天时光，体悟农田乐趣，以书法形式展示出秋天的橙黄橘绿、硕果累累。

3 《教育大辞典》中把作业分成课内作业和课外作业，课内作业旨在达成对学习的巩固，而课外作业则是指在真实场景中进行独立学习的一种方式。

4 你们可以尽情发挥想象和创造，让作业变得丰富、有趣，甚至是可以被欣赏的艺术作品。

5 同学们，也期待在校园里就能领略到你们假期中的精彩的故事。

6 今天是一（4）班李嘉依、一（6）班邓安桐、二（2）班王滢钰、二（4）班杨天禹、四（6）班李翔宇航 5 位同学的生日，祝你们生日快乐！

兴趣

1 同学们好！从本周起，我们学校的兴趣拓展课程也陆续开课了。分别有游泳、书法、太极拳、健身操等 14 门课。而且，这些课均由校内老师执教。

2 美术老师刘沛虹平常喜爱品茶，精通茶艺，于是，她开设了一门"茶语清心"课，把课余时光变成一种温暖的守候。校车师傅贾关学擅长玩各种魔方，很多数学老师就跟着他一起学，一起玩，变身魔方达人。

3 学校在周二、周四为同学们开设的 62 门拓展课，就是为了培养、拓宽同学们的兴趣爱好，希望同学们都能上好拓展课。

4 每个人都应该有自己的兴趣爱好，我平时的兴趣是读书、写作和运动。

5 兴趣，就像指南针，它指引着我们做自己热爱的事情。"喜欢"是兴趣，"想尝试"是兴趣，"思维的高度集中"也是兴趣，让我们不断努力尝试，找准自己的兴趣，用兴趣这把钥匙打开我们成长的大门。

6 今天是中（1）班杨宥歆、大大（3）班何佳霖、三（2）班李熠菲、五（3）班李睿、六（7）班周建满 5 位同学和范绿梅老师的生日，祝你们生日快乐！

2020 年 10 月 16 日　星期五

世界粮食日

1 同学们好！今天是第 40 个世界粮食日，其主题是"齐成长、同繁荣、共持续，行动创造未来"。

2 根据联合国数据显示，全球有 36 个国家目前正陷于粮食危机当中；有 8 亿人没有充足食物，处于饥饿状态；而在非洲大陆，有三分之一儿童长期营养不良；全球每年有 600 万学龄前儿童因为饥饿而夭折。

3 虽然饥饿看起来离我们很遥远，却是有些人经历的日常。我们仍面临着浪费、隐性饥饿、膳食营养不均衡等挑战。

4 其实我们每个人也可以帮助消除饥饿，比如，选择健康的饮食、减少食物浪费和坚持每天锻炼。在艾瑞德的田园校区，我们每个班级都会拥有一亩田，还始终坚持校园"光盘行动"，举行爱粮宣传小卫士等活动。

5 同学们，"谁知盘中餐，粒粒皆辛苦"。珍惜粮食，节约每一颗粮食，愿我们都能成为节约粮食的小主人。

6 今天是一（1）班尹诗晴、一（6）班李雅诺、二（2）班王昱翔、五（3）班张浩然、五（6）班张元泽 5 位同学和刘世勇老师的生日，祝你们生日快乐！

贫困

1 同学们好！今天是国际消除贫困日。1992 年，第 47 届联合国大会确定每年 10 月 17 日为"国际消除贫困日"，2014 年我国将其设立为首个"扶贫日"。

2 贫困问题是当今世界面临的最严峻挑战之一。全球仍有 10 亿人生活在极端贫困线以下，8.52 亿人处于饥饿状态，每年有 600 多万儿童因饥饿和营养不良而夭折。

3 我国也面临着严峻的贫困问题，从 1986 年起，国家就开始开展大规模农村扶贫工作。20 多年来，我国农村绝对贫困人口数量从 1.25 亿下降到 2365 万，创造了国际扶贫的奇迹。

4 在本学年开始，我国有计划选派 22 842 名教师支援边远贫困地区，为那里的孩子送去更好的教育。

5 同学们，在某些边远山区和一些农村，有很多孩子不但生活苦，学习环境更苦。而我们在如此好的环境下，应珍惜当下，好好学习。

6 今天是小（1）班王子杨，中（1）班刘中和、石清然，一（4）班张嘉辛，二（8）班董诗涵，六（1）班王琳涵 6 位同学的生日，祝你们生日快乐！

安全感

1. 同学们好！最近几天，受疫情影响，青岛成了全国的焦点。截至 10 月 16 日 8 时，青岛核酸检测采样已超过 1078 万份，已出结果超过 1016 万份，除已公开的 12 例确诊病例外，均为阴性。并且已排查到密切接触者 532 人，全部进行集中隔离观察。这是妥妥的安全感。

2. 青岛的全员核酸检测，并不代表青岛疫情很严重，而是为了让全国人民放心。这样的应对模式，让我们再次看到了中国速度。

3. 刚结束的十一长假，带来疫情以来最火爆的旅游和消费大潮，我国经济恢复速度让很多国家羡慕。国家是什么，国家就是给她的人民以稳稳的安全感。

4. 新中国刚成立的时候，我们国家起点很低。无论是人民还是国家，起点有时是无法选择的，但我们可以选择前进的方式和速度。

5. 亲爱的同学们，让我们一起努力为自己和国家创造更多的安全感。

6. 今天是二（2）班谢曜临、二（6）班李沐熠、三（3）班栗明阳、三（7）班李佳迅、六（1）班王鹏凯、六（7）班赵坤熙 6 位同学的生日，祝你们生日快乐！

代表课

1. 同学们好！最近一段时间，部分老师在精心准备代表课。你们上课时可能会遇到同年级或者其他年级的老师来给你们上课。不知你们是好奇，还是欣喜呢？

2. 代表课是指老师下功夫深备课、不断打磨、研究课堂、研究儿童后产生的代表"作品"，这个过程磨炼的是教师的专业素养和对儿童的深度研究。

3. 不要小看这一节课，老师要在不同班级上六七次以上，每上完一次，老师根据学生的学习情况及时调整教学设计、写课例研究，最终才能打磨出一节精品课，它代表着老师的教学水平，是老师教学过程中心血的结晶。

4. 老师在磨课中不断成长。葛小幸老师说："以前害怕其他老师来听课，现在期待更多老师来听课，来提建议。"

5. 同学们，"宝剑锋从磨砺出，梅花香自苦寒来"。每一节好课，都需要经过老师多次打磨。你们要想成为优秀的人，也要舍得下功夫打磨自己！

6. 今天是一（5）班安梓文，二（8）班秦一涵，四（1）班王瀚宇、王瀚旭，六（1）班车政宇 5 位同学和李伟老师的生日，祝你们生日快乐！

晒秋

① 同学们好！最近总有同学问我什么时候能去田园校区。其实，和你们一样，我也心心念念想着你们的"一亩田"。

② 上周五，我去了田园校区。萝卜们"大腹便便"地腆着青色、红色的"肚皮"在炫耀着自己的肥硕，等我们来随手拔起；红薯们"谦逊"地将自己深埋在垄上，一锹下去，嫩红得逼你的眼。看见这些果实，我仿佛看见了你们平时在这里弯下腰、滴下汗的可爱模样。

③ 周末人不闲，师生在田间。种地为作业，田园亦课堂。从校园奔到田园，虽然我没有常在现场，但我能想象到田园校区的火热与欢腾。

④ 田园劳动不仅磨炼了你们的意志，团结了班集体，还让你们亲身体会到劳动就能结果，付出才有收获。

⑤ 看着老师们在朋友圈幸福晒秋，我想，他们晒的不仅是劳动的快乐，还晒出了你们童年的幸福。

⑥ 今天是五（5）班高鹏程、五（6）班张芮溪、六（3）班杜商策3位同学的生日，祝你们生日快乐！

圆明园

1 同学们好！今年 10 月 18 日是圆明园罹难 160 周年。1860 年 10 月 18 日，英法联军在圆明园大肆洗劫之后竟然丧心病狂地把它烧毁。圆明园的毁灭是中国文化史乃至世界文化史上的重大损失。

2 圆明园始建于清代康熙四十八年，占地面积 3.5 平方千米，规模宏伟，有 150 余景，融会了各式园林风格，有"万园之园"美称。它不仅建筑宏伟，其内还收藏着大量最珍贵的历史文物，是当时世界上最大的博物馆、艺术馆。

3 1861 年，法国作家雨果曾赞美它说，地球上的某个地方，曾经有一个世界奇迹，它汇聚了一个民族几乎是超人类的想象力所创造的全部成果。他还用"恍若月宫"四个字来形容它。

4 在过去的 160 年里，我们无法忘却圆明园的耻辱和伤痛。

5 同学们，以史为鉴，中华复兴，吾辈当自强！

6 今天是中（3）班刘思齐、三（4）班丁超延、四（1）班潘然林 3 位同学的生日，祝你们生日快乐！

红薯

1 同学们好！最近几天，关于红薯的话题一直萦绕在校园，如"班级一亩田"里的红薯产量是多少，最大的红薯比小朋友的头还大，可以用红薯做几种美食，我们班的红薯被别人挖走了……

2 从栽苗、封根、翻秧到收获，经历了四个月，是同学们和家长朋友们的精心养护换来了这次红薯大丰收，同时也是汗水滴在土地上的美好结果。

3 满园红薯香。除了劳动付出的过程外，热心分享劳动果实——油炸红薯丸子、红薯饼、蒸红薯、烤红薯、红薯面包等，也是劳动教育的红利。

4 前天一早，二（7）班的申一晴、杜昊展同学就给我送来了美味的蒸红薯、油炸红薯丸子，很好吃。非常感谢二（7）的班同学！

5 但是，部分班级还没来得及收获，就被别人"捷足先登"了，这也让我感到很遗憾。同学们，不要灰心，土地会记住你们汗水的味道，我们会记住你们劳动的模样。

6 今天是大大（2）班郜懿旸、三（2）班赵嘉伟、三（7）班寿浩然、五（1）班崔乐轩 4 位同学的生日，祝你们生日快乐！

舞台

1 同学们好！由于受疫情影响，很多大学新生在国庆假期前后才开始报名入学。每年军训时，网络上都能看到他们表演节目的精彩视频。

2 这让我想起同学们每周在芝麻街、钢琴厅、彩虹桥的表演了。有很多次，我被你们的歌声和掌声吸引过去。同学们演得尽兴，看得认真，这场景似乎能让我看到长大后的你们。

3 本周五，学校"最强大脑"决赛就要在报告厅举行了，我和你们一样，十分期待。每年在报告厅举行的活动多达上百场，你们都是舞台上的主角。

4 我希望每一位同学都能找到属于自己的舞台，学校每一个角落都愿意为你们的成长打上"灯光"，为你们的成长"庆祝"。

5 心有多大，舞台就有多大。愿每位同学既能够在台下付出汗水，又敢于在台上放出光芒！年少时在小舞台上尽情绽放，长大后在人生舞台上乘风破浪。

6 今天是小（1）班李沁暖、中（1）班姬芸熙、一（6）班李诺一、四（4）班张博衍、六（7）班张洢楠 5 位同学的生日，祝你们生日快乐！

2020 年 10 月 24 日　星期六

联合国日

1 同学们好！今天是 10 月 24 日，是联合国日，是 1947 年联合国大会为纪念《联合国宪章》（以下简称《宪章》）正式生效和联合国正式成立而确定的节日。《宪章》主题为"维持国际和平与安全，发展国际间友好关系，促进经济、社会、文化以及人类福利等方面的国际合作"。

2 1945 年 10 月 24 日，在中国、法国、苏联、英国、美国以及大多数其他签字国通过《宪章》之后，《宪章》正式生效，联合国正式成立。中国是第一个在《宪章》上签字的国家。

3 联合国总部在美国纽约，现有 193 个会员国、两个观察员国（梵蒂冈和巴勒斯坦）。联合国安全理事会设有 5 个常任理事国：中国、法国、俄罗斯、英国和美国。

4 联合国所有成员国都享有平等的表决权，5 个常任理事国都享有否决权。

5 现在，强大的中国正在联合国等国际舞台上发挥着越来越重要的作用。

6 今天是中（3）班卢义霖、四（5）班许智宸、六（4）班祝思嘉 3 位同学的生日，祝你们生日快乐！

　　　　　　　　　　　　　　　○　时间颗粒度：一位校长的60秒　●

2020 年 10 月 25 日　星期天

温暖

① 同学们，最近，我常常在校园中看到一些美好的身影，让我感到非常温暖。

② 周一，总有高年级的哥哥姐姐帮助低年级的弟弟妹妹搬运行李箱。就餐排队时，同学们之间互相帮助系着就餐服带子。也总能见到幼儿园老师抱着哭鼻子的小朋友。

③ 前两天早晨，校警焦跃右手抱着一个小朋友，左手牵着另一个小朋友，一直把她们送到幼儿园里。

④ 当然，还有更多同学也在默默地做着看起来很微不足道的事情，如把墙上掉落的作品粘好，把散落的书摆正，把体育器材归位，将地上的垃圾弯腰捡起……每一个小小举动，都给校园带来了满满的暖意，都是艾瑞德师生良好品行的写照。

⑤ 老师们、同学们，秋日的校园，因为有了你们温暖的举动，而让人倍感温暖。赠人玫瑰，手有余香，美好的校园需要你们爱的行动，也感谢你们爱的举动。

⑥ 今天是一（6）班赵培霖，四（6）班杜鸿泽，六（2）班刘忻硕、陈安琪，六（6）班杨梦想 5 位同学的生日，祝你们生日快乐！

重阳节

① 同学们好！昨天是农历九月初九，重阳节。它与除夕、清明节和中元节都是中国传统祭祖节日，在过节时都要祭拜过世的先人。

② 1989 年，重阳节被定为中国的"老人节"。九九重阳，九九与"久久"同音，被赋予长久长寿的含义，倡导全社会一起树立尊老、敬老、爱老、助老的风气。重阳节也从祭拜先人转到了关注老人，从历史转到了当下。

③ 在艾瑞德，同学们遇见老师和长辈行鞠躬礼，表达对长者的尊敬。上周幼儿园大大班老师组织小朋友一起为家中老人制作贺卡，表达了对老人的尊重和敬爱。

④ 大大（3）班张恩硕小朋友说："我不仅给爷爷奶奶做了贺卡，也给我们班老师做了贺卡。因为不仅要尊重老人，也要尊敬老师。"

⑤ 同学们，重阳节虽然只有一天，但是尊老、敬老、爱老的传统美德要一直保持。

⑥ 今天是小（1）班杨烁暄，中（1）班罗晞萌，大（2）班宋承峻，一（3）班高路加，二（4）班张嘉窈，四（1）班张庭瑞，五（3）班林恒、陆炫硕，五（6）班黄义洋 9 位同学的生日，祝你们生日快乐！

2020 年 10 月 27 日　星期二

秋种

1. 同学们好！最近，"大黄蜂"校车在校园和田园校区之间穿梭忙碌着，秋种开始了。

2. 前几日，"一亩田"里红彤彤的红薯、翠绿色的萝卜、饱满的花生见证了你们几个月以来的辛勤劳动。校园里充满了香甜的味道，你们的小脸上也洋溢着幸福笑容。

3. 这几日，"一亩田"又是热闹非凡，各个年级纷纷播种了新的农作物。许多班级的油菜苗已经探出了头，嫩绿的蒜苗也悄悄地钻出了田垄，冬小麦也整齐地躺在土里等待发芽。

4. 我小时候生活在农村，每到收获和播种季节，学校都会放农忙假，我们要放下书包，走进田间地头，和大人一起干活儿流汗。

5. 同学们，田园校区"一亩田"是你们挥洒汗水的地方，这"一亩田"也是你们班级共同的希望。利用周末时间，和家人一起到"一亩田"，除除草、浇浇地，感受劳动的不易和快乐。劳动最光荣，劳动让人光荣。

6. 今天是一（1）班郝依泽、二（8）班皮晨阳、三（2）班任亚莹、六（7）班夏梓栋 4 位同学的生日，祝你们生日快乐！

2020 年 10 月 28 日　星期三

体育精神

❶ 同学们，10 月 23 日，我校男子和女子篮球队参加了高新区小学生校园篮球联赛。

❷ 在女子篮球比赛开赛不到 3 分钟，对方防守队员在争抢控球权时不慎扭伤了脚踝，瞬间倒地。六（3）班李泽嘉同学看到对方队员受伤，主动放弃能得分的机会。我校场上队员更是主动走到受伤队员身边关切地询问情况，并积极配合暂停，在场所有人为我方队员送上热烈掌声，我也为我们同学的表现点赞。

❸ 体育，不仅是体能的较量，更是精神的闪耀。除了拼搏进取、勇争一流外，友谊、团结、合作、公平、关爱、尊重等精神内涵也包含其中。

❹ 金光闪闪的奖牌是一个人在体育赛场上体育技能和体育精神的综合体现。

❺ 同学们，体育已经和德育、智育、美育、劳动教育同等重要了，愿你们都能成为德智体美劳全面发展的好学生。

❻ 今天是六（2）班王浩泽、六（4）班邓涵之、六（6）班刘校宇 3 位同学和王梦娜、李延铭两位老师的生日，祝你们生日快乐！

2020 年 10 月 29 日　星期四

校园之秋

1. 同学们好！最近一段时间，餐厅门口忽然热闹起来。午饭过后，老师们总会带着同学们在门口的大树下拍照。一张张美丽照片记录着同学们在校的幸福时光。

2. 善于观察的同学会发现，餐厅门口的树叶上周还是青绿色，周一一进校园，它们全都变成了金黄色。其实，这是因为霜降所致。霜降是秋季最后一个节气，是秋季到冬季的过渡。

3. 霜降节气的特点是早晚气温较冷，中午比较热，昼夜温差大。农谚常讲"霜降杀百草"，霜降过后，植物渐渐失去生机，大地一片萧索。

4. 同学们，霜降节气后，校园深秋迹象明显，运动场的梧桐落叶越来越多，小花坛中各种植物结出的果实也逐渐成熟，有兴趣的同学可以用心去观察。

5. 校园秋景别有一番趣味，欢迎老师和同学们用相机记录下美好瞬间。

6. 今天是小（2）班李沐阳，中（2）班闫墨珣，二（4）班刘沛函，二（5）班罗添一、邵蕙洁，五（2）班郑佳乐 6 位同学和郭杰老师的生日，祝你们生日快乐！

2020 年 10 月 30 日　星期五

火星合月

1 同学们好！今天凌晨 4 点，夜空中出现了火星合月的天象。

2 火星合月是指火星与月亮在同一黄经上慢慢相合的过程。当时，月亮与火星最近角距离不到 3 度。

3 火星是太阳系八大行星之一。除金星外，火星是离地球最近的行星。火星质量不到地球的九分之一，半径仅为地球的二分之一。但火星在许多方面与地球较为相像，它是地球轨道之外的第一颗行星，颜色呈红色。在西方古罗马神话中，火星被形象地比喻为身披盔甲、浑身是血的战神"玛尔斯"。

4 天文学家说，火星是唯一能用望远镜看得很清楚的类地行星。天文爱好者用天文望远镜观测火星合月时，镜头中的火星看起来像个橙色大球，非常美丽。

5 同学们，浩瀚宇宙，茫茫太空，有许多未知和奇妙的世界在等待人类去探索。不知你是否喜爱天文，是否看到了这个天文奇观呢？

6 今天是一（4）班石瑾萱、四（2）班邢怡璇两位同学和赵静、李娜两位老师的生日，祝你们生日快乐！

动画片

1. 同学们好！你们都喜欢看动画片吧。说起动画片，你会想到哪一部呢？是《葫芦娃》，《哪吒》，还是《小猪佩奇》？

2. 10 月 28 日是世界动画片日，这是为庆祝 1892 年第一部动画片的公开放映而特别定下的日子。在这 128 年里，动画片也从单一走向了多元。

3. 1922 年，中国摄制了第一部动画片《舒振东华文打字机》，这是一部卡通广告片，揭开了中国动画史的一页。1941 年，中国第一部动画长片《铁扇公主》上映，受到人们的热烈欢迎，并为中国动画走向国际做了很好铺垫。

4. 近些年来，《哪吒》《姜子牙》《冰雪奇缘》《龙猫》等动画片相继搬上了银幕，除了你们喜欢之外，也受到我们成年人的喜爱。

5. 同学们，动画片丰富了我们的生活，给我们带来了欢乐。但是，动画片只能是我们业余时间的点缀，要适可而止，不能沉迷其中。

6. 今天是二（7）班王悦然、四（3）班秦耀德、六（4）班田翔旭 3 位同学和宋凤玲、高喜凤两位老师的生日，祝你们生日快乐！

2020 年 11 月 1 日　星期天

生命教育

1 同学们好！最近，心肺复苏和急救知识受到广泛关注，国家肯定了心肺复苏作为高中毕业生必备技能的意义，急救知识已被纳入基础教育课程。

2 开学初，生活部老师就开启了生命教育课程。从老师自身学起，融入宿舍生活，教授相关知识，以帮助你们在小学阶段就学会如何急救。

3 每周一生活部例会，校医老师都会教授生活老师自救、互救知识和应急救护技能，帮助生活老师在学会后，能在日常生活中更好地照顾你们，同时也将救助知识和技能传递给你们。

4 如果我们每个人都能掌握基础的急救常识和技能，在遇到紧急情况时出手救助，就有可能救人于危难之中。

5 同学们，学校开展生命教育，是基于对生命的尊重与爱护，用知识和技能为生命保驾护航。期待每一位同学都能尝试学学看，多一项技能，就多一样生活的本领。

6 今天是大大（1）班赵莫，一（2）班庞悦琳，一（3）班周妍溪，二（2）班和昱辰，二（6）班朱辰悦、崔芸逸，五（1）班李姿辰 7 位同学的生日，祝你们生日快乐！

校歌

❶ 同学们好！前不久，"艾唱歌"校园歌曲征集活动第二阶段已正式启动。

❷ 2019 年 11 月，我们在升旗仪式上启动了校歌征集活动，历时近一年。迄今为止一共收到全校师生及家长投稿 137 件。

❸ 在这些稿件中，有家长对学校的真挚祝福，有老师对学校的满心热爱，也有学生对学校的依依不舍。

❹ 音乐组马莉亚老师历时 7 个月，利用自己休息时间，修改歌词与旋律十几次，最终创作出校园原创歌曲《艾瑞德 GO!》。当问及她的创作灵感时，她说是来源于丰富多彩的校园生活。集团董事长孙银峰也亲自参与到校歌创作中。

❺ 一阕歌词，描绘出我们在有温度、有故事的校园里自然生长的模样；一段旋律，奏响了艾瑞德十年美好时光。我们用自己的笔，写出了心中最爱的艾瑞德。明年十年校庆，让我们一起唱响心中最美的艾瑞德！

❻ 今天是二（6）班石雨喧同学和韩董馨老师的生日，祝你们生日快乐！

大国点名

❶ 同学们好！2020 年 11 月 1 日零时，第七次全国人口普查入户登记填报工作正式启动，将持续至 2020 年 12 月 10 日。本次人口普查采用电子化方式开展普查登记，同时倡导普查对象自主填报个人和家庭信息。

❷ 人口普查是世界各国所广泛采用的搜集人口资料的一种科学方法，是提供国家基本人口数据的主要来源。我国人口普查每 10 年进行一次。

❸ 通过人口普查，可以全面查清我国人口的数量、结构、分布等重要信息。调查结果将直接影响着未来的收入、教育、就业、养老、医疗、社会保障等政策的制定和完善。

❹ 每一位公民都是珍贵的存在。人口普查是一次"一个都不能少、人人都要喊到"的"点名"。大国点名，没你不行；大国点名，没我不行。

❺ 这段时间，请同学们和家人支持人口普查，认真填写信息，为国家积累真实有效的数据。

❻ 今天是一（6）班陈君、二（4）班宋雨弘、三（1）班韩沁宇、六（2）班朱梓熹、六（5）班黄子轩 5 位同学的生日，祝你们生日快乐！

2020 年 11 月 4 日　星期三

金刚川

❶ 同学们好！每月同看一部电影，是艾瑞德老师的标配。10 月，我们观看了电影《金刚川》。

❷ 这部电影以抗美援朝时期的真实故事为背景，讲述中国志愿军工兵连不惧美军炮火，在金刚川地区修建桥梁的英雄故事。今年是中国人民志愿军抗美援朝出国作战 70 周年，让我们铭记那段历史。

❸ 在那战火纷飞的年代，并不是每个人所承担的战斗任务听起来都那么让人慷慨激昂，可能有的人只负责搭建桥梁，但这并不影响他们被称为"英雄"。

❹ 在抗美援朝战争中，这场并非处在冲突一线的小型战斗，可能是微不足道的。但是，管中窥豹，落叶知秋，由此可见整个抗美援朝战争之艰苦，胜利之不易。

❺ 同学们，英雄可歌可泣，和平来之不易。让我们致敬英雄，珍惜现在，热爱生活，努力学习，长大报效祖国。

❻ 今天是中（3）班马墨依、三（4）班王煜慧、六（3）班周浩淼 3 位同学的生日，祝你们生日快乐！

2020 年 11 月 5 日　星期四

十分钟

❶ 同学们好！你是否遇到过这样的情况：早上爱赖床，推迟十分钟起床，慌慌张张到学校，已经上课了，打开书包，发现书本又忘带了……赖床的时候，我们无法预想那短短的十分钟竟会给生活带来如此大的麻烦。

❷ 人们经常会因为错过了重要的几分钟而懊悔不已。如果无论做什么事情都能够提前十分钟，去应对可能出现的小意外，那我们就可以多一些从容。

❸ 在日常生活中，恐怕没有人喜欢和不守时的人打交道。如果你仔细观察就会发现，经常迟到的同学，在学习中往往也更容易出错。

❹ 有些事情，只需要再细心一点就可以做好；有些错过，只需要再提前一点就可以避免。

❺ 同学们，不要小看那几分钟，它不仅代表了一个人的时间观念，更体现了一个人的人生态度。每天提前十分钟，很可能让我们的学习生活大不同，你可以试试看。

❻ 今天是中（3）班贺浩硕、三（3）班张荣显两位同学和李光老师的生日，祝你们生日快乐！

○　时间颗粒度：一位校长的60秒　●

天冷了

1. 同学们好！进入 11 月，天气逐渐寒冷，冬天的脚步离我们更近了。

2. 据说今年冬季低温天气有可能比往年来得更早一些。后勤师傅早早启动冬季供暖保温准备工作。教室空调深度清洁、新风系统更换滤芯、餐厅保温车投入使用、宿舍热水系统检测等工作都在有条不紊地进行。

3. 冬季也是人类呼吸系统最经受考验的季节之一，冷空气会对呼吸道产生很大刺激，容易诱发流行性感冒、水痘、腮腺炎等疾病，校医和辅导员老师按规定每天对教室、宿舍进行通风消毒。

4. 郑州市将在 11 月 15 日开始供暖，学校各项供暖措施已到位，并将根据气温状况，机动灵活地为师生营造温暖的学习、生活环境。

5. 同学们，天气寒冷时记得及时增加衣物，多喝温开水，莫让感冒有机可乘。早睡早起多锻炼，保持快乐、健康的学习状态。

6. 今天是大（3）班董恩麟、二（1）班谢沐绮、二（4）班王子煜、二（5）班王妍熹、二（7）班申一晴 5 位同学和黑艳丽老师的生日，祝你们生日快乐！

2020 年 11 月 7 日　星期六

破纪录

1 同学们好！前两天湖南衡南县水稻基地传出好消息：袁隆平团队第三代杂交水稻实现亩产 3061 斤，远远超过了 3000 斤的目标，90 岁的袁老闻讯兴奋得像个孩子。

2 受新冠肺炎疫情等因素影响，全球粮食供应陷入危机。而第三代杂交水稻具有高产、抗病、抗寒等特点，更加切合实际生产，有利于保障国家粮食安全。

3 说到破纪录，研究团队成员张玉烛说："袁老师每次制定的目标都很高，'跳起来'才够得着……只有我们跳得越高，国家粮食安全才会越牢。"民以食为天，要端牢自己的饭碗。目前，我国不但解决了 14 亿人温饱问题，还让中国有了足够的粮食储备。这就是袁隆平院士给大家最大的安全感。

4 90 岁的年龄，30 岁的状态。袁隆平院士说他毕生的追求就是让所有人远离饥饿。他心中有大爱，话中有深情！

5 先突破自我，后打破纪录！

6 今天是四（2）班王泊霖同学的生日，祝你生日快乐！

○　时间颗粒度：一位校长的60秒　●

2020 年 11 月 8 日　星期天

三峡工程

1 同学们好！11 月 1 日，国家公布一则重磅消息：三峡工程完成竣工验收全部程序。

2 1992 年，国家通过了《关于兴建长江三峡工程的决议》；1994 年，三峡工程正式开工；2020 年，完成竣工验收全部程序。目前，三峡工程已走过 26 年波澜壮阔的建设历程。

3 迁建城镇、安置乡民、大江截流、全线浇筑……艰难困苦，玉汝于成，终于使三峡工程成为迄今为止世界上规模最大的水利枢纽工程，也是综合效益最广泛的水电工程。

4 除了创造多项纪录，三峡工程也在防洪、供水、发电、航运等方面发挥着重要作用，如减轻长江中下游地区防洪压力，改善多地用水条件，支持多省电力供应，稳居世界内河货运量第一。

5 "百年三峡梦"，为了完成这项"世纪工程"，无数"三峡人"奉献了青春，挥洒了汗水。为三峡工程自豪，向建设者们致敬。

6 今天是小（2）班曹睿远、二（3）班崔轩豪、二（8）班林文心、四（5）班李希羽 4 位同学的生日，祝你们生日快乐！

2020 年 11 月 9 日　星期一

消防安全日

① 同学们好！今天是 11 月 9 日全国消防安全日，它是因我国火警电话 119 而来。

② 上月底，全校进行了消防逃生演练，你们在老师的组织下迅速、有序地按照逃生路线安全疏散，做得很好。为什么要进行这样的演练？因为火灾一旦发生，便来势汹汹，刻不容缓。近 15 年，我国每年平均发生火灾 30 万起，死亡人数超过 1500 人，直接经济损失达数十亿元。

③ 除了逃生常识，我们还要知道如何预防火灾。不玩火、安全用电，发现火情第一时间报警。要知道，大火常缘于小疏忽，火险总藏在隐蔽处。每天你们放学后，学校保安师傅都会巡视校园，以减少安全隐患。

④ 今天，我们还要致敬全体消防官兵。每扑灭一场大火，他们都要付出很大的努力，甚至还会失去生命。

⑤ 同学们，生命宝贵却也脆弱，消防安全，是对自己，也是对他人负责！

⑥ 今天是中（3）班苏子陌同学和李丽丽老师的生日，祝你们生日快乐！

○ 时间颗粒度：一位校长的60秒 ●

2020 年 11 月 10 日　星期二

善待

1 同学们好！当你们听到今天"校长 60 秒"的此刻，我正身处重庆，向你们问好。

2 我此次是为一个演讲而来，我想把演讲题目"寻找安全感，是文明进步与人生奋斗的最基础动力"分享给你们。这次演讲从准备到完成，我最大的感受是一个词：善待。

3 "善待"就是你们大手拉小手护送幼儿园弟弟妹妹，就是老师替你们保守心底小秘密，就是后厨师傅为过生日的老师送上生日面，就是你们与爸爸妈妈在"班级一亩田"认真耕种每一寸土地。

4 当然，我用心准备这次演讲，也是一种善待。善待，就是心里的爱长出一双翅膀，既可为他人遮雨，也能让自己飞翔。

5 安全感，除了对眼前的善待，还有对未来的期待。这次演讲，我将向更多人分享艾瑞德的温度，讲学校因"善待"而"安全"的故事，你们期待吗？记得为我加油哟！

6 今天是中（2）班陈芊诺、一（1）班于晨晴、一（4）班符玥桐、五（6）班王昱心、六（6）班李贤麟 5 位同学和李艳勤、刘美玲两位老师的生日，祝你们生日快乐！

2020 年 11 月 11 日　星期三

双十一

1 同学们好！今天是"双十一"购物狂欢节，你家里购物了吗？

2 "双十一"的说法源于 2009 年 11 月 11 日天猫商城举办的网络促销活动。通过大规模打折促销，当天淘宝销售额大幅提高，于是，每年 11 月 11 日便成为其举办大规模促销活动的固定日子。如今，更多购物网站加入这一活动，"双十一"已成为中国电商年度盛事。

3 还记得去年今天校园里举办的"双十一购物嘉年华"吗？今年我们依然有"双十一购物节·线上线下嗨翻天"的主题活动，期待中午运动场上你们有快乐的买卖体验！

4 与去年不同的是，今年的活动增加了物流送货方式，听说已经招募好快递小哥并做了岗前培训，这让我们共同期待！

5 今天，瑞德购物中心委托我提示大家，交易的原则是价格公道、诚信经营、平等自愿。相信你们都能遵守！

6 今天是大（1）班王子珺、一（7）班王梓、二（2）班武榆棋、二（3）班张若渔、二（7）班管桐、三（1）班白昊轩、三（6）班王家祺 7 位同学和吴月、贾关学、孙彦福 3 位老师的生日，祝你们生日快乐！

○　时间颗粒度：一位校长的60秒　●

2020 年 11 月 12 日　星期四

十二生肖

1. 同学们好！你们知道十二生肖都有哪些小动物吗？你的生肖是什么呢？

2. 十二生肖是由十二种动物形象组成的生肖链，被称为"属相"。

3. 我们校园八大景观中的一处也被命名为"十二生肖"，我经常看见有同学去亲近它们，并告诉身边小伙伴自己的属相。幼儿园的小朋友更是喜欢它们，每个班会守护一个生肖，作为班级"吉祥物"。小朋友们定期和老师、伙伴一起去为它们洗澡、装扮。

4. 现在天气变冷，中（2）班郭梓瑜小朋友说："我要给生肖抹香香，让它的皮肤变得特别好，这样就不怕冷了！"值得一提的是，明天将举办的幼儿园童话故事节也是以"十二生肖"为主题，让我们特别期待。

5. 同学们，十二生肖点缀了校园，也装点了我们的童年。让我们一起来守护校园十二生肖，守护校园一景一物，相信校园在大家的守护中定会发光发亮。

6. 今天是刘晓娜老师的生日，祝你生日快乐！

277

2020 年 11 月 13 日　星期五

童话故事节

1 同学们好！今天是幼儿园童话故事节，是小朋友最喜欢的节日之一，他们早就十分期待了。

2 童话故事节已举办四届，每一届都充满惊喜。第一届主线为绘本故事，第二届围绕《西游记》的故事进行，第三届重点为动漫影片。每一届都让校园充满神奇，给小朋友们留下了珍贵回忆，也让我非常难忘。

3 今年第四届童话故事节以十二生肖为轴线进行，主题为"萌娃遇生肖，童话伴童年"。两周前，小朋友们的小黄书包里就开始了关于十二生肖绘本故事的漂流。今天的校园，更是有逼真的场景体验。

4 值得一提的是，幼儿园大班组 16 位家长编排了十二生肖童话剧，将于今天上午在报告厅进行两场演出，一定会很精彩。

5 同学们，童话是心中的梦。在童话世界里，不仅可以体验梦幻场景，感受纯真美好，还可以将"真、善、美"的优良品质进行传递。

6 今天是三（2）班郑家旭、三（3）班王铭钰、三（6）班刘企航、四（6）班宋嘉澍 4 位同学和高素红老师的生日，祝你们生日快乐！

○　时间颗粒度：一位校长的60秒　●

2020 年 11 月 14 日　星期六

心理周

1 同学们好！在初冬暖阳中，我们迎来了第五届心理健康活动周，此次活动主题是"给心灵一片晴空"。这是一个非常美好的期许，给自己以微笑，给心灵以阳光。

2 一周中，活动精彩呈现，有心理健康知识展、主题班会、趣味心理绘画、"团体心理沙盘"、个案心理辅导、"趣味心理游戏坊"等。

3 同学们最喜欢的还是趣味心理游戏。一年级的"一圈到底"、二年级的"夹球大战"、三年级的"气球砰砰砰"、四年级的"无敌风火轮"、五年级的"珠行万里"、六年级的"能量传送带"。每个班集体都为了同一个目标团结合作，勇争一流。

4 体验活动后的围圈分享更是点睛之笔，大家分享得失、分享喜悦、分享感受，感受自己与团队的关系，也促进彼此的关系。

5 本届心理周的成功举办，除了心理学科老师的努力外，还得到体育组老师和班主任的全力支持，这也正好体现了活动的主题，非常感谢大家！

6 今天是三（5）班艾妙涵、六（3）班王晨曦两位同学的生日，祝你们生日快乐！

2020 年 11 月 15 日　星期天

进博会

① 同学们好！前不久，第三届中国国际进口博览会在上海成功举办。

② 这次展会共分食品、汽车、农产品、医疗器械等 6 个展区，是迄今为止世界上第一个以进口为主题的国家级展会。

③ 这是一次世界可以近距离观察中国抗疫重大战略成果、感受中国经济活力的绝佳机会。很多外国企业为参加本届进博会，主动隔离 14 天。

④ 2020 年是个不同寻常的年份。一场突如其来的疫情"大考"，让奥运会推迟了，国际会议都通过视频了，大型展会都在云端了。第三届进博会，却能如期在上海的金秋举办，这是中国展示给世界的一份满意答卷。

⑤ 共天地，同风雨。同学们，我们的国家领导人说了，大国更应该有大国的样子，要提供更多全球公共产品，承担大国责任，展现大国担当。让我们一起为祖国更加繁荣昌盛而努力学习吧！

⑥ 今天是四（6）班胡轩恺、六（6）班孙云鹤两位同学和王普玲老师的生日，祝你们生日快乐！

努力

1. 同学们好！11 月 11 日早晨，我看到一位老师在朋友圈发了两张照片，一张是一位师傅在就餐区低头练字；另一张是监控画面截图，里面一位师傅在低头写字。

2. 监控画面里写字的人是厨师班班长金师傅，而在就餐区练字的人是餐厅面点师傅——李师傅。

3. 金师傅写的是食谱，李师傅写的是毛主席诗词。李师傅在工作之余，拿起钢笔，写着"红军不怕远征难，万水千山只等闲"等豪迈诗句。

4. 当时，我在重庆学习，看到这两张照片时，内心很有触动。我相信，练字这件小事，能够让李师傅离开案板，享受到自己美好的休闲时光。人终究会在学习中触摸到自我价值。

5. 同学们，金师傅、李师傅都在进步，我们又有什么理由放缓学习的脚步呢？希望同学们珍惜学习好时光。你努力的地方，藏着你的未来。

6. 今天是一（2）班杜沐夕、一（7）班刘一博、二（4）班田昀皓、五（6）班水艺璇、六（2）班梁继宏、六（4）班时子轩 6 位同学和田芳、徐硕韩、贾丹妮 3 位老师的生日，祝你们生日快乐！

"奋斗者"号

1 同学们好！前不久，中国载人潜水器"奋斗者"号在西太平洋马里亚纳海沟成功下潜 10 909 米，创造了中国载人深潜新纪录。此深度相当于珠穆朗玛峰顶上再叠一座西岳华山的海拔高度。

2 在万米海底，成就"奋斗者"的是一系列超高难度的国产核心技术，其中有中国自主研发的全新高强、高韧、耐海水腐蚀的钛合金。

3 1986 年，中国第一艘载人潜水器——7103 救生艇研制成功，它只能下潜 300 米。2010 年 5 月至 7 月，中国第一台自行研制的载人潜水器"蛟龙"号在中国南海进行了多次下潜任务，最大下潜深度达到了 7020 米。中国成为世界上继美、法、俄、日后第 5 个掌握大深度载人深潜技术的国家。

4 从百米浅海到万米深海，中国载人深潜事业劈波斩浪几十年，一步一步实现着深潜人的"深蓝梦"。

5 同学们，科技强国，让我们努力学习，学好科技，报效祖国。

6 今天是四（2）班赵涵玉同学和赵金遂老师的生日，祝你们生日快乐！

○ 时间颗粒度：一位校长的60秒 ●

2020 年 11 月 18 日　星期三

荷球

1 同学们好！前不久，郑州市举办了首届中小学荷球锦标赛。全市 34 支代表队参赛，艾瑞德国际学校首次组队参赛就取得优异成绩：U10 组代表队荣获全市第三名，U12 组代表队荣获全市第五名。

2 荷球源于一位荷兰籍教师尼克·布洛克森，他从一项游戏中萌发出荷球运动的概念。在 1902 年，他最终于阿姆斯特丹发明了荷球这项崭新的球类运动。

3 国际荷球联盟于 1933 年成立后，荷球的发展便被重视起来。在 1920 年及 1928 年的奥林匹克运动会中，荷球被作为官方比赛项目进行演示。

4 荷球是男女同场竞技，男防男，女防女，只能一防一，不可协防，不可持球跑，不可运球，不允许一切身体接触。在比赛中，同学们感受到了比赛的拼搏与快乐。

5 同学们，有好身体才有好未来，让我们好好锻炼身体，为美好未来做好准备！

6 今天是小（2）班王梓峥同学和宋梦婷、郑亚平、于春苗、孙中凯 4 位老师的生日，祝你们生日快乐！

新书

1 同学们好！最近读书广场的邢馆长非常忙碌，他每天接收快递、为新书编号，忙得不亦乐乎。如果你们到读书广场，一定会发现这里新购买了一大批新书，这里面肯定有你们喜欢的书。

2 本学期，邢馆长广泛征求老师、学生以及行政后勤员工的意见，和柳亚青主任线上线下精心挑选、购买了 753 本包含童话故事、人文社科、经典名著以及教育教学等不同种类的图书，供师生阅读。

3 学校图书馆名为读书广场，是想让图书馆成为离师生最近、师生最喜欢的地方。读书广场已有藏书数十万册，除上述邢馆长他们所购的新书外，现在又更新了一批新书。

4 这批新书是上届六年级毕业生赠送给母校的毕业礼物，他们虽然毕业了，但是他们希望把读书的校风在母校留存下来、传承下去。

5 同学们，希望你们能够利用空闲时间来读书广场多读书，读好书，用读书充实自己！

6 今天是二（7）班李梓睿、付麒煜，二（8）班邢可歆，六（3）班龚雅欣 4 位同学的生日，祝你们生日快乐！

征集

1 同学们好！明年，我们的学校就十岁了。校庆筹备工作已经全面启动，十个校庆主题项目正在有序推进。作为校园小主人的你们，如何向校庆献礼呢？

2 音乐学科发起的校歌征集活动吸引了众多同学、老师和家长的参与，现已定稿，不久就会连同学校田园歌曲一起与大家见面。

3 美术学科本周也发布了面向全体同学、老师和家长的"校园文创征集"活动。这是一项开动脑筋的设计，你敢接受挑战吗？如果你的作品易懂，易记，易识别，构思精巧，简洁明快，色彩协调，健康向上，有独特创意，就有可能被采用，征集箱就在一楼芝麻街！

4 此外，如果你还有更好的献礼校庆的主意或者也想发布征集令，校长信箱随时为你开放。积极投稿也是献礼校庆的方式。

5 同学们，活动的出发点是希望同学们参与到学校的共建中来，在同频共振中同生共长。

6 今天是大大（3）班丁昕垣、六（4）班刘宇航两位同学和王向老师的生日，祝你们生日快乐！

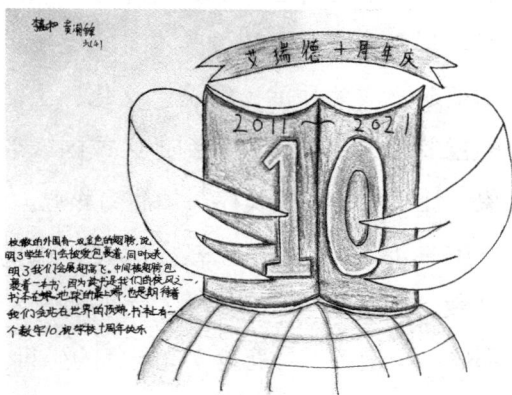

2020 年 11 月 21 日　星期六

校长杯

1　同学们好！一年一度的"校长杯"足球联赛已经开始了，本次比赛共有 13 个班级参加，共计 12 场比赛。

2　本届"校长杯"的设计比以往 4 届有了新的突破和改变。其中，为了增加比赛的观赏性，各代表队可以借调一名校队队员当外援，各班还有自己的参赛队服。

3　2016 年，我校被评为全国"足球特色学校"，至今参加"市长杯""区长杯""校长杯"比赛 100 余场，区级联赛战绩辉煌，成绩一直保持在高新区第一梯队，尽管如此，我们还要更进一步。

4　经常参加足球运动可以全面提高人的速度、力量、耐力等身体素质，达到增强体质、促进健康的目的。当然，足球运动还可以培养团队合作精神。

5　足球运动更蕴含着深刻的文化和思想内涵，其影响已远远超过其本身的竞技运动范畴，成为政治、经济、文化、生活的重要组成部分，关系到地区或国家形象。让我们为"校长杯"加油喝彩吧。

6　今天是小（1）班岳仁泽、小（2）班冯赫萱、中（1）班郑家棋 3 位小朋友和邓倩、吴艳芳、马莉亚 3 位老师的生日，祝你们生日快乐！

○　时间颗粒度：一位校长的60秒　●

2020 年 11 月 22 日　　星期天

小雪

1. 同学们好！今天是 11 月 22 日，我们迎来冬季第二个节气——小雪。到了小雪时节，由于天气寒冷，降水由雨变成雪，但降雪量还不大，因此称之为"小雪"。小雪和雨水、谷雨等一样，都是直接反映降水的节气。

2. 小雪过后，在中国广大地区，西北风开始成为常客，气温下降，北方地区进入天寒地冻季节。

3. 节气是很神奇的时间节点，中国古人用自己的智慧，巧妙地感受到时间的变化与风霜雨雪的交替，并据此来安排耕种与生活。在小雪至立春期间，有"冬腊风腌，蓄以御冬"的风俗，人们开始动手做香肠、腊肉等，到春节时正好享受美食。

4. "小雪雪满天，来年必丰收"。初雪不仅能减少来年农作物的病虫害，还意味着来年风调雨顺。

5. 同学们，秋收冬藏，寒冷的冬季，静下心来，多读书，多储备我们的知识与能量吧！

6. 今天是二（1）班周元熙、刘彦良，三（4）班郑宇航，三（5）班刘天贺，四（6）班付熠豪，五（1）班李蕊彬，六（3）班田一雯 7 位同学和柳文杰、王顺平、王彦、吴艳芳 4 位老师的生日，祝你们生日快乐！

287

入场券

❶ 同学们好！每年 12 月都会迎来"艾瑞德英文戏剧节"，今年已经是第四届了。各年级早早地开始找主题、定剧本、选演员、拍定妆照、排练等各项准备。

❷ 今年和往年不同的是，同学们需要提前动手制作入场券，活动当天凭入场券观看演出。这样一份小小的入场券一下子就火了起来，让戏剧节更有仪式感，也让每一位同学通过这场小小的创意活动跟戏剧节建立了联系。

❸ 同时，制作入场券也是融合课程的一种学习方式，你们需要去查找入场券的书写格式，设计图案，最后动手呈现出来，成为戏剧节重要的一个环节。

❹ 我在各年级的连廊看到了你们绘制的入场券，它们如百花齐放，各有特色。期待你们带着自己绘制的入场券参加今年的英文戏剧节。

❺ 同学们，学习其实不仅仅是为了结果，更重要的是过程中的收获。

❻ 今天是中（3）班许威廉、二（7）班王晨安、四（3）班杜依娜、五（1）班叶炳旭、五（6）班林锦嵘 5 位同学的生日，祝你们生日快乐！

2020 年 11 月 24 日   星期二

微光书苑

1. 同学们好！河南安阳农村一个便利店老板把自家超市货架改成书架，创办"微光书苑"，成为中国最小的图书馆。

2. 12 年前，在人口不到 1000 人的李石村，便利店老板李翠利想要在村里"种"文化，她把超市最显眼、营收最高的货架清空，将家里 200 多本藏书和自费新买的 300 多本二手书摆上货架，供乡亲们免费借阅。

3. 因为乡亲们没有阅读意识和阅读习惯，为了打破僵局，李翠利"以物质促阅读"，在孩子们中间开展借阅赠礼品活动。她说："多个小孩借书，比多挣一百元钱都高兴。"慢慢地，光顾书架的人多了起来，有时甚至排起了长队。

4. 微光易灭，如果哪一天你不去坚持了，这一点光都没有了。微光也能燎原，给人们带来温暖和光亮，让内心丰盈，充满希望。

5. 同学们，要相信自己的力量，把梦想付诸行动并全心投入，我们的人生才会有美丽的不同。

6. 今天是四（3）班朱依琳、五（2）班董益辰、五（4）班邓大为 3 位同学和张秋英老师的生日，祝你们生日快乐！

2020 年 11 月 25 日　星期三

飞行滑板车

1 同学们好！近日，由中国航天科技集团有限公司研制的"飞行滑板车"备受关注。它可用于高空作业、消防救灾、复杂地形人员搜索与急救等。同时，它也可以作为无人投送平台，在应急支援、货物自动投送等方面发挥作用。

2 它可载重 160 斤，航程达 20 公里，最高飞到 1000 米，主要在 100 米以下低空飞行。

3 它的外表和在地面上使用的平衡车非常相似，都有供人站立的平台，但这款飞行器拥有一套普通平衡车没有的动力系统。这套动力系统是科学家们精心设计的，也是研发这款滑板车时最困难的部分。

4 为了保持动力稳定，飞行系统中有 5 个小型发动机，即使某一个发动机在运行时出现了故障，也不会影响正常使用。

5 同学们，科技兴国，科技强国，希望你们能好好学习，热爱科学，上好每一堂课，用所学知识改变生活。

6 今天是大大（2）班王熹尧、二（6）班冯雨轩、五（2）班唐中锴、六（4）班李妍如昱、六（6）班刘一墨 5 位同学和张萌、陈铭阳、张婉清 3 位老师的生日，祝你们生日快乐！

千米冲刺

1 同学们好！最近，贵州交警唐荣辉、肖玉龙的故事温暖了整个朋友圈。

2 在贵州凯里市，一名 1 岁女童突发抽搐昏迷，母亲开车带其就医时被堵在路上。她向执勤交警求助后，交警狂奔 1000 米，"跑出人生最快时速"，让女童得到及时救治，母亲十分感动。

3 这个世界总有"超人"在守护和温暖着我们。他们维持交通秩序，守护交通要道，为抢救生命开辟"航线"，他们的职业天性就是为人民服务。

4 作为世界上最危险的工作之一，曾有人问过，既然工作这么辛苦又非常危险，为什么还愿意做警察？其中一位警察这样说："我们不是超人，但曾经举起拳头宣誓，随时为党和人民牺牲一切。"

5 同学们，总有一些东西，比自己的生命还重要；总有一种信念，值得用心去守护。希望大家能够坚定信念，努力学习，成就自我，奉献社会。

6 今天是一（7）班师笑展、二（2）班卢鹤文、四（1）班李佳轩、五（4）班雷佳润、六（1）班王子轩 5 位同学和杨爱梅老师的生日，祝你们生日快乐！

2020 年 11 月 27 日　星期五

研学后记

1. 同学们好！上周四年级 208 名师生完成了"六个一"主题课程之一的"访过一座城"，行走在洛阳城，触摸十三朝古都的历史变迁。

2. 在二里头夏都遗址博物馆追夏巡礼，在定鼎门体验文物修复，在龙门石窟感受十多个朝代历经 1400 年不间断的艺术追求，在三彩艺术中心学习制陶工艺。一路行走，一路体验。

3. 研学，在空间概念上的行走已经结束了。而新的学习才刚刚开始，研学后的感悟分享、汇报演出、结集成书都正在准备中。

4. 研学中，老师们不仅是同学们的伙伴，也是榜样。学校微信公众号推送老师写的《读城》《寻访洛阳，穿梭古今》《一座城一部史》等系列文章，师生行走感悟化成诗意的文字流淌在我们心间。

5. 同学们，以天地为课堂，引山水入胸膛。读万卷书，行万里路。感悟历史的同时，你们也在创造着属于自己的历史。

6. 今天是二（2）班李正旭、三（5）班陈晨熙两位同学和连茹、方冶两位老师的生日，祝你们生日快乐！

○　时间颗粒度：一位校长的60秒　●

嫦娥奔月

1. 同学们好！11 月 24 日，我国成功发射探月工程"嫦娥五号"探测器，它将登上月球采集月壤返回地球，开启我国首次地外天体采样返回任务。

2. 历史上，人类采集过 9 次月壤，其中美国 6 次，苏联 3 次。"嫦娥五号"计划带回 2 千克月球样品，堪称我国航天领域难度最大的任务之一。

3. "嫦娥五号"的成功发射有望实现 5 项"我国首次"，分别是：地外天体的采样与封装，地外天体的起飞，月球轨道交会对接，携带样品高速再入地球，样品的存储、分析和研究等。

4. 采回的月壤一份放在北京，另一份放在开国领袖毛主席的家乡湖南。毛主席曾经用"可上九天揽月，可下五洋捉鳖，谈笑凯歌还"的诗句鼓舞中国人。

5. 同学们，现在我们实现了"九天揽月"，让我们保持对科学的好奇心，好好学习，天天向上。

6. 今天是一（5）班宋星辰、二（6）班张世友、三（6）班陈羽馨、五（1）班王宇轩 4 位同学和宋惠玲、程玉红两位老师的生日，祝你们生日快乐！

体验

1. 同学们好！近期，学校各项主题活动课程在陆续进行着。三年级的"经过一种爱——让城市在爱中醒来"、四年级"访过一座城"的洛阳研学、五年级的"诗词大会"，还有 12 月的艾瑞德戏剧节等，都是帮助同学们在经历中体验，在真实场景中学习。

2. 现在的学习已经不局限于学校和教室了，我们会带着同学们走向自然，走向真实生活，了解不同文化，认识更多的人，体验不同岗位对社会的贡献与价值。

3. 世界是学习的教材，活动也是学习的方式，亲身体验是另一种阅读与学习。要在可能情况下多经历、多体验。

4. 脚步丈量过的路，手指触摸到的一草一木，都是我们的学习资源。杜威曾说："儿童的世界是一个具有他们个人兴趣的人的世界，而不是一个事实与规律的世界。"

5. 同学们，学习场景变了，学习方式也就变了。让我们学会在体验中领悟，在实践中学习。

6. 今天是小（3）班高晨涵、二（4）班胡玥萱、三（2）班王鹏皓、三（5）班杨晶伊 4 位同学和吕静老师的生日，祝你们生日快乐！

一等功

① 同学们好！前不久，中央军委给中国人民解放军仪仗大队记一等功。

② 中国人民解放军仪仗大队是我国唯一一支担负国家级仪仗司礼任务的部队，常年担负迎送外国元首、政府首脑、军队高级将领及纪念、庆典等重大国事活动的仪仗司礼任务。

③ 仪仗大队自 1952 年 3 月组建至今，圆满完成任务 4800 余场，被中央军委授予"军旅标兵"荣誉称号。

④ 在 2019 年 10 月 1 日庆祝中华人民共和国成立 70 周年系列活动中，60 名标兵 1 分 35 秒就位精准无误，56 门礼炮 4 分 36 秒鸣放 70 响分秒不差。无论酷暑严寒，每天他们都会伴着晨曦，走上战位，护送五星红旗迎风招展。

⑤ 为了每一场任务的圆满完成，他们练军姿，一站就是 3 个小时，最终百炼成钢。同学们，一等功的背后是忠诚与坚守，其实，我们的学习也是一种忠诚与坚守。

⑥ 今天是中（3）班王千墨、四（3）班申思琦、五（5）班杨金铭 3 位同学和李静老师的生日，祝你们生日快乐！

坚守　忠诚

2020 年 12 月 1 日　星期二

重庆

① 同学们好！最近这段时间，我将有三次到访重庆的经历。

② 重庆简称"渝"或"巴"，因为有长江穿过这里，且平时多雾，所以重庆又称江城、雾都，它是我国四大直辖市中唯一一个在西部地区的直辖市。重庆也是一座有山有水、灵气秀美的旅游城市。

③ 但我去重庆并不是为了游玩，而是去参加在那里举行的中国教育创新年会。在会议中，有时我也像你们一样，是一个认真听讲、勤思好学的学生；有时，我会以嘉宾身份讲述我们学校的故事，这些故事的主角就是你们。

④ 最近，或许你们老师也去了重庆学习。我们这样走出去，不辞辛苦，就是为了能打开思路，遇见更好的教育，并把最好的东西带回来给你们。

⑤ 同学们，在日新月异的今天，我们的学习方式也在改变。要记得，任何发生在我们身边的事情，都是对自己成长和学习的邀请。

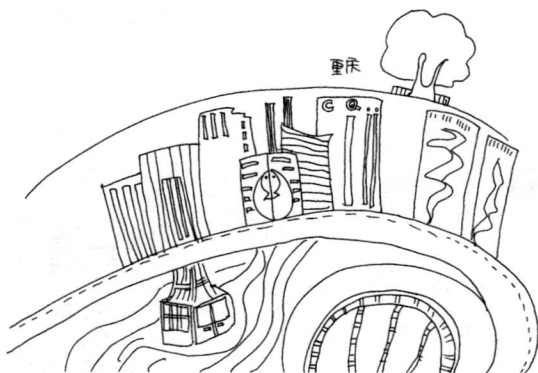

⑥ 今天是四（6）班朱泓旭同学和我的生日，那请同学们祝我们生日快乐吧！

○　时间颗粒度：一位校长的60秒　●

经过一种爱

❶ 同学们好！上周五，三年级同学开展了"让城市在爱中醒来"主题课程，该课程从创立至今已经进行四届了。他们用自己的行动感恩为这座城市默默奉献的劳动者。

❷ 凌晨四点，零下三度，老师和同学们走在寒风中，虽然天寒路远，但没有一个同学中途放弃。全体师生分成"校园组""公交调度组""地铁组""急救中心组""消防中心组"和"环卫组"六个小分队。

❸ 比如"公交调度组"的目的地是距离学校步行 40 分钟的公交公司，45 路公交车车长李杜带领孩子们做发车准备，并打扫卫生、预热车辆。孩子们体验、感受到，在他们睡梦中有多少人为了这座城市的运转已早早醒来。

❹ 这是艾瑞德"六个一"主题课程之一，相信每位同学在六年间经历过不同主题课程后，定会有不同的收获。

❺ 同学们，让城市在爱中醒来，让爱从我们经过的地方出发，抵达每一个热爱劳动的人的心间。

❻ 今天是大大（3）班周思成、路卓羽，一（1）班张浩轩，一（3）班张浩宇，二（1）班杨易坤，三（1）班苑睦琪，三（2）班胡雅心，四（1）班岳崇祯，四（2）班王一洁 9 位同学的生日，祝你们生日快乐！

马首铜像

1. 同学们好！昨天，马首铜像结束了 160 年的"流浪"回归圆明园，这是已故澳门爱国人士何鸿燊先生花巨资回购并捐赠给国家的，这也是第一件回归圆明园的流失海外的重要文物。

2. 马首铜像不仅是一件珍贵文物，其价值远远超出了文物本身，它见证了中华民族曾经备受欺凌、饱经沧桑的岁月。

3. 十二生肖兽首铜像原为圆明园海晏堂外喷泉的一部分，是清乾隆年间的红铜铸像。1860 年英法联军侵略中国，火烧圆明园，兽首铜像开始流失海外。

4. 历经百年风雨，目前，十二兽首中的牛首、猴首、虎首、猪首、鼠首、兔首、马首通过不同方式回归祖国怀抱。

5. 令人痛心的是，依旧有大量流失海外的中国文物难回故土。这些流散海外的文物，承载着我们的历史，镌刻着我们的辉煌，铭记着我们的过去。终有一天，我们会找到它们，接它们"回家"！

6. 今天是大（2）班侯铄熙、一（7）班喻诗童、二（4）班周禄胜、三（7）班于晨翔、五（6）班张欣妍 5 位同学的生日，祝你们生日快乐！

2020 年 12 月 4 日　星期五

宪法日

1 同学们好！今天是第 7 个国家宪法日。宪法是国家的根本法，是治国安邦的总章程，是党和人民意志的集中体现，是保障公民权利和义务的生命线。

2 我国宪法共有 4 章 143 条，包括《总纲》《公民基本权利和义务》《国家机构》《国旗、国歌、国徽、首都》4 章。宪法具有最高法律效力，是制定其他法律的依据，一切组织和个人都要遵循宪法的规定，不得违背宪法。

3 在六年级的《道德与法治》上册教材中，更是倡导同学们认真学习宪法，掌握宪法知识，了解宪法规定的内容，把宪法作为行动的根本依据。

4 前段时间，学校进行防暴恐演练，校警用警械制伏"歹徒"，在宪法里就属于正当防卫。在日常生活中，我们要学会用法律武器来维护自身正当利益。

5 同学们，知法、守法是每个公民的义务，国家宪法日不仅是一个纪念日，更是全民宪法的教育日、普及日、深化日。

6 今天是小（3）班周佳缘、四（6）班刘景梦两位同学和薛静娴老师的生日，祝你们生日快乐！

公筷

1 同学们好！世界卫生组织介绍，影响健康的因素中，有 60% 与生活方式和用餐方式有关。新冠肺炎疫情的暴发，更显示了使用公筷、文明用餐的重要性。

2 杭州市疾控中心的专家们专门进行了一场实验，测试使用公筷和不使用公筷用餐后的细菌对比，实验结果令人震惊。

3 实验结果显示：对比"公筷"与"非公筷"两组菜品剩余部分的菌落总数，"非公筷"那一组菌落总数全部高于"公筷"那一组。更令人意想不到的是，菌落总数竟然相差那么多倍。

4 使用公筷公勺可以帮助大家养成定量取餐、按需进食的习惯。在外用餐吃不完的，可以打包回家。减少浪费的同时，还培养了人们环保节约的良好风尚。

5 公筷公勺，举手之劳，让我们共同努力，从细节做起，从你我做起，倡导就餐新风，养成文明餐桌意识和健康生活好习惯。

6 今天是大大（2）班赵宇羡、四（4）班王培懿、五（3）班刘芯亦 3 位同学的生日，祝你们生日快乐！

2020 年 12 月 6 日　星期天

国际残疾人日

1 同学们好！你们知道世界上有多少残疾人吗？12 月 3 日第 29 个国际残疾人日数据显示，全球共有 6.5 亿残疾人，约占世界人口的 10%，其中 80% 分布在发展中国家。

2 目前，我国约有 8500 万残疾人。他们虽然身体有缺陷，但依然执着拼搏。他们被苦痛吻过，依然报之以歌，他们不屈服，依然热爱生活。每一个残疾人都是折翼的天使，我们要对残疾人多些关爱与尊重。

3 这让我想起，艾瑞德国际幼儿园的小朋友，他们曾和老师一起带着冬季衣物、日用品走进郑州市福利院，为那里的孩子送上温暖，和他们一起互动欢乐。

4 这次活动让小朋友明白，很多在我们看来很简单的事情，对残疾人来说可能不太容易完成。

5 同学们，我们要关爱和帮助每个生命。相信你们能用自己的方式传递艾瑞德的温度与故事，传递做人的善意。

6 今天是一（5）班刘沐阳、一（6）班张梓轩、二（4）班邓景元、四（3）班聂圣轩、五（6）班冯集团、六（1）班李元赫 6 位同学和朱梦杰老师的生日，祝你们生日快乐！

马拉多纳

❶ 同学们好！最近，对于足球球迷来说有点悲伤，因为他们失去了阿根廷足球史上最伟大球员之一——迭戈·马拉多纳。为此，阿根廷举国哀悼 3 天。

❷ 马拉多纳 3 岁便喜欢上了足球，9 岁展露才华，16 岁成为阿根廷甲级联赛最年轻球员，26 岁率队获世界杯冠军，2001 年被国际足联评为"世纪球王"。

❸ 蓝白相间的 10 号球衣，英气潇洒的进球、盘带，不仅为阿根廷足球谱写了华丽篇章，更为世界足坛留下了宝贵财富！让我们一起致敬球王！

❹ 作为全国青少年校园足球特色学校，足球对我们来说并不陌生。在校园里，我总能看到同学们踢球、练球的场景，你们脸上洋溢的认真与快乐常常让我和老师们驻足。

❺ 同学们，足球是一种运动，但更是一种精神，意味着拼搏、坚持和团结。愿你们可以因足球而爱体育、爱生活，说不定，你就是下一个马拉多纳！

❻ 今天是一（1）班高梦菲、二（5）班李昭缘、二（8）班肖麒麟、三（7）班王苃喆、六（6）班王子谦 5 位同学和梅芳姿、潘玉梅两位老师的生日，祝你们生日快乐！

○　时间颗粒度：一位校长的60秒　●

2020 年 12 月 8 日　星期二

五星闪耀

❶ 同学们好！近期，国家航天局公布了探月工程嫦娥五号探测器在月球表面展示国旗的照片。

❷ 这是嫦娥五号着陆上升组合体在点火起飞前进行的月球表面国旗展开，首次实现了我国在月面的国旗"独立展示"，也是五星红旗第一次月表动态展示。从打开到竖起仅耗时 1 秒钟，这是由一套专门设计的国旗展示系统完成的。

❸ 宇宙中有着很强的电磁辐射，而且月球表面有正负 150 摄氏度的温差，普通材质的五星红旗一旦裸露在月球上，就会立即褪色、串色，甚至分解。

❹ 科技人员为了选择合适材料，经过大量试验，花费了 1 年时间，最终决定采用某新型复合材料，保证国旗能够抵御月表恶劣的环境。

❺ 同学们，旗开月表，五星闪耀，我们为五星红旗骄傲，为伟大祖国自豪！愿你们心怀梦想，心向远方！

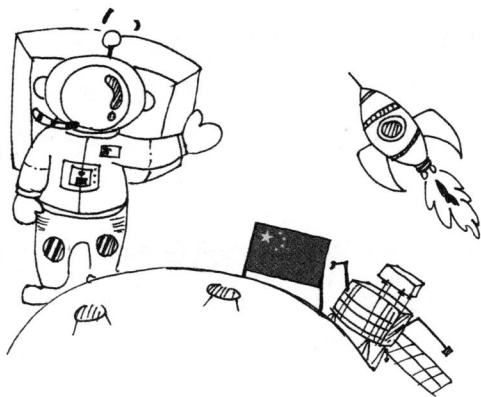

❻ 今天是大（3）班部茗宇、大（2）班李晨溪、一（6）班赵家祥 3 位同学和刘文凤、李小三两位老师的生日，祝你们生日快乐！

2020 年 12 月 9 日　星期三

听课

1 同学们好！最近经常有许多老师坐在教室后面听课，有时候听课的老师比学生还多。

2 本学期，教学处每周都安排 6 节左右公开课，自然生长课和代表课同时进行。为了给同学们上好课，老师们在教研组内反复备课、磨课、评课。

3 学生的生命是一节课一节课连起来的，教学的质量是一节课一节课上出来的。一节课，仅仅 40 分钟，但累计起来就是每位同学一半的年少时光。我们敬畏同学们的生命，更敬畏课堂上那一双双求知若渴的眼睛，你们美丽的不同也是在课堂中呈现的。

4 于是，老师们带着敬畏心上课、听课，力求让每一节课都上得有意思、有意义，让同学们在课堂每一分钟都能有所收获。

5 同学们，本学期我已听课 27 节，接下来我还要不断走进课堂、走近同学们，让我们一起在课堂相遇吧。

6 今天是一（4）班段思秦、四（2）班丁语昕、六（1）班敬昊祯 3 位同学和陈颖颖老师的生日，祝你们生日快乐！

○ 时间颗粒度：一位校长的60秒 ●

隐形天使

1 同学们好！"隐形天使"活动在本周一升旗仪式上正式启动了。活动起始于 2017 年冬季，至今已举办四届了。

2 今年活动的主题是"天使来袭，让爱传递"。我们希望老师们在每年的固定日子里，带着自己的小心意和小礼物，表达爱，收获爱，让爱在校园里流淌。

3 还记得第二届"隐形天使"活动中，宋梦婷老师收到的礼物是一把鸡毛掸子和十斤面粉。我相信，那一定是宋老师收到的最特别的礼物。董娇老师也在朋友圈第一个晒出了她收到的来自"天使"的礼物。

4 今年，学校"瑞德快递"的同学将帮助老师们送达惊喜，把爱传递，也有不少同学成为神秘天使的使者。当然，这也是学校劳动教育的一部分。

5 同学们，爱与被爱是人与人之间快乐与幸福的源泉，在这一周中，老师们互为天使，相互守护，让艾瑞德的冬天充满温度，充满故事。

6 今天是二（7）班谭希芮、四（1）班李珊珂两位同学和李娜、余素云、陈丽蓉 3 位老师的生日，祝你们生日快乐！

家乡

1. 同学们好！最近，四川省甘孜藏族自治州理塘县的旅游大使丁真，因为几段介绍家乡的视频火了起来。在视频中，他骑马在高原上驰骋，家乡的美景征服了很多网友。正是因为丁真的视频，让全国人民都知道了理塘县这个美丽的地方。

2. 丁真虽然红了，但他并不是靠流量生存的"网红"，我们可以从每一条视频中都感受到丁真对家乡的热爱 。爱自己的家乡，是生命中植于根底的动力。

3. 我们每个人都有自己的家乡，家乡留存着我们成长的痕迹与家人的温暖。当你们长大后，每个人都可能离开自己的家乡去求学或生活。到那时，身处异乡的你们就是家乡的代言人。

4. 我们做个约定吧！从现在开始，请记住家乡的每一点美好；如果走出国门，就记住祖国的美好。

5. 同学们，让家乡的温暖呵护你的童年，长大后，让家乡因你的优秀而更加美好！

6. 今天是二（7）班鲁昭宁、三（7）班李政阳、四（2）班司马玉煊、五（3）班鄢孜诺、六（4）班梁圣昊 5 位同学和杜静、马竞、王建民 3 位老师的生日，祝你们生日快乐！

艾瑞德家长

1 同学们好！今天给大家分享一个关于手机的故事。

2 12 月 9 日清晨，同学们陆续进入校园开启早读时光，大部分走读生由家长送到校门口，然后家长就要急匆匆赶去上班。就在这时，一位家长在蔷薇之门附近的马路边捡到一部崭新手机。因手机被锁屏无法确认失主，好在手机上收到带有"艾瑞德"字样的信息，由此判断手机应该是我校老师或者家长丢失的，这位好心家长立即把手机交给校警让他们帮忙寻找失主。

3 经确认，手机是二（7）班张宸恺同学的爸爸不小心丢失的。由此上演了一场有惊无险的"手机环游记"，最终，手机平安回到主人身边。

4 此时，同学们一定想知道这位捡手机的家长是谁，她就是二（8）班秦一涵同学的妈妈。

5 同学们，让我们一起为秦一涵同学妈妈富有爱心、拾金不昧的行为点赞，她是我们艾瑞德的好家长，让我们向她学习。

6 今天是小（1）班胡芷墨、一（2）班白昊嘉、一（6）班郭晓天、二（8）班胡又熙、三（1）班高沛儒 5 位同学和朱明慧、金长、魏建国 3 位老师的生日，祝你们生日快乐！

同学情

1 同学们好！在内蒙古赤峰市，有位同学名叫王敖然，由于身体原因，他小时候就行动不便。在小学二年级时，他的同学孙偲藐了解王敖然的病情后，主动开始背他从校门口到班级上课，一直坚持至今。

2 上下楼梯、食堂打饭、往返厕所，孙偲藐都无私为王敖然提供帮助，两个人也成了形影不离的好朋友。

3 小学毕业后，他们上了同一所中学，在同一个班级，而且成了同桌。此时的王敖然已经不像小学时那样瘦弱，孙偲藐背起来明显吃力很多，但他依旧坚持。班上的老师和同学也一起帮助王敖然同学，非常令人敬佩。

4 在艾瑞德，我也经常看到你们互相帮助的身影。校园里，你们会陪着生病的同学去校医室，会为低年级弟弟妹妹拿行李；课堂上，你们会小组合作，互帮互助。

5 同学们，同学之间情同手足，希望你们能够团结友爱，共同进步。

6 今天是一（5）班柯铭睿、一（6）班武榆盛、二（2）班张燊爻 3 位同学和朱本兰老师的生日，祝你们生日快乐！

○ 时间颗粒度：一位校长的60秒 ●

2020 年 12 月 14 日　星期一

国家公祭

1 同学们好！昨天是第 7 个南京大屠杀死难者国家公祭日。

2 83 年前的 12 月 13 日，侵华日军攻陷南京，开始了持续 40 多天的人间浩劫，30 多万同胞惨遭杀戮，平均每 12 秒就有一名中国人被杀害，南京成了人间地狱。

3 截至目前，登记在册的在世幸存者仅剩 73 位。回首往事，老人们依然会觉得剧痛袭来。91 岁高龄的夏淑琴老人说，"希望有生之年，日本政府亲口对我说一声'对不起'，我也就心安了"。

4 昨天，降半旗，鸣笛，公祭默哀，少先大队委的同学们录制了"铭记历史，勿忘国耻"的视频，这些都是在表达我们与我们的国家同在。

5 同学们，铭记历史不是为了仇恨与报复，而是为了更好地珍爱和平。希望你们好好学习，将来能够为中华民族的强盛做出自己应有的贡献。愿战争远离，和平常在！

6 今天是小（2）班胡菁洋、一（3）班李仕成、二（6）班唐嘉诺、二（8）班马煜程、三（3）班杨谦益 5 位同学和刘宝珠老师的生日，祝你们生日快乐！

好心人

1　同学们好！上个月，一则新闻报道说，一位老奶奶手里举着"地铁上的好心人，我想找到你"的牌子，寻找在地铁站帮助了她却没有留下姓名的三位好心人。

2　11 月 4 日，在郑州地铁 5 号线康宁街站出站口，这位老奶奶乘坐电梯时不慎摔倒，此时电梯上的两位小伙子赶忙上前，合力将老人扶起。

3　另外一位女士在电梯口等他们上来后，仔细询问老人有没有受伤，并帮助老人把帽子戴好。三位好心人看到老人并无大碍后，就默默地离开了。

4　老奶奶说："我一定要见到这三个孩子，对他们说一声谢谢。"经过在网络上一番寻找后，她找到了其中一位小伙子，他说："我相信大家看到都会帮忙的，谁都有困难的时候，做好人好事是我们每个公民的义务！"

5　同学们，向遇到困难的人伸出援手，是这三位好心人的选择，相信也是我们每一个人的选择。

6　今天是一（4）班赵芷嫣、二（5）班程心、四（6）班王浩宇、五（5）班刘紫涵、六（2）班郭嘉恒 5 位同学的生日，祝你们生日快乐！

2020 年 12 月 16 日　星期三

新高程

❶ 同学们好！12 月 8 日，中国、尼泊尔两国向全世界正式宣布珠穆朗玛峰最新高程：8848.86 米。

❷ 这个数据是珠峰"身高"的最新权威答案，反映了人类对自然的求知探索精神，也体现出我国的综合国力。

❸ 珠峰高程即珠峰海拔高度，是峰顶到"大地水准面"的距离。然而，地球表面地形起伏巨大，大地水准面无法直接测量，需要根据珠峰地区现势性强、分辨率高、数量庞大的重力数据、水准数据、地形数据和卫星定位数据综合计算才能得到。

❹ 经过一系列严密计算，科研人员获得了精准的峰顶雪面大地高，并建立了珠峰地区大地水准面模型，在此基础上，中、尼两国专家联手攻关，最终得到珠峰高程最新准确数据。

❺ 同学们，这是"追梦"中国的新开始，期待你们将来也能够创造出更多的中国"新高程"。

❻ 今天是大大（2）班李嘉坤、三（1）班李宇宸两位同学的生日，祝你们生日快乐！

郭家宝

❶ 同学们好！近日，河南省禹州市火龙镇后董村 18 岁少年郭家宝，荣登 2020 年孝老爱亲类"中国好人榜"候选人榜单。

❷ 郭家宝的父亲在一家煤窑打工，因意外造成颈椎骨折，腰部以下瘫痪，丧失劳动能力。他父亲出事时，郭家宝当时只有 5 岁。

❸ 5 岁，正是在父母怀里撒娇、被宠爱的年龄。但小小年纪的郭家宝没有哭泣，没有抱怨，而是默默学着做家务，学着做饭，学着护理，照顾瘫痪卧床的父亲成为他日常的"必修课"。

❹ 从初中开始，他一边求学一边照顾父亲。功夫不负有心人，今年 9 月他考入中原工学院，同时带着父亲入住学校提供的"特殊宿舍"，继续上学。

❺ 同学们，孝老爱亲、自强不息是中华优秀传统美德，需要我们继承发扬。让我们学习郭家宝同学，成为一个有爱心、有孝心、知礼仪、懂感恩、会劳动的好少年。

❻ 今天是一（4）班张轩睿、三（2）班张洺童、四（4）班陈怡月、五（1）班张艺铭、五（4）班常智朗 5 位同学和赵首梅老师的生日，祝你们生日快乐！

2020 年 12 月 18 日　星期五

护旗手

1 同学们好！冬至将至，天气越来越冷，不少人都愿意在暖气房、空调间待着。

2 但是，最近几天早上 7 点半到 8 点的运动场上，柳文杰老师和下周将担任升旗手的四年级同学在坚持不懈地进行升旗仪式的训练。柳老师一边指导一边示范，同学们训练得特别认真。他们昂首挺胸、脚步铿锵有力，颇有天安门国旗班护卫队的模样。

3 升旗仪式是学校每周的大事，升国旗是为了增强全体师生的国家观念，弘扬爱国主义精神，培育和践行社会主义核心价值观。

4 成为护旗手是每一位同学的骄傲，每一次升旗，都是对国旗的真情告白。国旗升起来了，飘扬着的是对祖国的热爱，站在国旗下，我有一种"我是中国人"的自豪感。

5 同学们，平时我们只看到升旗手飒爽英姿的一面，却未曾见过他们训练付出的刻苦，让我们以他们为荣，争当护旗手。

6 今天是一（2）班王雪瑶，二（7）班李昊阳，六（3）班左右、李紫议 4 位同学和黄冬燕老师的生日，祝你们生日快乐！

2020 年 12 月 19 日　星期六

探月之旅

1 同学们好！2020 年 12 月 17 日凌晨 1 点 59 分，"嫦娥五号"返回器携带月球样品在内蒙古四子王旗预定区域安全着陆，标志着中国首次地外天体采样返回任务圆满完成。

2 这是我国航天事业发展中里程碑式的新跨越，标志着我国具备了地月往返的能力，实现了"绕、落、回"三步走规划完美收官，为我国月球与行星探测奠定了坚实基础。

3 自 2004 年以来，中国探月之旅六战六捷，硕果累累，每一个大胆设想和任务的成功实施，都是我国探索星球能力的充分展示。

4 2007 年 10 月，"嫦娥一号"发射升空，是探月之旅勇敢的开拓者。随后，2010 年 10 月"嫦娥二号"、2013 年 12 月"嫦娥三号"、2018 年 12 月"嫦娥四号"、2020 年 11 月"嫦娥五号"相继探月，不断刷新探索宇宙的新高度。

5 同学们，星辰征途永无止境，逐梦之行永不停歇。探月之旅，精彩还将继续！

6 今天是大（3）班王梓暄、一（7）班申妙妍、二（5）班姚雨方、二（7）班靳子钰、三（7）班杨梓轩、四（5）班王晟睿、张嘉悦、六（2）班胥淦浩 8 位同学的生日，祝你们生日快乐！

○ 时间颗粒度：一位校长的60秒 ●

钢铁长城

1 同学们好！近日，"黑河好八连"边防官兵为了抢修边境设施，在低于零下 30 摄氏度的寒风中下冰水作业。任务结束时他们双脚挂满冰碴，硬邦邦的冰块粘在身上，看到这些画面，很多网友称"看哭了"。

2 据悉，该连是全军唯一一个全天 24 小时在界江上站岗执勤的连队。为了防止人员偷越国界，每年初冬时节，官兵们都会在边境线上架设数十公里的拦阻设施，大大提高了边境管控效能。

3 这里封冻期长达 160 余天，冰层厚度近 1 米。由于受疫情影响，今年的边境管控形势异常严峻，官兵们先后制止误闯、偷越国界行为 10 余起，有效阻止了涉外事件的发生。

4 不畏艰苦、爱国奉献、严守国门、一尘不染，官兵们用实际行动诠释着责任担当，在界江上铸就了一道牢不可破的钢铁长城。

5 同学们，让我们一起致敬这些最可爱的人。

6 今天是大（2）班桑凯瑞、一（4）班徐晨元、二（6）班张宸恺、五（3）班陶星宇、六（1）班武奕含 5 位同学和李冰老师的生日，祝你们生日快乐！

2020 年 12 月 21 日　星期一

冬至

1 同学们好！今天是我国二十四节气中第 22 个节气——冬至。

2 冬至又称日短至、冬节、亚岁、拜冬等，兼具自然与人文两大内涵，既是一个重要节气，也是中国民间传统节日。冬至是四时八节之一，被视为冬季的大节日，在古代民间有"冬至大如年"的说法。冬至也是北半球白天最短、黑夜最长的一天。

3 民间谚语说，"冬至不端饺子碗，冻掉耳朵没人管"，我国北方多数地区有冬至吃饺子、喝羊肉汤的习俗；而南方则吃汤圆、馄饨等。

4 上周末家政课程中，老师已经教会大家如何包饺子，今天上午全体师生将在餐厅共同包饺子过冬至，我也会与大家一起享受这个温暖时刻。

5 时至冬至，标志着即将进入寒冷时节，民间由此开始"数九"计算寒天。同学们，天气寒冷，多喝热水，多穿衣，多微笑，做一个保暖的人，做一个温暖的人。

6 今天是大（1）班张丁毅，二（5）班张悦溪，五（4）班樊庭娇、张元婴，六（2）班赵田原 5 位同学和崔瑞芳老师的生日，祝你们生日快乐！

○　时间颗粒度：一位校长的60秒　●

太极拳

1 同学们好！前不久，我国"太极拳"被列入联合国教科文组织人类非物质文化遗产代表作名录。

2 太极拳自 17 世纪中期在我国形成以来，世代传承，习练者遍布全国各地，并在海内外有着广泛影响。

3 "学拳明理"，太极拳所蕴含的阴阳循环、天人合一的中国传统哲学思想和颐养性情、强身健体、技击对抗等多种功能，丰富着人们对宇宙、自然和人体运行规律的认知。其松柔圆活与立身中正的基本要求、尊师重道的价值观念，潜移默化地涵养着人们平和、包容、友善的心性。

4 我校张华老师是陈氏太极拳十三代传人，国家一级拳师，国家一级裁判，多次在太极拳大赛中获得优异成绩。我校早操、拓展课中都有太极拳项目，范裕乔、李梓旭、魏千翔等 30 多位同学一直在坚持练拳。

5 同学们，太极拳是中华优秀传统文化，我们是文化传承的小主人，让我们一起来把它发扬光大吧。

6 今天是一（3）班钟梓玉、二（3）班陈高洁、二（4）班孙澄军、四（4）班洪依贝 4 位同学的生日，祝你们生日快乐！

2020 年 12 月 23 日　星期三

礼让行人

1 同学们好！前不久，郑州市 B2 路公交车车长胡磊在路口准备右转时，看到几位戴着安全帽的行人准备过马路。此时信号灯快变成红色了，胡磊车长就把车停下，并用手势示意几位行人先走。

2 几位行人安全走过路口后，站在公交车旁，摘下帽子向胡磊车长弯腰深深鞠了一躬。车长见状也立刻起身，向几位路人鞠躬回礼。

3 胡磊车长说："礼让行人是我们应该做的事，这几位路人兄弟向我鞠躬致谢，我觉得大家特别热情，心里感到暖暖的。"

4 《中华人民共和国道路交通安全法》第 47 条规定：机动车遇行人正在通过人行横道，应当停车让行。在我们学校门口，也常常见到主动停车、让老师和同学们先过马路的师傅。

5 同学们，礼让行人是基本的行车规范之一。爸爸妈妈在开车时，我们也可以提醒他们要礼让行人。

6 今天是二（7）班杨曼妮、三（1）班金子哲、四（6）班远旭 3 位同学和葛小幸老师的生日，祝你们生日快乐！

动起来

❶ 同学们，在艾瑞德，每一位老师都是珍贵的存在。为了丰富老师们快乐、幸福的课余生活，按照每年惯例，学校组织了为期一周的主题为"动起来，更精彩"的 2020 年度教职工运动会。

❷ 本次运动会共有 9 大项，分别是水球大战、众力拔河、多人跳大绳、众星捧月、高山流水、多人多足、一圈到底、乒乓球接力和毛毛虫竞走等。

❸ 体育锻炼能帮助同学们享受乐趣、增强体质、健全人格、锻炼意志，也是老师们强身健体、凝聚力量、提高生命质量的最佳方式。

❹ 在比赛中，各年级和幼儿园的孩子们也会组成啦啦队给老师们加油、鼓劲儿。在学校，老师的生活对同学们而言也是一种学习的资源。

❺ 同学们，你最喜欢的运动项目是什么？意大利画家达·芬奇说，运动是一切生命的源泉。让我们一起在课余时间走出教室，动起来，更精彩！

❻ 今天是一（2）班王哲坤、二（2）班张益豪、二（6）班刘恩泽、五（6）班王祖宸 4 位同学和石鹤、李晓岚、孙景宇 3 位老师的生日，祝你们生日快乐！

链接

1. 同学们，近期很多班级重启了家长课堂，不少家长走进班级、走上讲台，给同学们上课，当起了老师。

2. 为了给同学们上好课，家长们会在课前精心准备，比如定主题、设计教学流程、制作课件、准备小礼物，他们很用心，也很认真。

3. 课上，他们成了上知天文、下知地理、无所不知的知识代言人；课后，他们和同学们分享，收获多多，惊喜多多，成了同学们无话不谈的好伙伴。有家长告诉我，上一堂课真不容易，我们终于理解了老师的不容易。

4. 在艾瑞德，每一位家长都是重要的链接，不同的家长走进课堂，带来不同的内容，使同学们大开眼界。在这个过程中，家长给我们树立了榜样，同时也了解到同学们在班级的情况。

5. 同学们，对于这样的课堂你们是否充满好奇和期待呢？那就请爸爸妈妈也加入家长课堂吧。家校共育，一同成长。

6. 今天是小（3）班陈奕卓、一（4）班高文熹、二（1）班刘一辰、三（6）班韩凯旭、六（5）班周煜城5位同学的生日，祝你们生日快乐！

疫苗

1 同学们好！想必大家对年初因新冠肺炎疫情肆虐而不能返校的情景还记忆犹新吧。

2 这次疫情是第二次世界大战结束后最严重的全球公共卫生突发事件，如今感染人数已接近 8000 万。人们正将遏制疫情的希望寄托于疫苗。

3 好消息来了！经过科研人员的奋勇拼搏，我国新冠疫苗已进入最后冲刺阶段，马上就要上市了。

4 按照国家安排，疫苗接种实行"两步走"方案，在全国范围内接种。第一步是针对部分重点人群开展接种，包括从事进口食品、医疗疾控等感染风险比较高的工作人员；第二步将扩大到所有符合条件的人员。

5 同学们，疫情仍会有反复，在还没有接种疫苗的这段时间里，我们依然要做好防护。戴口罩、勤洗手、少聚集、多锻炼，以最好的状态等待疫苗，等待希望。同时，让我们向从事疫苗研发的科研工作者致敬！

6 今天是一（2）班朱怡林、一（4）班张魁元、二（5）班周若曦、二（6）班周梓瑜、周梓瑶 5 位同学和赵思园、李越鹏两位老师的生日，祝你们生日快乐！

2020 年 12 月 27 日　星期天

安全

1. 同学们好！据媒体报道，近几年校园安全事故呈上升态势。这会对防范能力弱、自控能力差的中小学生极易造成伤害。

2. 在校园中，我依然会看到个别同学在课余时间追逐打闹；有的同学在下楼梯时扶着栏杆扶手往下滑；体育活动中，有些同学不听老师指挥，不按要求使用体育器械等。

3. 这些看似很普通的行为背后却隐藏着不小的安全隐患。所以，学习生活中的很多习惯都在帮助我们建立安全意识。比如：行走"一条线"，上下楼梯靠右行，体育课前的热身活动等。

4. 上周三举行的"增强防火意识，建设平安校园"的校车消防演习活动，也是帮助同学们通过对突发事故的真实再现学会防身和自救。

5. 同学们，警钟长鸣，事故为零，我们要时刻将安全放在心上，做一个"有序"的人。让我们一起放慢脚步，文明活动，既保护自己，也保护他人。

6. 今天是大（2）班师瑞杰、二（5）班陈柯丞两位同学和唐银玲老师的生日，祝你们生日快乐！

幸运食客

1 同学们好！你是否留意，近来周五早上"校长60秒"后增加了"幸运食客"播报呢？

2 前段时间，后勤服务中心精心打造了美食墙，位于一楼连廊烘焙教室左侧。上面有本周食谱、美食榜、我最喜欢的美食三个栏目。在"我最喜欢的美食"一栏设计了信箱，供大家写信推荐自己喜爱的美食。

3 启动两周以来，共收到26封同学来信，其中，4名同学获得了"幸运食客"称号，并享用幸运早餐。

4 本周食谱中的"炒米"和"小面包"就是第一次荣获"幸运食客"的二（3）班李宗烨同学和三（4）殷悦晨同学来信推荐的。本周食谱中的"可乐鸡翅"和"宫保鸡丁"也是"幸运食客"二（4）班杨大卫同学和五（4）班陈昊麟同学所喜爱的美食。

5 同学们！享受美食是快乐的，等待美食是幸福的。期待下周美食，也期待你推荐你喜爱的美食并成为"幸运食客"。

6 今天是一（5）班方梓乐、二（7）班毛崇阳、三（5）班邓玟熙3位同学和黄秋英老师的生日，祝你们生日快乐！

2020 年 12 月 29 日　星期二

无价

1. 同学们好！2020 年的开始，疫情的到来令我们猝不及防。有人肩负使命，奔赴远方；有人坚守承诺，驻留家中。在春天终于到来的时候，我们相信支撑无价。

2. 这一年，略显匆忙，但我们不敢停下脚步，因为要格外努力，把这一年过回我们想要的样子。在郑州市"课程改革 20 年成果征集"活动中，我校荣获一等奖，全市仅 3 所小学获此殊荣；我们同时成为全省首批劳动教育特色学校。我们相信努力无价。

3. 云学习，云学校，并没有因为距离隔断我们尝试不同的学习方式。"六个一"课程如常进行，家长沙龙让家校多了一种场景对话。我们相信创造无价。

4. 深耕自然生长课堂，磨的是课，成长的是人。幼儿园童话故事节、小班入园"百日宴"，无不体现儿童立场。我们相信童年无价。

5. 同学们，2020 年，我们用无价证明无憾。

6. 今天是中（2）班王怿心、二（2）班孟钰颖、二（3）班李辰昌 3 位同学和徐云鹏老师的生日，祝你们生日快乐！

新年音乐会

1 同学们好！新年就要到了，作为全球人的共同节日，人们庆祝新年的方式多种多样，但世界很多大城市常会有一场高水准音乐会，在美妙乐曲中宣告新一年的开始，这就是新年音乐会。

2 新年音乐会源于维也纳，每年 1 月 1 日，维也纳金色大厅都会被装扮得华丽而庄重，圆舞曲、进行曲轮番上演，而负责演奏的则是世界历史最悠久、素质最高超的乐团——维也纳爱乐乐团。

3 自 1996 年起，每年 12 月 31 日，人民大会堂都会举行北京新年音乐会。在这里，人们不仅能感受到经典圆舞曲《蓝色多瑙河》的活泼明朗，更能欣赏到中国传统音乐《梁祝》的柔美悠扬。

4 音乐会带着人们在高雅、轻松、热烈中迎接新年，同时也展示了人类最文明、最欢快、最明亮的侧面。

5 音乐遇上新年，美与希望相连。用一场艺术之旅奏响新年序曲，值得体验！

6 今天是中（3）班齐依琳、二（1）班李果羲、二（6）班王卜凡、五（5）班郭宇涵、六（6）班杨雪衍 5 位同学和刘丽丽、李红燕、杨志娟、夏雪 4 位老师的生日，祝你们生日快乐！

2020 年 12 月 31 日　　星期四

愿望清单

1 同学们好！你的 2020 年愿望实现了吗？明天就是 2021 年，你又将会许下什么新年愿望呢？

2 身体长高一点？学习进步一点？朋友再多一点？相信你们都有自己的愿望清单。

3 愿望那么多，如何实现呢？我来和你们分享一下我完成愿望清单的小技巧。

4 第一，确定一个目标。目标不需要太大，更不要太多，但要明确。比如我就希望读书再多一点，体重再降一点。第二，制订一个计划。计划好为了实现这个目标，要做哪些事情，分哪几个阶段。计划能让目标更好完成。第三，坚持一段时间。坚持每天锻炼、坚持每天回家和爸爸妈妈拥抱、坚持站队一条线……只要有时间积累，再小的坚持都会让你有所改变。

5 同学们，愿望清单终靠自己实现。有坚持，愿望就不是奢望，有努力，清单总会结账！ 2021 年，我们一起加油！

6 今天是小（2）班王嘉树、中（3）班赵辰熙、大（3）班何炳昊、四（4）班赵祥胜、五（1）班邵天仁、五（2）班邵天义、五（4）班赵文楷、六（1）班时琪钧、六（2）班李飞宇、六（5）班杜思瑾10 位同学和郭松惠老师的生日，祝你们生日快乐！

2021 年 1 月 1 日　星期五

新年快乐

1. 同学们好！今天是元旦，是 2021 年第一天，也预示着新的一年开始了。

2. "元旦"一词中，"元"代表开始，"旦"指的是明天，元旦意味着辞旧迎新，告诉人们要用崭新的面貌迎接新的一年！你，准备好了吗？

3. 世界各地庆祝元旦的方式多样而有趣。印度规定在元旦当天不准生气，泰国有元旦泼水的习俗，瑞士人则会在元旦当天健身，中国人多会选择在元旦这天全家团聚。

4. 过了元旦，就意味着正式进入 2021 年。2021 年是中国共产党建党百年，也是艾瑞德建校十年。关键的时间节点总能帮助我们铭记幸福生活来之不易，每一天都值得努力！让我们在新年晨曦中祝福伟大的党、亲爱的祖国和我们的学校新的一年越来越好！

5. 同学们，新的一年，让我们一起"干净、有序、读书"。祝你们新年快乐！2021 年，爱你如一。

6. 今天是二（2）班范辰曦、二（3）班何佳桐、二（5）班蔡裴恩、六（3）班苏呈欣 4 位同学和郑亚平、王振停两位老师的生日，祝你们生日快乐！

新年贺词

1. 同学们好！一夜间，网络上、各类媒体都在刊发新年贺词，以此表达对所牵挂的人和事的祝福。

2. 国家主席习近平在新年贺词中说："征途漫漫，唯有奋斗。我们通过奋斗，披荆斩棘，走过了万水千山。我们还要继续奋斗，勇往直前，创造更加灿烂的辉煌。""唯愿山河锦绣、国泰民安。唯愿和顺致祥、幸福美满。"每一个你我，都是主席心中的牵挂。

3. 《人民教育》向读者表白："2021，我们努力做基础教育人最需要的媒体，愿新年的每一天我们都能相遇，愿更多美好发生在你我之间。"

4. 我也发表题为《你，就是明天》的新年贺词："从一个人到一群人，到一家人，我更加坚定：其实，明天，并不是一个要去的地方，因为，你，就是明天！"

5. 希望新年贺词载着 2021 年的祝福，润泽每一个梦想、每一个人、每一个家庭。新年快乐！

6. 今天是四（6）班董昭宁、五（4）班田一两位同学和张文丹老师的生日，祝你们生日快乐！

2021 年 1 月 3 日　星期天

这就是河南

❶ 同学们好。机缘巧合，12 月 31 日跨年夜，我参加了"豫记""这就是河南"文化跨年活动并发言。

❷ 同学们都知道，我是南京人。三年前来到河南，从一条母亲河长江边来到另一条母亲河黄河边，便深深地爱上了这里，几天不吃烩面和胡辣汤，胃就不舒服。如今，我俨然把河南当成了自己的家。在河南，我认识了可爱的老师和你们；在河南，我爱上了地道的中原味道和中原文化。

❸ 同学们大多是河南人，有幸生活在美丽的大中原，"伸手一摸就是春秋文化，两脚一踩就是秦砖汉瓦"。你们在这里长大，在这里见证了她的变化。

❹ 把新年梦想和美丽家乡联系起来，一个人只有用爱和所站立的土地发生链接，我们才会眼中有光，脸上有笑，心中有爱，脚下有力。

❺ 同学们，让我们一起加油，为美丽河南贡献力量。

❻ 今天是一（1）班詹越翔、四（3）班游奕两位同学和陈丹凤老师的生日，祝你们生日快乐！

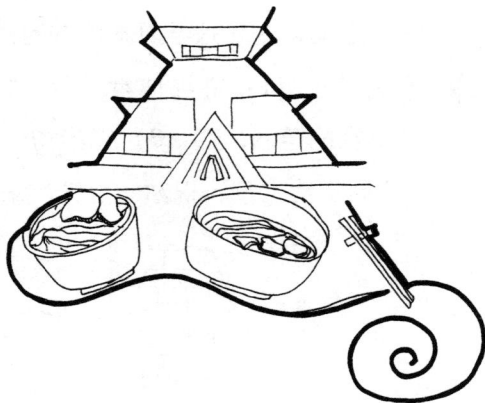

九渡河小学

① 同学们好！北京有一个偏远山村小学，叫九渡河小学，由于师资力量缺乏，校长就在附近村里招募兴趣辅导老师。这些辅导老师有做豆腐的、做灯笼的、养蜜蜂的、养鱼的，等等。

② 学生们的兴趣课多了起来，文化课会不会跟不上呢？校长又给同学们提出新的挑战：不仅要做出来豆腐，而且还要卖出去。

③ 怎么把豆腐做出来？怎么把各项成本核算清楚，把各项收入记录明白？怎么把这些豆腐卖掉？当一个个问题出现时，学校里的各种文化课程就被融入进来。孩子们一边做豆腐，一边把该掌握的知识都掌握了。他们这样的学习方式引起很多人的关注。

④ 由此我想到我们的"班级一亩田"，种地不单是体力活儿，还需要动脑筋。你们在种地中也会获得很多解决问题的方法。

⑤ 同学们，问题是最好的老师，生活是学习的资源。带着真问题，找到解决方案，这才是学习本该有的样子。

⑥ 今天是小（1）班邵博睿、一（1）班于家坤、一（3）班薛思辰、二（1）班胡博涵、四（3）班苏扬、四（5）班宋思彤、五（4）班贺柄皓7 位同学的生日，祝你们生日快乐！

2021 年 1 月 5 日　星期二

大国

❶ 同学们好！在 2020 年最后一天，我国宣布新冠疫苗全民免费接种。中国树立了一个大国的形象。

❷ 虚假的群体免疫是放弃老人、放弃穷人，全民感染；真正的群体免疫是全民免费接种、全民免费治疗。我国有 14 亿人，一轮注射就要六千多亿元。不光是疫苗，治疗同样如此。新冠患者平均治疗费用 1.7 万元，重症患者高达几十万元，到目前为止，我国已治愈 90 486 例，总治疗费用超过 20 亿元。

❸ 在疫情最严重的 3 月，加上一线医护人员的衣食住行、防护补贴、方舱医院、各地封城封路等，我国每天的抗疫消耗总投入超过 1169 亿元，居世界第一。

❹ 无数的夜以继日才换来了今天的旭日东升，如此巨大的投入已经远远超出了其他国家的预料。

❺ 但这样的事就发生在这里，这就是中国，这才是大国。

❻ 今天是大大（3）班席浩沄、席浩泽，二（2）班张庭榕、范丁郡，二（3）班林温娜 5 位同学的生日，祝你们生日快乐！

做好防护

1 同学们好！近日，国内多地发现了新冠确诊病例，有输入型病例，也有本土型病例。据悉，新冠病毒可在 −1℃ 到 −10℃ 存活数小时到数月不等。冬季也是各类呼吸道传染病高发季节。

2 回想去年此时，同学们满心欢喜地期待着寒假到来，校园里的民俗表演让你们感受到新年的热闹。

3 可谁也没有想到，师生一别竟然五个月见不到面。老师成了"网络主播"，电脑变成了不可少的学习工具，瑞德少年奖章也只能在网上颁发了。

4 我们一起经历了在家上网课的日子，一起等来了春暖花开的时节。但当下的疫情防控仍不可松懈，我们要从平时生活的每一点每一滴做起，保持良好个人卫生习惯，佩戴好口罩，勤洗手，常消毒，做好个人防护。

5 目前，全球还有一些国家疫情很严重，让我们一起默默祈祷全世界疫情早日结束！

6 今天是中（1）班邓一铭、中（3）班郭欣玥、一（1）班许世宇、二（6）班郑彦琦、二（7）班高铭锴、五（4）班张嘉懿、六（1）班尚子诺、六（6）班王峥汉 8 位同学和张帆老师的生日，祝你们生日快乐！

做好防护

寒潮

1. 同学们好！这两天，今年第一次寒潮来袭，一股冷空气席卷了全国大部分地区。昨天我送校车挥手时明显感到冻手了。

2. 寒潮是一种自然现象。来自高纬度地区的寒冷空气，在特定天气形势下迅速加强并向中低纬度地区侵入，造成沿途地区剧烈降温、大风和雨雪天气。

3. 在寒潮来临之前，学校做足了保障准备，早早在室外的每处台阶上铺了防滑垫。水电师傅随时巡视各处空调制暖情况。生活老师把熬好的柠檬水、雪梨水等送到教室，给师生送来甜甜暖意。

4. 寒冷冬天也是传染病高发期，校医老师督促教室每天定时开窗通风，提醒大家合理饮食、多喝水，来抵抗病毒的侵袭。

5. 同学们，寒潮虽然是一种灾害性天气，但是我们有充足准备，更有呵护师生的一片心。天气虽冷，心却是温暖的。

6. 今天是二（2）班王雪桐同学的生日，祝你生日快乐！

中国天眼

❶ 同学们好！被誉为"中国天眼"的 500 米口径球面射电望远镜（FAST）将于 2021 年年初正式向全球科学界开放，征集来自各国科学家的观测申请。

❷ 自 4 月 1 日起，各国科学家可以通过在线方式向中国国家天文台提交申请，申请项目将交由"中国天眼"科学委员会和时间分配委员会进行评审，提出项目遴选建议，并于 8 月 1 日起分配观测时间。

❸ 2021 年是"中国天眼"面向全球科学界开放的第一年，也是中国共产党建党百年。

❹ 按照科学目标和相关战略规划，"中国天眼"已确立了多个优先和重大项目，其中包括多学科目标飘移扫描巡天、中性氢星系巡天、银河系偏振巡天、脉冲星测时、快速射电暴观测等。但观测申请不限于这些领域。

❺ 同学们，我们应该为中国骄傲。希望大家努力学习，为探索和认识宇宙做出贡献！

❻ 今天是一（5）班刘南杞、二（5）班代时飞、四（1）班赵思杰、六（2）班宋雯希 4 位同学和刘沛虹、李琳两位老师的生日，祝你们生日快乐！

2021 年 1 月 9 日　星期六

刘驰邈

❶ 同学们好！今天讲一个一（6）班刘驰邈同学拾金不昧的故事。

❷ 上周一下晚自习时，刘驰邈同学在校门口捡到了一部手机，他第一时间和妈妈一起把手机交给了学校门卫刘再安师傅。听刘师傅讲，刘驰邈同学担心失主会着急，一再叮咛他要注意接听电话，告诉失主手机并没有丢，尽快来艾瑞德学校取。

❸ 当天晚上 10 点多钟，失主打来电话。失主是郑州大学一名学生，他为找到手机而高兴，更为拾金不昧的瑞德学子点赞。我也要为刘驰邈同学的行为点赞。

❹ 在校园里，听老师们说，经常有同学捡到他人物品送到学部，通过广播寻找失主。艾瑞德校园有很多像刘驰邈这样的同学，我也为他们点赞。

❺ 拾金不昧是中华民族的传统美德，也是瑞德学子身上的宝贵品质。请同学们在保护好个人物品的同时，也保护好他人物品和公共物品。

❻ 今天是三（1）班张高玮、六（3）班李泽嘉两位同学的生日，祝你们生日快乐！

2021 年 1 月 10 日　星期天

孟凡真老师

1 同学们好！近日，山东菏泽一男孩在公园玩耍时不小心掉入河中。一位前不久刚遭遇车祸的老师刚好从此经过，看到有人落水，伤口未愈的他毫不犹豫跳入冰河，只用了 10 分钟，小男孩就被救起。他自己却因此伤口裂开有感染的风险。

2 这位救人的老师名叫孟凡真，他说，紧急时刻来不及考虑自己是否能下水。在水中，他双脚踮起，双手托着男孩，直到男孩被救。孟凡真老师是我学习的榜样。

3 后来，得知被救男孩并无大碍，他才松了一口气。他说："孩子没事，值了！"

4 男孩父亲特意找到孟凡真老师，为他送上锦旗表达感谢，一再感谢他救了孩子的命，救了一个家庭。

5 同学们，安全大于天。临近期末，天气寒冷，请保护好自己。教学区域不奔跑，上下楼梯靠右行，遇到雨雪湿滑天气，更需要格外小心。

6 今天是五（4）班冯媛卉同学和黄忠义老师的生日，祝你们生日快乐！

坚守

1 同学们好！近日全国各地温度骤降，辽宁大连的气温下降至 −14℃。极寒天气，滴水成冰。

2 1 月 6 日，当地一居民家中发生火灾，消防队员接到救援电话后，迅速赶往现场。他们在冷热交替的环境下迅速灭火，水一半、火一半，一会儿热、一会儿冷，整整扑救了两个小时。

3 救援结束后，消防队员们又冷又饿，直奔餐厅吃饭。根据消防队规定，队员执行任务时要全过程留存视频，吃饭这一幕也被记录下来。视频中，清晰可见消防队员的手已经冻僵了，他们既端不起饭碗，也夹不起饺子。

4 我们身边也有这样的坚守。寒冬中，凌晨 3 点多钟起床为我们做饭的餐厅师傅，清晨 6 点就在上班路上的六年级老师，守卫校园深夜值班的保安师傅……他们都是学校最可爱的人。

5 他们用实际行动坚守自己的岗位，守护着我们的安宁和健康。

6 今天是二（2）班范梓尧、四（4）班张子轩、五（5）班李庚橡 3 位同学和刘微、孔珊两位老师的生日，祝你们生日快乐！

中国人民警察节

1 同学们好！2021 年 1 月 10 日是首个中国人民警察节。

2 打击犯罪他们冲锋在前，服务群众他们时刻在线，疫情防控他们坚守奉献，危急关头他们挺身而出，他们是祖国最坚定的忠诚卫士，是人民群众最信任的守护神，他们就是中国人民警察。

3 人民警察时刻守护着我们，我们也要学会珍惜。现在全国 110 报警电话日均近 30 万起，其中不少与警方关系不大。就在前几天，国家发布了一个除 110、120、119 等紧急类热线以外的政务服务热线——12345，以方便我们反映问题，这样不仅更有效，也给警察减负。

4 110 热线，让警民沟通零距离。"110"不仅是我们遇到危险时拨打的求救电话，更是一个"安全密码"和"一份期待"。

5 同学们，没有人生而英勇，他们只是选择无畏。让我们一起致敬爱民、护民、为民的中国人民警察。

6 今天是一（2）班毛艺诺、二（4）班范融静、二（5）班贺家文、五（2）班王震宇、五（3）班林芷伊 5 位同学和能亚楠、王冰两位老师的生日，祝你们生日快乐！

绿色作业

1 同学们好！上周六，学校召开了"过大关、想大事、谋大局"为主题的 2021 年教育风向标发布会。

2 我在会上发布了自然生长课堂、学习方式变革、绿色作业等 10 个教育教学变革的风向标。

3 相信同学们一定比较关心作业问题。会前，我们随机采访了 9 位同学，有 3 位同学说"作业是帮助学习、成长的"，有 6 位同学认为"作业只要达到效果就好，越少越好"。

4 从 2021 年开始，我们将继续严控书面作业总量，一、二年级不布置书面家庭作业，三至六年级所有书面家庭作业总量不超过 60 分钟。同时，作业不再要求家长批改、签字。

5 我们将下大力气改革作业，科学、合理地布置作业，让同学们爱上作业，让作业真正成为你们学习的助手。

6 当然，我也坚决反对个别同学作业不认真、马虎了事。认真完成作业，是学生的天职。

7 今天是二（1）班李冠辰、三（2）班钱炳旭、五（2）班高易霏、五（6）班郑宇轩 4 位同学的生日，祝你们生日快乐！

同舟共"冀"

❶ 同学们好！近期，河北疫情牵动着全国人民的心。为抗击疫情，多支医疗队连夜奔赴河北。

❷ 面对疫情，石家庄菜市场商贩、外卖小哥、社区和医护人员冒着严寒连续工作。医疗队为迅速完成核酸检测，手冻成一个个"大馒头"；外卖小哥为保障居民急需用品，穿越主城区，虽然困难重重，但他们觉得被需要是一种责任，也是一种幸福。

❸ 从去年到今年，从武汉到河北，太多场景令人难以忘怀。武汉最美落日余晖，河南的村党支部书记王国辉三次逆行为武汉送菜，石家庄男孩为志愿者送餐……致敬这些平凡岗位的平凡人物。

❹ 同学们，首先要做好自身防护。虽然我们力量有限，但只要我们好好学习、心中有爱，就一定能成为被需要的人！

❺ 风雪之中，祝福河北，寒冬终将过去，春天必将如约而至。

❻ 今天是大大（2）班张芊雪，一（5）班万里晓、任科宇，五（1）班马长乐，五（5）班高峻熙5位同学和皇甫宜磊老师的生日，祝你们生日快乐！

演讲比赛

1 同学们好！1 月 8 日，我们学校举行了首届以"成长、立志、未来"为主题的演讲大赛。

2 这次比赛从班级初选、年级复赛，历时三个月。最终有 14 名同学脱颖而出，成功进入总决赛。

3 本次比赛邀请了知名专家、学者、家长代表担任评委，同时还引起了新闻媒体的关注。

4 在舞台上，选手们讲述自己成长、立志和追逐梦想的故事，深深打动了评委和观看演讲的同学，掌声不断。最终，六（6）班龚嘉悦同学获得一等奖，其他同学分获二、三等奖和优秀奖。

5 同学们，演讲是一门语言艺术，更是语文学习能力的综合体现。没有谁是天生的演讲家，认真对待每天课前三分钟演讲，多读书，打好我们的底子；留心生活，丰富我们的感受力；多演讲，增强我们的表达能力。期待同学们在明年的演讲比赛上有更精彩的表现！

6 今天是一（2）班张冬阳，三（4）班马翊轲，三（6）班江怀元，四（1）班周乐瞳、尹江帅，四（6）班崔子轩 6 位同学和项兆娴老师的生日，祝你们生日快乐！

2021 年 1 月 16 日　星期六

结课仪式

1 同学们好！本学期拓展课已陆续结课，丰富多彩的结课仪式为这个学期的拓展课学习画上了一个完美句号。

2 本学期，学校开设了"综合、美术、音乐、体育、学科"5大门类共计62门拓展课供同学们选择，深受同学们的喜爱。这次结课是对一学期拓展课的一个检验，我看见不少同学都获得了奖状、证书。

3 每当此时，校园里就沸腾起来。辩论社团用一场场辩论赛展示了自己。戏剧、武术、乐器、舞蹈等社团也会在报告厅上演一场场精彩的文艺演出。

4 整个校园也成了绘画、书法、服装设计、科学小制作等静态拓展课的展示天地，每一位同学的作品都会在校园里得到展示。

5 同学们，在艾瑞德，每一位学生都是珍贵的存在，更是美丽的不同。拓展课是你们展示兴趣的空间、通往梦想的舞台，每一位同学都会在艾瑞德闪闪发光，我为你们喝彩！

6 今天是六（5）班吕雅馨、六（6）班谢豫萱两位同学的生日，祝你们生日快乐！

了不起

1. 同学们好！今年是我国高科技产业的高光年。据报道，我国具有完全自主知识产权的高温超导高速磁浮工程样车及试验线在西南交通大学面世。

2. 这是世界上首条高温超导高速磁浮真车验证线，当前速度可达 600—800km/h，与民航飞机的速度相当。这真了不起！

3. 虽然这样的列车还处在试验阶段，但已经具有自悬浮、自稳定、自导向的特点，安装有超导体，可在 −196℃ 下工作，不需要额外施加控制或者通电就能实现自稳定悬浮状态运行。

4. 据科学家介绍，高温超导磁悬浮更适合时速 1000 千米以上的真空管道交通运输。下一步计划结合未来真空管道技术，向时速 1000 千米以上速度值突破。

5. 同学们，科技改变生活、改变世界，让我们一起学好科学、拥抱未来。

6. 今天是小（3）班王梓熙、一（1）班陈韩硕、一（7）班赵之润、五（1）班张钦棣、六（3）班陈子燊、六（6）班曾依桐 6 位同学和王晓波、王晓丽两位老师的生日，祝你们生日快乐！

逆商

❶ 同学们好！今天来和大家说说"逆商"，逆商是一种和情商、智商一样重要的能力，是指一个人面对逆境时的处理方式，可以理解为正视挫折、脱离困境和超越自我的能力。

❷ 生活都不是永远一帆风顺的，但逆商高的人，他们面对逆境，努力奋争，百折不挠，不向命运低头，最终有所作为，比如贝多芬、霍金等。

❸ 我们在很多课程设计中，也创设了很多真实场景以培养同学们解决实际问题的能力，让你们在面向未来时不恐惧、不回避、不退缩，从容应对。

❹ 比如，在研学旅行中，同学们会遇到饮食起居、生活自理方面的挑战，这些意外和困难，就是在考验着我们的逆商，你们要学会适应，要互相帮助、有效沟通，最终解决问题。

❺ 同学们，困境和挑战是学习的最佳契机，我们要学会思考、学会改变，不断进步，这更有利于我们的成长。

❻ 今天是大大（3）班李沁柔，一（1）班王星宇，一（2）班张宝儿，二（7）班孙晨轩，四（1）班刘翱畅、张春芳6位同学的生日，祝你们生日快乐！

○　时间颗粒度：一位校长的60秒　●

芝麻街

1 同学们好！每周五，我都能在一楼"芝麻街"看到你们的精彩演出，或是英文歌曲，或是课本剧，还有很多有趣的数学小竞赛等。

2 你们每一次演出，都凝聚着老师们的辛勤汗水。他们常常蹲在地上，变成你们的话筒架或摄影师，并为你们的精彩而喝彩！

3 不久，芝麻街又将迎来一场别开生面的表演。这次主角是以前站在台下指导你们演出的老师们。你们期待吗？

4 为了把自己精彩的一面在芝麻街美丽舞台上展示给你们，老师们利用课余时间，一遍遍练习，一遍遍彩排，乐此不疲。我非常感动于老师们的认真与付出。

5 同学们，校园里的舞台不仅有芝麻街，还有钢琴厅、彩虹桥、报告厅、操场，甚至走廊，这些地方都是师生展露才华的天地。学校就是每一位师生的舞台，希望你们从这里出发，将来走向更大的舞台，舞出更多精彩。

6 今天是三（2）班李昕宇、三（6）班宋芊语、四（1）班顾朕旭、六（1）班蔡欣鑫4位同学和苗晓洁、陈娇娇两位老师的生日，祝你们生日快乐！

2021 年 1 月 20 日　星期三

腊八节

❶ 同学们好！今天是农历十二月初八，俗称"腊八节"。俗话说"小孩小孩你别馋，过了腊八就是年"，腊八节一过，就意味着拉开了过年的序幕。

❷ 腊八节是我国历史悠久的传统节日，也是有些地方用来祭祀祖先、祈求丰收和吉祥的节日。人们在这一天有喝腊八粥的习俗。

❸ 腊八粥，又称"七宝五味粥""大家饭"等，我国喝腊八粥的历史已有一千多年之久了。熬制腊八粥的主要原料是大米、红枣、薏米等，添加其余食材可以自由发挥，寓意是让人们能够从腊八粥里感受到生活的红红火火。

❹ 幼儿园在这天开展了腊八节主题活动，包括了解腊八节、认识腊八粥原料、品尝腊八粥等。早晨学校食堂也熬制了美味可口的腊八粥。

❺ 同学们，希望大家不仅能感受到节日氛围，更能了解节日背后的故事，并跟家人、同学一起分享。

❻ 今天是五（2）班兀若兮同学和张丽、杨志慧、毋志玉 3 位老师的生日，祝你们生日快乐！

家长志愿者

1 同学们好！每周一早晨上学和周五下午放学时，总可以看到一群可爱的家长志愿者在热心地参与学校门前道路交通疏导。

2 "孩子，别着急！""孩子，我帮你拿行李。"伴随着一句句温暖的提醒，同学们有序地出入校园。请同学们一定要记得谢谢这些叔叔、阿姨。

3 一年来，由于家长志愿者的参与，有效改善了校门口交通拥堵现象，确保了同学们平安出入校园。家长们因孩子而走到一起，为孩子们筑起了一条绿色平安通道。谢谢家长朋友们的付出！

4 在艾瑞德，除了家长交通志愿岗，在学校大型活动，如运动会、国际周，还有"班级一亩田"的打理中，我们都会看到家长志愿者忙碌的身影。

5 同学们，志愿者既是助人，也是自助；既是乐人，也是乐己。期待更多的家长加入志愿者行列中，让家校共育成为艾瑞德最美的风景。

6 今天是一（5）班张雅雯、四（5）班刘成第、六（4）班李牧远、六（5）班张若琳、六（6）班徐熙然 5 位同学的生日，祝你们生日快乐！

素养测评

1 同学们好！今天我们迎来本学期素养测评活动。这是在通过一种全新的方式去了解你们的成长，也是你们展示自己、自我表达的一个平台。

2 2020 年是极不平凡的一年，面对突如其来的新冠肺炎疫情，从白衣天使到人民子弟兵，从科研人员到社区工作者，从志愿者到工程建设者……每个人都了不起！

3 所以，本次测评以"了不起的劳动者，我会……"为主题，根据各学段同学们的年龄特点和相关要求，通过画一画、讲一讲、做一做等形式向劳动者致敬。

4 除田园课程外，本学期起，每周我们还设置了一节劳动课。你们学会了哪些劳动技能？如何通过劳动去帮助身边的人，给家庭、校园做更多的服务呢？

5 同学们，思考之余，让我们一起努力，做一个德智体美劳全面发展的儿童吧。也祝大家在今天的素养测评中有精彩呈现。

6 今天是小（3）班李烨磊、一（1）班郑书铉、一（2）班陈凌熙、六（5）班赵嘉倪 4 位同学和牛云云、张小五两位老师的生日，祝你们生日快乐！

家长沙龙

1 同学们好！自 2020 年 11 月 27 日起，每周五下午 1 点半，幼儿园音体教室里已如约开启了一门特别的课程：家长沙龙。

2 这是一节专门为家长开设的课，为的是让等待你们放学的家长有更好的去处，能一起交流分享家庭教育。

3 每一位家长都是重要的链接，这是我们的家长观。要链接什么呢？链接学校与家长教育孩子共同的价值追求，链接教育的共识。家长沙龙是继家长课堂、家委会、家长志愿者、微型家长会之后的又一重要的链接。

4 受益匪浅、收获颇丰，是众多家长在倾听之后的感受，也有不少家长因为错过了现场讲座而倍感可惜。同时，学校还为每一位参与的家长颁发了带有专属编号的徽章，作为纪念和鼓励。

5 同学们，家长好好学习，你们天天向上；家长成长一小步，你们幸福一大步。让我们一起为爸爸妈妈点个赞吧！

6 今天是大（1）班林宥安、一（5）班田涵元两位同学和周雯、蒋长青两位老师的生日，祝你们生日快乐！

冰雪运动

1 同学们好！都说冬天是冰和雪的世界，但你们知道在冰上和雪地上进行的运动项目吗？它们被称为冰雪运动。

2 无论是充满激情的滑雪，还是优美自如的花样滑冰，无论是灵活多变的冰球，还是追求速度的短道速滑，冰雪运动总能让人们在严寒中感受到热情，展现不一样的运动之美。

3 2022 年冬季奥运会将在北京举办，届时，来自世界各地的冰雪健儿将齐聚这里，一展风采。北京，也将成为奥运史上第一个举办过夏季和冬季奥运会的城市。

4 冰雪运动不仅是竞技体育的重要内容，也正在成为全民健身的重要方式，对于提高身体免疫力和平衡能力很有帮助。如今，冰雪运动已经不仅是北方专属，在南方也有不少冰雪运动爱好者。

5 即使在寒冷的冬天也不忘记坚持运动、亲近自然、热爱生活，这大概就是冰雪运动的精神所在吧！

6 今天是大（1）班刘若橙，大（3）班豆灏儒，一（2）班窦邦予，二（8）班蔡瀚辰、于皓腾，三（4）班韩梦彤，五（2）班时田果，五（6）班张钰涵，六（5）班周梓阳 9 位同学的生日，祝你们生日快乐！

2021 年 1 月 25 日　星期一

认真

1 同学们好！明天就期末考试了，你们准备好了吗？

2 通过一学期努力学习，相信大家都很想检查一下自己的学习情况，同时也很希望自己能取得优异成绩。此时此刻，我只想与你们分享一个词：认真。

3 再检查一下明天考试所需要的文具，拿到试卷后先写上班级、姓名，认真读每一道题，别漏题。答题时要集中注意力，答完之后别忘了再回过头来仔细检查一遍。

4 期末考试不仅是对前一阶段学习成果的盘点，更是对每个人习惯素养的检阅。不当马虎的"小粗心"，争做认真的"小标兵"，匆匆忙忙难免会有遗漏，静下心来一定会有收获。其实不仅仅是考试，做任何事都少不了"认真"二字。和成长牵手，做认真的朋友吧。

5 同学们，认真，不仅是一种态度，更是一种能力，希望大家都能认真对待期末考试，祝你们考试顺利！加油！

6 今天是一（5）班汤美兮、二（5）班张紫晴、四（1）班李艾诺 3 位同学的生日，祝你们生日快乐！

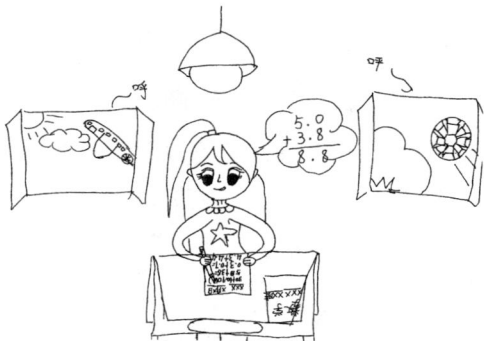

2021 年 1 月 26 日　星期二

1000 天

❶ 同学们好！今天是期末考试第一天，也是我坚持写作打卡第 1000 天。

❷ 自 2018 年 5 月 3 日起，我每天都在自己的公众号完成一篇写作打卡，平均每篇 1000 字，至今已坚持两年 7 个月，共写了 144 万字。

❸ 我每天用打卡记录你们进步、老师成长、学校变化的故事，还有一些是我自己的思考和感受。久而久之，打卡不仅是我自说自话的小天地，也成了外界了解艾瑞德的新窗口。行政中心刘森老师帮我整理了 4 本打卡集，名为"坚持"。

❹ 同学们，放弃的理由有千万条，但是坚持的理由只有一条，那就是我想变得更好。今天，我想把一朵小红花送给你们，也送给自己，奖励你们一学期努力学习、认真劳动的坚持，也奖励我写作打卡 1000 天的坚持。

❺ 相信总有一天，坚持的小红花会开满我们成长的大花园。

❻ 今天是大大（2）班邓纡曳、三（7）班石拯涵、四（5）班连润、四（6）班洪子涵、五（1）班原乐知、五（3）班刘鑫博、五（4）班王祥瑄 7 位同学的生日，祝你们生日快乐！

○　时间颗粒度：一位校长的60秒

免试生

1 同学们好！在本周升旗仪式上，有 24 位同学成为免试生，其中有 8 位被我提名为"瑞德少年"。

2 获得免试资格的同学，将不参加学科考试，学科成绩直接按照满分计算。在考试期间，他们将体验巡考岗位，维护考场纪律，通过观察评选出"书写小标兵"。

3 这是一项含金量很高的荣誉，一位四年级同学在升旗仪式结束后对我说："李校长，真是太遗憾了，我已经等了 7 个学期了，这次又没评上。"

4 免试生的设立是学校过程性评价的一种体现，在于鼓励同学们珍视每一节课，写好每一次作业，做好每一次复习。坚实走好日常学习一小步，积累出个人成长一大步。

5 同学们，学习不是一蹴而就的，而是长久坚持的结果。无论是什么形式的测试，都希望同学们用平常心对待，和自己比，比出进步的自己。

6 今天是大大（2）班李语瑭，一（5）班周宁乐，四（1）班李泽同，六（3）班宋茫洋、闫伊善，六（6）班丁辰轩 6 位同学的生日，祝你们生日快乐！

2021 年 1 月 28 日　星期四

加试

1 同学们好！本周一中午，我变身为主考官，参与了首届"校长加试背课文"活动。

2 在去年 11 月 23 日的升旗仪式上，我提出期末考试增加"校长加试背课文"环节，同学们背诵热情一下被点燃，背课文成为校园一景。1 月 18 日，在国旗台前，我随机抽取 41 名"幸运儿"参加背课文活动。

3 本次加试，每位选手现场抽取自己背诵的课文，体验背诵的乐趣。尤其是挑战"瑞德记忆王"环节，非常激动人心。最后，张魁元、茹祥宸、谢昱州三位同学被评为"瑞德记忆王"。

4 背诵是一种良好的学习方法，是语言积累和学习的重要途径，它不仅能帮助同学们理解文中所蕴含的思想感情，还能促进写作。

5 同学们，假期即将到来，希望你们多读书，读好书，背诵经典，提高自己的记忆力。明年此时我们再来一展风采。

6 今天是二（6）班王冠舒同学的生日，祝你生日快乐！

2021 年 1 月 29 日　星期五

寒假

1 同学们好！结束了一学期愉快而充实的校园生活，今天，你们正式迎来了寒假。刚刚分别，就有了想念。虽然我们不能相聚在校园，但"校长 60 秒"依然会与你们天天见面，期待同学们准时收听。

2 一个月的寒假时间，足以让你们养成好习惯。在假期第一天，建议同学们列出个人计划，合理安排学习和生活。

3 疫情依然不容轻视，请同学们多在家，少出门，外出戴口罩，勤洗手，多运动。也希望同学们将"干净、有序、读书"的校风带到家中，多参与家庭劳动，多读好书。期待开学再见面时，我的面前站着一个有所成长的你。

4 今年希望你们和家人能响应政府号召，尽可能留在郑州过年。

5 另外，我的校长云上信箱已经开通，欢迎同学们积极来信和我分享你过年的故事和假期的生活。祝你们寒假愉快！

6 今天是大（2）班方信博、大（3）班杨雯琪、五（3）班苏子晴 3 位同学和杜长玉、马田两位老师的生日，祝你们生日快乐！

安全教育平台

1. 同学们好！快乐寒假，平安相伴。今天是寒假第二天，你是否能按时完成安全教育平台的各项内容呢？

2. 安全教育平台为同学们提供了安全教育、心理健康、家校共育等教育资源，同学们不但可以在那里观看安全教育视频、进行安全知识问答、学习各种安全常识、提高相关安全技能、增强自我安全防范意识和能力，还能最大限度地预防安全事故的发生。

3. 安全是同学们学习和成长的重要一课，按计划在安全教育平台上进行校园安全、交通安全、自然灾害、意外伤害、公共卫生、公共安全、假期专项活动等模块的学习，很有必要。

4. 安全无小事，警钟需长鸣，同学们的平安与快乐，是我最大的心愿。

5. 同学们，让我们一起享受寒假美好时光，维护好人身安全，做好疫情防控，度过一个平安祥和的春节。祝你们天天快乐！

6. 今天是大（2）班乔麦子、二（6）班代子明、二（8）班霍庭宇、三（3）班龚子渔、三（7）班邓思齐、四（5）班张夕颜 6 位同学的生日，祝你们生日快乐！

21 天

1. 同学们好！寒假第三天了，你们是否已经按照制订好的计划有序地享受着美好的假期呢？我算了一下，今年同学们的假期是 31 天，老师们的是 21 天。

2. 在行为心理学中，一个新习惯形成并得以巩固至少需要 21 天。也就是说，如果重复 21 天，一个人的动作或想法就会变成习惯。好习惯会滋养人的一生。

3. 这段时间，你想养成什么样的好习惯呢？健身、练字、读书、做家务……千万不要忘了到田园校区打理"一亩田"哟。

4. 我听说，二（8）班王子轩同学已经列出寒假计划。行政后勤部老师们在假期有一个"21 天的约定"：共读一本书，每天坚持运动、每周一篇写作打卡以及每周至少为家人做一顿饭。

5. 同学们，假期不是学习的结束，而是另一种学习的开始。期待开学后看到因为自律而变得更好的你们。祝你们寒假快乐！

6. 今天是一（1）班金添、二（2）班何欣洁、三（2）班刘子涵 3 位同学和张丹老师的生日，祝你们生日快乐！

研学汇报

❶ 同学们好！上周五下午，期末考试刚结束不久，四年级全体师生带来了一场精彩的研学汇报演出，台下的观众正是将在明年进行古都研学的三年级师生。

❷ "访过一座城"是四年级固定的主题课程，雷打不动。今年同学们到古都洛阳参观了二里头博物馆、龙门石窟、应天门等历史文化古迹，还亲自动手体验了烧制唐三彩、修复文物。

❸ 同学们把千年古都的历史与文化气息用一场汇报演出表现出来。报告厅被装扮成洛阳古城，一声响亮的"开市了！"拉开了一幅大唐盛世的美丽画卷。

❹ 四年级六个班同学用歌舞、相声、朗诵、舞台剧等方式，演绎了他们看到的、触摸到的古都文化。

❺ 以天地为课堂，引山水入胸膛。世界是鲜活的教材，旅行是行走的课堂。三年级的同学们，你们明年将会走进哪一座古都呢？让我们一起期待吧！

❻ 今天是一（5）班陈清舞、一（7）班韩天燚、二（2）班龚梓豪、二（8）班王怡晨、三（5）班时玉宸、三（6）班董译泽、四（5）班孙若宁、六（6）班张添淳 8 位同学的生日，祝你们生日快乐！

○ 时间颗粒度：一位校长的60秒 ●

家长会

1 同学们好！虽然你们已经放假，但前两天，各个班级都异常热闹，一体机中播放着你们的视频和照片，老师对着一体机在向家长分享着你们在学校的点点滴滴，细数着你们成长的每一个瞬间。

2 每逢期末，我们都会召开家长会，老师们总会带着不舍与叮嘱，希望你们的假期生活能够充实而有意义。但今年因为疫情防控，只能召开线上家长会了。

3 精彩的过往回顾，热切的假期期待，是这次家长会的主题。

4 记得在学期中，老师将家长邀约在学校，以家长沙龙形式举行了一场小微家长会，和你们的爸爸妈妈近距离、心贴心地沟通与交流。老师们戏称那次家长会是你们期中的"加油站"，是和你们的父母一起为你们加油打气。

5 同学们，寒假生活已经开始，希望你们合理规划时间，照顾好自己，多参与家庭劳动，期待你们开学后的精彩分享。

6 今天是二（4）班韩语畅、二（5）班李雨桐、三（2）班张怀博3位同学的生日，祝你们生日快乐！

2021 年 2 月 3 日　星期三

立春

1 同学们好！没有一个冬天不会过去，没有一个春天不会到来。今天是立春，二十四节气之首，岁月之轮回由此开始。

2 立春，立，是"开始"之意；春，代表着温暖、生长。它是春天的前奏，也是大地的初心。在自然界，立春最显著的特点就是万物开始有复苏迹象。

3 "旧岁此夕尽，新春今日回。"今年春天，没有被疫情阻断脚步，反而来得更早。刚刚过去的 2020 年，我们众志成城、砥砺前行，留下无数难忘回忆。

4 2021 年这个春天承载着我们太多希望与期许，是中国共产党建党百年，也是艾瑞德建校十年。我们将组织一系列活动向它们献礼，以表达我们爱党、爱校之情。

5 同学们，每一天都是新的，让我们莫负春日时光，无愧自己的成长。

6 今天是大（3）班李隽佑、三（6）班姚辰晨、四（1）班任奕涵、五（3）班时若水、六（5）班张子墨 5 位同学和岳婉琪老师的生日，祝你们生日快乐！

○　时间颗粒度：一位校长的60秒　●

小年

❶ 同学们好！你们知道什么是小年吗？在我国北方地区，小年是腊月二十三，也就是今天。而在南方大部分地区，腊月二十四才是小年。

❷ 不管是哪一天，小年被视为年的开端，人们往往在这一天就开始准备年货了。尤其是在外的游子，更希望早点回家团聚，我也于昨天从郑州回到了南京的家中。

❸ 不同地区的小年风俗各不相同，主要有祭灶、扫尘等。传说这一天，人们要向灶王爷供奉糖瓜，因为灶王爷要向玉皇大帝汇报一年里人们所做的善事、恶事，人们希望吃了糖瓜的灶王爷的牙齿被粘住，这样他就不会向玉帝说坏话。

❹ 虽然"糖瓜祭灶"只是一个美丽传说。但是过了小年，人们盼望团聚的心情却越来越急迫。

❺ 同学们，让我们在团聚之余也不忘疫情防控，一起快快乐乐迎新年。祝你们与家人新年快乐！

❻ 今天是一（4）班魏家玉、一（5）班陈淼玥莹、二（5）班胡书铭、三（1）班杨迪萌、四（1）班孙埩宸5位同学的生日，祝你们生日快乐！

2021 年 2 月 5 日　星期五

寒假作业

1. 同学们好！这几天不断看到有家长和老师晒出你们在家专心做寒假作业的照片，我为你们的认真和努力而高兴。

2. 每个假期，我们学校的作业都是一道亮丽的风景线。有学科动手实践作业、体育作业和家政作业等，同学们不仅喜欢而且做得特别棒。今年恰逢辛丑牛年，我们的作业也都"牛"得很！对此，昨天的《小学生学习报》公众号做了专门推送。

3. 六个年级分别以牛刀小试、福牛闹春、"牛"转乾坤、牛气冲天、气冲斗牛、数你最牛等六个主题布置作业。

4. 听牛牛故事，看牛牛绘本，背牛牛古诗、对联；探牛牛历史，搜牛人故事，感牛人品质，来一次具有牛人精神的演讲……

5. 同学们，牛年造就牛人，假期不仅是好习惯养成的关键期，也是弯道超车的好时期。祝福每一位同学都能通过自己的努力，成为"牛人"！祝你们和家人新春快乐！

6. 今天是三（6）班韩凯旭，五（4）班袁宇轩，五（5）班刘儒佳、刘奕冰4位同学和尹现萍老师的生日，祝你们生日快乐！

○　时间颗粒度：一位校长的60秒　●

学习共同体

1 同学们好！寒假已经过去一周多了，各班级钉钉群都传来了同学们按照学习计划学习、锻炼身体以及做家务的视频。

2 教师们也和你们一样，在学习、成长。语文组老师和你们一起练字，每天将练字照片发到班级群；英语组老师每天和你们一起通过英语学习软件练习口语；数学组老师每天和你们一起阅读《数学魔法》等书，感受数学的美妙；美术组老师每天练习一张画作，提升自己的专业水平。我也每天依然坚持读书、写作和运动。

3 同学们通过学习知道自己的不足，老师们通过教学知道自己的欠缺，教学相长，假期共长，师生一起成为学习共同体。

4 只有每天好好学习，我们才能天天向上。

5 同学们，让学习成为我们共同的生活方式，让我们师生成为学习共同体，共成长，同进步。祝你们和家人新年快乐！

6 今天是小（1）班和艾琳、三（3）班卞琳皓、五（3）班王子悠然、五（4）班何米阳、六（5）班李檠、六（6）班杨少钦6位同学的生日，祝你们生日快乐！

2021 年 2 月 7 日　星期天

割年肉

① 同学们好！今天是农历腊月二十六。"二十六，割年肉。"传统年俗中，这一天人们要筹办过年的肉食。

② 在经济欠发达年代，很多人只有在过年时才能吃到肉，故称其为"年肉"。年肉讲究吃红烧肉，肉本身就代表着富裕的意思，红烧肉则更表示来年的日子红红火火。即便到现在，人们的日子越过越好，在腊月二十六置办点年肉依然是许多人都没有忘记的传统。

③ 在农村，腊月二十六这天是大集，人们纷纷前去赶集。除了买肉，还会置办年货和走亲戚用的礼品。年味在忙碌与热闹中更加浓烈。

④ 年味，是妈妈亲手制作的新衣，是家人用心准备的丰盛年夜饭，是灶膛燃烧正旺的柴火，是亲友真心美好的祝福。

⑤ 同学们，春节和家人一起享受暖暖的年味，共享幸福时光吧。祝你们和家人新年快乐！

⑥ 今天是一（1）班魏俊熙、三（2）班刘勇铄、三（4）班张嘉辰、五（2）班谢梦昊 4 位同学的生日，祝你们生日快乐！

○ 时间颗粒度：一位校长的60秒 ●

1 同学们好！今天是"校长 60 秒"满一年的日子。每一个"校长 60 秒"如清晨的第一缕阳光，成为全校师生乃至家长每天的一分钟微课。

2 "校长 60 秒"起因是疫情期间无法与你们见面，于是我就通过这种方式与你们保持链接，从去年 2 月 10 日开始，已整整 365 天。

3 "校长 60 秒"陪我去过很多地方，六年级毕业翻越的亚武山、运动会期间的学生宿舍、出差路上的酒店……回想起来，不是我创造了它，而是它陪伴着我走过一程又一程。

4 再后来，《小学生学习报》公众号也每天准时转发"校长 60 秒"，好多人也因为"校长 60 秒"认识了我和艾瑞德。国家督学成尚荣先生说："这是平凡而伟大的 60 秒。"

5 "校长 60 秒"是属于大家的。满一年后又是新开始。当坚持变成了习惯，我们就成了时间的朋友。

祝你们和家人新年快乐！

6 今天是中（1）班郭怡菲、大（2）班卡诺马泰奥、大大（3）班齐一帆、一（5）班刘雨航、三（2）班高文煊、三（5）班许鐾曦 6 位同学和黄俊老师的生日，祝你们生日快乐！

用"60秒"记住这个春天

这个春天，与往常大不一样。

往常这个时间，阳光正好，每天早上 7 点，我会背着双肩包步行去学校，看见校门口的小朋友，我们会互相问好。我会看见值日生正拿着抹布、拖把和扫帚在走廊、教室打扫卫生。我会冷不防被身后的小朋友拥抱，他用辨识力很强的童音说："李校长，猜猜我是谁？"我八成会叫出他的名字。到达办公室，我放下书包，在黑板上写字，然后去听课。我还会在午餐时和孩子们一起吃饭。我会在下午 4 点半准时送校车，与孩子们比心挥手作别，与奔来的孩子拥抱，分享他们拓展课上的"战利品"。我还会给当天生日的小朋友签字送书，与他们拍照留念……

现在，阳光在窗外，春天显得特别寂寞。我足不出户，不禁想起校园里的那群孩子。我突然发现，缺少孩子奔跑的春天是如此单调，远离校园喧闹的日子是如此无味。春天，你在哪里？既然你不能如约而至，那我们就做不速之客，去敲开你家的大门。

当自然的春天与我们隔离，我们就在云中的春天相互拥抱。因此，我和全校 2000 名师生一样，以家为校，"停课不停学"，用足不出户的方式贡献微不足道的力量。全校教师积极行动，一系列线上课程联动了师生，一些项目学习的内容走上了"云端"。我们要站在国家立场、儿童立场和未来趋势的坐标点上，让"延学"意外的课时成为学生惊喜的学时。

那么，我该做些什么呢？我用什么来记住这个春天，用什么方式来实现与孩子在"云端"拥抱呢？我如何能把平时对孩子们说的悄悄话，变成我在云中的表达呢？

分散的遐思最终在"60 秒"处聚焦。2 月 10 日"云开学"当天，"校长 60 秒"诞生了。我的每一句话，一定要让孩子们听得懂、愿意听。我期待，"60 秒"在这个春天，借助春风与白云，捎去我的耳语，捎去我的挂念，让孩子们过了这个春天，在飞扬的夏季还记得这个春天的故事。我要用"60 秒"的时间胶囊，与孩子们一起记住当下的时空，记住这个春天与他们、与生活、与我建立起的这个"超链接"。

我该说些什么呢？我想到了，"干净、有序、读书"的校风能否被孩子们带到家中？父母多数复工，孩子能否用实际行动表达对家庭的贡献、父母的理解呢？家长能否趁机与孩子聊聊"谢谢、对不起"等礼貌用语呢？能否让孩子们更加关注自己的身心健康，成为会生活、懂生活的人呢？于是，有了第 1 期的《同学们，开学啦》，号召孩子们记得把校风变成家风；第 2 期的《给自己定个闹钟》，让孩子们开始有序的假期生活；第 3 期的《请记下你的体重》，提醒孩子们注意锻炼身体；第 4 期的《10.92%》，提醒孩子们注意保护眼睛健康……直到最近陆续推出的《谢谢》《对不起》《没关系》《早上好》等。

有人说，一个人的领导力就是能够在广大的世界中切出一个小片段，然后让身边的人看到这个小小的"局"。"校长 60 秒"就是这样一个小片段。学生纷纷表示，"新的一天，从聆听'校长 60 秒'开始""每天都听着'校长 60 秒'的故事起床"。一位家长在《请记下你的体重》后跟帖说:"还是校长魅力大,寒假让孩子少吃点都不行,现在自己叫喊着要减肥了。"我用"60 秒"打开了一个小小的窗口,让孩子们觉得校长就在身边,温暖并未远离,故事还在继续。我想让这"60 秒"以爱的名义,从云中落下,轻轻抵达孩子们的心里。

每天的 60 秒,其实背后所增加的是 60 分,甚至更长时间。话题的准备、素材的整理、文字的凝练,甚至连录音都常常需要录 10 遍以上才会感到满意。一件看起来很容易的事,等到做起来时确实有许多鲜为人知的不易。我暗自告诉自己,孩子一天不返校,我的"60 秒"就一天不停止。

这是一个不同寻常的春天,新冠病毒让这个春天举步维艰,可是我们每一个人都在努力让这个春天多一点美好。那么,我们该用什么样的方式来标注这个春天呢?我在想,等祖国无恙、大地皆春、彼此安好时,我轻轻回头,发现我用"60 秒"记住了这个春天!

李建华

2020 年 3 月 1 日

插 画 致 谢

【学生名单】

一年级：申润欣　李诺一　张沐卿　贺楷淇

二年级：孙语晨　邵意洁　秦　睿　程　心　李芸睿

　　　　周梓瑜　周梓瑶　孙悦童　李昭缘

三年级：杨迪萌　张煜煊　王佳音　杨谦益　欧阳媛熙

　　　　刘伊然　陈晨熙　肖雨晴　杨晶伊　朱昕晨

　　　　李佳迅　孙佳一

四年级：刘景梦　任相宜　张展瑞　陈明轩　唐业菜

五年级：荣若帆　林芷伊　赵文楷　李若琪

六年级：黄一鹤　任佳仪

【老师名单】

丁怡、刘沛虹、姚舒婷、程芳、王佳瑶